Entre l'ombre et la lumière

Sylvie Vartan

Entre l'ombre et la lumière

avec la collaboration de Lionel Duroy

LE GRAND LIVRE DU MOIS

ISBN : 2-7028-9699-5

À la mémoire de mon père et d'Eddie.
À ma mère.
Pour David, Darina, Ilona et Emma.
Et pour l'homme que j'aime, Tony.

Chapitre 1

Quand je repense à mes premiers pas, en Bulgarie, il me semble que jamais enfant ne fut plus heureux de découvrir le monde. Et pourtant, jamais le monde n'avait été plongé dans un tel malheur. Je suis née le 15 août 1944. Des côtes de la Manche à la mer Noire, toute l'Europe était alors à feu et à sang. Nous-mêmes avions dû fuir Sofia bombardée par les Américains. Mon père nous avait installés dans un village de montagne, mais lui continuait à travailler en ville chaque jour de la semaine, et il ne nous rejoignait que le week-end. Mes parents survivaient difficilement, et cependant je n'ai pas le souvenir d'un accablement quelconque, comme si leur confiance en eux-mêmes, en l'avenir, avait fait écran au désastre qui nous menaçait.

Ils avaient trente ans en 1944. J'ai sous les yeux une photo qui les représente en maillot de bain, chastement enlacés, sur un fond de cascade. Papa est grave, maman est lumineuse. Ils ont la beauté éthérée des anges, et l'on devine que toutes les flammes de l'enfer ne suffiraient pas à détruire ce qui les unit. La photo doit dater d'une année peut-être avant ma naissance. Ils se baignent dans l'Isker, la rivière qui traverse le village de Lakatnik où mon père avait mis les siens à l'abri des bombardements. Les siens, je veux dire ses parents, sa femme et mon frère Eddie.

Ce sont ces visages que j'ai découverts autour de mon berceau, au milieu de l'été 44. Ceux de Slava et Robert Vartan, mes grands-parents, celui de ma mère, Ilona, baigné de cette grâce particulière qui m'a fait aimer la vie malgré l'horreur du moment, celui de mon père, Georges, sombre et romantique, celui d'Eddie, enfin, de sept ans mon aîné. Pour être tout à fait complète, je dois ajouter les visages des Brink, la famille qui partageait notre maison de Lakatnik et qui n'allait plus cesser d'accompagner mon enfance : Mia, André, et leur fille Janine, alors âgée de deux ans.

Papa et André Brink s'étaient rencontrés au lycée français de Sofia, bien avant la guerre. Puis chacun s'était marié, et ils s'étaient perdus de vue quand ils se croisèrent sous les bombardements, cherchant l'un et l'autre un refuge pour leur famille. Le premier qui dénicha la maison de Lakatnik fit venir le second, si j'ai bien compris, et c'est ainsi que nous nous retrouvâmes tous ensemble dans ce village des Balkans.

Maman et Mia Brink, qui ne se connaissaient pas, devinrent comme des sœurs, et le demeurent aujourd'hui, à quatre-vingt-dix ans. Elles durent se débrouiller pour se procurer de quoi nourrir tout le monde, et en particulier la petite Janine qui, au début de leur exil, avait à peine un an. L'inquiétude et les difficultés les rapprochèrent. Elles vivaient loin de leurs maris toute la semaine, soutenues par le seul homme de la maison, mon grand-père, qui, une ou deux fois par jour, devait descendre jusqu'au village par un sentier escarpé pour en remonter à dos d'homme l'eau potable de toute la maison. Papa et oncle André arrivaient le samedi, par le train de Sofia, rapportant ce qu'ils pouvaient pour alimenter la cuisine. Par l'un de ces hasards curieux de la vie, ils exerçaient alors l'un et l'autre le même métier — responsables des relations avec la presse —, mon père à la légation de France, André Brink, qui est hollandais, à la légation des Pays-Bas.

Puis maman se trouva enceinte de moi, et Mia fut à ses côtés pour la soulager et préparer l'événement. Où allait-elle accoucher ? Cela les préoccupa tous. Pour Eddie, maman était restée chez elle, à Sofia, et une sage-femme était venue. On ne pouvait pas renouveler l'opération dans cette maison de montagne qui n'avait pas le confort. Ils découvrirent alors un petit centre hospitalier, l'« hôpital des ouvriers », à Iskretz, un village situé à une dizaine de kilomètres de Lakatnik, et il fut entendu que je viendrais au monde dans ce coin oublié de la guerre.

Iskretz et Lakatnik sont reliés par le chemin de fer, et je suppose qu'il ne devait y avoir qu'une ou deux liaisons par jour, car ma mère, de peur d'arriver trop tard, se présenta beaucoup trop tôt à la maternité. Papa s'était mis en congé, pensant que ma venue était imminente, aussi chaque matin débarquait-il à Iskretz le cœur battant, les bras chargés de douceurs pour maman — et les douceurs n'étaient pas faciles à attraper en ce temps-là ! Cependant, rien ne se passait, et c'est maman, à la fin, qui se mit en colère :

— Georges, pourquoi cet enfant ne vient-il pas ? Je veux rentrer chez nous, j'en ai assez de cet hôpital...

Papa repartit pour Lakatnik, bien embêté lui aussi, et il remontait de la gare quand il apprit la grande nouvelle : j'étais née en son absence, alors que, seul dans le train du retour, il commençait à se faire un sérieux souci. Les douceurs m'avaient bien profité — je pesais cinq kilos ! —, et, à y regarder de plus près, j'étais donc arrivée un 15 août, jour béni pour maman qui plaçait depuis toujours en la Sainte Vierge ses plus grandes espérances.

J'avais une tache sur la main gauche, comme une couronne surmontée d'une petite croix, et tante Mia m'a raconté qu'en sortant de la maternité maman se fit accoster par une Tzigane qui, voyant cette marque, lui prédit que la vie me gâterait. Dans la situation où se trouvait alors la Bulgarie, alliée timorée de l'Allemagne nazie, désormais prise en tenaille entre les armées de Staline et celles de Roosevelt, c'était une prédiction osée, voire carrément risible ! Je devine pourtant qu'elle toucha maman, certaine au fond d'elle-même que la Vierge ne nous abandonnerait pas. Cette tache devait nourrir mes rêves d'enfant — je me vois encore fascinée d'y deviner tel et tel signe — jusqu'au jour où elle disparut comme elle était venue, mystérieusement.

Si j'essaie de superposer mes premiers souvenirs d'enfant et les quelques photos de notre vie à Lakatnik, il me revient aussitôt des sensations de couffin douillet dans une cuisine aux fenêtres embuées, l'intonation de tendres exclamations, un parfum de potage et, invariablement, la sérénité lumineuse et rassurante du regard de ma mère… Je n'ai aucune perception d'un danger quelconque. Les visages qui se penchent au-dessus du mien sont le reflet d'un bonheur tranquille, éternel, et les mains qui se tendent toujours solides et pleines d'assurance. Le premier sourire enfantin que je croise est celui de Janine Brink qui marche déjà, elle, tandis que je me traîne à quatre pattes d'une pièce à l'autre — dans la cuisine, c'est encore de la terre battue.

Mes premiers pas, je les fais sur la terrasse, au milieu du bel été 1945, en m'accrochant aux barreaux de fer. Je porte une robe blanche et des chaussures rouges. Maman prétend que je ne peux pas avoir de souvenirs si précoces, mais, moi, je sais bien que si. Cet été-là, alors que la guerre est finie et que les hommes de Staline n'ont pas encore pris le pouvoir à Sofia, nous nous baignons en famille dans le petit torrent qui court juste au-dessus de la maison avant de se jeter dans l'Isker. Nous mangeons sur l'herbe, le soleil chauffe agréablement les galets au bord de l'eau, les champs sont piqués d'edelweiss et de minuscules marguerites dont j'arrache les pétales. Bleu pâle et jaune, voilà, ce sont exactement les couleurs qui me viennent quand je songe à ma petite enfance. Eddie porte une culotte de cuir, comme les écoliers tyroliens ; je m'intéresse beaucoup à lui, mais ça n'est pas réciproque. Il ne fait qu'aller et venir, essoufflé, flanqué d'autres grands qui n'ont pas non plus de temps à perdre avec moi.

À d'autres moments, seule, depuis notre balcon j'observe une maison minuscule accrochée au flanc de la montagne, en face. Il n'y a que des nains, j'en suis certaine, pour habiter une chaumière si petite, si dangereusement suspendue, et j'aimerais les surprendre en train de grimper chez eux. J'aimerais tellement ! Ces nains m'attirent et me font un peu peur. Inlassablement je les guette, mais ils doivent s'en douter parce que jamais je ne les verrai. Ça n'est pas comme la sorcière qui monte jusque chez nous par le raidillon de la gare et dont les exclamations joyeuses me terrorisent... Celle-là, je voudrais disparaître pour ne plus la voir. Elle est tout habillée de noir et, en dépit des mots réconfortants de maman qui paraît beaucoup l'aimer, je n'imagine pas pire cauchemar que d'aller dans ses bras.

Cependant, j'apprends à aimer l'air frais des matins à la montagne, cristallin et coupant, comme lavé par la nuit. À chercher des yeux les chèvres aux premiers échos de leurs clochettes, à reconnaître les bruits du village, le sifflement assourdi des locomotives à vapeur, le couinement des cochons, les aboiements des chiens ici ou là, et les cris lointains des hommes. Le soupir de soulagement de mon grand-père, aussi, quand il se déleste de sa cruche pleine d'eau, ces cruches en grès si lourdes qu'on entrepose à la cave. Et les odeurs ! Les odeurs qui rythment les saisons et qui insensiblement me pénètrent. Celle du foin coupé, celle de la terre après l'orage, celle des lampes à pétrole… Je me souviens de jours de neige, également, mais pas de ciel gris. Non, pas de ciel gris. Il me semble que, dès l'instant où j'ai ouvert les yeux, tout était ensoleillé. C'est curieux, il a bien dû pleuvoir pourtant… Sans doute, mais ces premières années n'en restent pas moins lumineuses. Oui, jaune et bleu.

Les soirées sont gaies. Pendant que les enfants dorment, les adultes jouent aux cartes autour d'un petit verre. Ou grand-père et papa jouent de l'accordéon, et les autres chantent. Ça, c'est oncle André qui me l'a raconté. « Ton grand-père était un homme magnifique. Généreux, élégant. » André et papa, après ces années si périlleuses, pensaient en avoir fini avec l'angoisse au jour le jour. Ils étaient heureux d'être là, simplement, en famille, auprès de leurs femmes. Sur les photos de cette époque, maman et tante Mia, si jolies l'une et l'autre, arborent le même sourire timide, comme si elles n'en revenaient pas d'avoir toute la vie devant elles pour chérir enfin maris et enfants. Toute la vie devant elles !

Avec le retour à Sofia, une page sombre se tourne, croient-elles, au profit d'une autre, pleine de promesses. Certes, la Bulgarie est dans le camp des vaincus, et il ne faut pas s'attendre que la vie soit rose du jour au lendemain, mais ni maman ni tante Mia ne rêvent de luxe. La paix leur suffit bien ; pour le reste, elles savent qu'elles peuvent compter sur leurs propres forces pour transformer le quotidien, si misérable soit-il, en quelque chose de chaud et d'harmonieux.

Le quotidien, c'est d'abord se loger. Les Brink retrouvent leur appartement et nous nous installons, nous, dans la maison de mon grand-père. Qu'est-il arrivé à l'appartement qu'occupaient mes parents avant la guerre ? Je crois qu'il a été plus ou moins détruit par les bombardements. Dans la maison de mon grand-père, donc. Et je ne serais sans doute pas la femme que je suis aujourd'hui, obstinément confiante en la vie, jusqu'à l'entêtement, si je n'avais pas vécu dans cette maison les premières années de mon enfance. Tout ce que j'aime et respecte, c'est ici que je l'ai appris.

C'est une villa ancienne, pleine de poésie, dont le crépi jaune accroche joliment le soleil au printemps et qu'une véranda verte prolonge sur le jardin. Elle est l'âme de mon grand-père, l'âme offerte à la petite fille que je suis. Ma grand-mère y est bien présente aussi, je l'entends s'affairer dans la cuisine en compagnie de maman, mais je ne la vois pas aller et venir. Je ne vois que mon grand-père. C'est un homme grand et un peu sévère, qui ne néglige jamais aucun détail de sa tenue. L'été, il porte des culottes courtes, comme Clark Gable, ses mollets sont strictement tenus dans des chaussettes hautes qui jaillissent de bottines au cuir souple et lustré. J'admire surtout ses lacets aux boucles lourdes, ainsi que sa chemise blanche ouverte, impeccablement repassée. L'hiver, il porte une cravate et, sous son veston, un gilet barré d'une chaîne en or.

Il n'y a pas sur terre un homme plus puissant que lui, et son univers, fait d'ordre et de respect, ne laisse aucune place au doute ni à tous ces sentiments plus ou moins voisins du désenchantement. Mon grand-père a foi en l'éternité ou, s'il ne l'a pas, il a l'élégance de faire comme si, de sorte que le monde qu'il me donne à voir me remplit de certitude et de force. Il est sans cesse en train de ranger ou d'arranger, adversaire obstiné du désordre et de la décrépitude. Quand il n'y a rien à réparer, eh bien, il encaustique, graissant et nourrissant tous les vieux bois précieux que recèle sa maison. Aujourd'hui encore, l'odeur de la cire me rend comme par miracle ma sérénité d'enfant.

À la belle saison, il se préoccupe du jardin. Il arrache les mauvaises herbes, retourne la terre autour des arbustes, traque les fourmis, les limaces, et puis, enfin, il taille ses rosiers. Si soigneusement, si sévèrement… Quoi qu'il fasse, il prend tout son temps, et je crois que rien ni personne n'aurait le pouvoir de l'interrompre. Sauf moi ! Oui, pour moi il s'interrompt, lève le nez de son ouvrage, et soudain ses yeux se plissent, tout son visage s'illumine.

— Djidjika ! Mais où étais-tu passée ?

Moi, je hausse les épaules, je ne sais pas, j'étais sûrement là, dans la cuisine avec maman ou grand-mère.

— Reste donc dehors, l'air te fait du bien…

Alors il cherche quelque chose du regard et, quand il l'a trouvé, il me tend la main.

— Viens, tu vas manger une poire ! Je crois que cette fois, ça y est, elles sont mûres !

Les poires de septembre ! Il cueille pour moi la plus lourde, et puis il sort son canif et c'est comme une cérémonie, comme la communion, plus tard : il coupe des petits quartiers qu'il me glisse dans la bouche.

— C'est bon, Djidjika ?

— Mmoui, mmoui…

— Bien sûr que c'est bon ! Et puis, avec ça, tu vas grandir, fais-moi confiance.

Elles étaient incomparables, ces poires, fraîches et sucrées, à peine croquantes, et si parfumées…

Qu'est-ce qu'il y a exactement, comme arbres, dans son jardin ? Je me souviens des rosiers, des dahlias, du poirier, et puis de nos deux sapins. Celui d'Eddie est déjà très haut, le mien est à peine plus grand que moi. Mon grand-père n'a pas pu, comme il l'a fait pour Eddie, le planter exactement le jour de ma naissance.

Après le déjeuner, nous nous installons ensemble à l'ombre de la maison. Lui prend le fauteuil d'osier et, le dos bien droit, il déplie son journal. Il a chaussé ses grosses lunettes rondes, et je pense qu'à ce moment-là même les mouches, qui n'ont peur de rien, doivent avoir peur de lui ! Moi, je prends le fauteuil transat et je dois dormir. C'est un ordre de maman. Chaque jour, après le déjeuner, elle nous regarde quitter la table, main dans la main, lui avec son journal encore plié.

— Fais une bonne sieste, ma chérie, profites-en bien parce que, un jour, tu auras envie de dormir, tu sais, et tu n'en auras plus le temps…

Vingt ans plus tard, cette phrase tant de fois répétée bercera mes tournées comme un refrain amer et doux lorsque je chercherai le sommeil, allongée sur la banquette arrière de ma voiture, entre deux concerts… Les mères ont toujours raison, mais elles ont raison trop tôt, et je faisais donc semblant de dormir, les paupières à demi closes, en attendant que mon « Dedi » ait fini le journal.

— Et si on dessinait un peu, Djidjika ?

C'était le signal, je sautais du transat et nous retournions dans la maison. On avait rabattu les persiennes, elle était délicieusement fraîche, baignée de cette pénombre dorée des après-midi d'automne, et parfois le parfum sucré des confitures ou d'un gâteau aux amandes se mêlait à celui de l'encaustique.

Mon grand-père dessinait et peignait avec talent, comme mon père, mais en ce temps-là je ne savais pas grand-chose de papa, qui travaillait sans arrêt, tandis que mon grand-père était à la retraite. Il sortait ses crayons de couleur, admirablement rangés dans une boîte métallique dont le couvercle était décoré d'un paysage de sommets enneigés — des Caran d'Ache, un véritable trésor — et il m'apprenait le dessin. Je retenais surtout le respect, celui de ses crayons dont les mines étaient aussi soignées que ses ongles, celui des couleurs dont je découvrais l'étendue, la richesse, celui du travail bien fait, car il y avait un début et une fin à chaque séance, et il n'aurait pas été convenable d'abandonner en cours de route sous un prétexte quelconque. D'autres fois, il me lisait un conte, ou une poésie que je répétais après lui et apprenais très vite. Plus tard, à l'école, je serai constamment la meilleure en poésie, en récitation. J'aurais voulu qu'il le sache.

Il n'y avait pas vraiment de salle de bains dans la maison. Ce qui en faisait office était une cabane au fond du jardin qui abritait une baignoire en bois que l'on remplissait d'eau tiède à l'aide d'un broc. Maman me rejoignait pour le bain du soir. Une femme qui se prénommait Ivanka, et qui me faisait un peu peur, l'aidait à charrier l'eau. Ensuite, on m'enroulait jusqu'aux yeux dans un drap pour éviter que je ne meure de froid en retraversant le jardin et on me ramenait à la maison. C'était l'heure où Eddie et moi rôdions autour de la cuisine. Les jours où ma grand-mère préparait le yaourt, le climat y était lourd, tendu, presque dramatique. Les faitouts étaient enveloppés d'une couverture pour conserver la chaleur, et il ne fallait à aucun prix écarter cette couverture et soulever le couvercle. Il est probable que nous le faisions quand même, car la méfiance était perceptible à notre approche !

À l'heure du dîner, on se retrouvait tous autour de la table ronde, une lourde table d'acajou, sous l'autorité de mon grand-père. On ne s'asseyait pas n'importe où, chacun avait sa place. La mienne était exactement dans l'axe de la fenêtre du jardin, de sorte que j'apercevais chaque soir, tout au fond, derrière le poirier, une petite lumière rouge qui tremblotait dans la nuit et me nouait le ventre. C'était la maison de la sorcière, il n'y avait aucun doute !

Cette sorcière, il m'arrivait de la croiser quand je me promenais avec maman sur le sentier de terre battue qui longeait le bout du jardin. C'était une vieille femme épouvantable, tout habillée de noir comme celle de Lakatnik, complètement édentée, terriblement fripée, et qui allait en pendulant, agrippée à un mauvais bâton. Avant de la connaître, je n'imaginais pas que pût sérieusement exister un être aussi terrifiant. Où se terrait-elle, la nuit ? C'est en apercevant pour la première fois la lanterne rouge que la chose m'avait sauté à l'esprit : cette fenêtre-là ne pouvait être que la sienne ! Depuis, à chaque dîner je la surveillais, parcourue de frissons délicieux à l'idée qu'elle ne pouvait rien contre moi, défendue comme je l'étais par tous ceux qui m'aimaient : mon inflexible grand-père, ma douce et silencieuse grand-mère, papa et maman dont je partageais la chambre, Eddie, enfin, qui n'avait peur de rien. Sans cette frayeur, je n'aurais peut-être pas si fortement ressenti le bonheur d'être chez soi, protégée par les siens.

L'hiver, j'oubliais la sorcière, qui devait fermer ses volets bien avant l'heure du dîner. L'hiver, je regardais tomber la neige derrière les vitres embuées de la véranda. Des flocons énormes, grands comme des mouchoirs, qui recouvraient petit à petit la belle arithmétique du jardin, les palissades, les toits alentour, et ce spectacle me fascinait à tel point que je ne voyais plus les heures passer. À la fin, je me croyais soudain seule au monde. Alors, c'était bien d'entendre Fifi, le canari de mon grand-père. L'été, je trouvais triste qu'il soit enfermé dans sa cage laquée de rouge, mais, dans ces moments-là, j'étais contente pour lui.

— Tu vois, Fifi, je lui disais, tu as quand même de la chance d'être dans une maison. Qu'est-ce que tu ferais dehors avec toute cette neige, hein ? Tu aurais très froid, et personne ne te donnerait des graines.

Parfois, c'était moi qui les lui donnais, ses graines, mais sous l'œil de mon grand-père qui l'aimait beaucoup.

Je pense que c'est cet hiver-là, mon premier hiver à Sofia, que j'ai fait très peur à tout le monde en m'empoisonnant. Eddie était au lit avec une bronchite, et moi aussi je toussais. Nous avions été confiés à ma grand-mère, je la vois encore occupée à repriser des chaussettes avec une espèce de champignon en bois, concentrée sur son ouvrage à tel point qu'elle m'avait un peu oubliée. Eddie avait des boîtes de cachets sur sa table de nuit, et j'ai profité de son sommeil pour les lui manger l'un après l'autre, pensant qu'il avait de la veine d'avoir tous ces bonbons. La scène d'après, je suis à l'hôpital, dans les bras d'une dame, avec un tuyau qui me rentre dans la bouche. En louchant, je peux voir qu'il est rouge. J'essaie de ne pas pleurer, mais par instants le chagrin, ou la peur, me submerge. « Du calme, du calme, tu vas bientôt voir ta maman ! » me dit la dame en me serrant plus fort. Je la cherche éperdument, je pense que je vais mourir étouffée si elle ne vient pas tout de suite. Pourtant, je n'ai aucun souvenir de son arrivée. J'ai su, depuis, qu'avec l'aide de ma grand-mère maman m'avait follement secouée par les pieds, la tête en bas, en comprenant soudain où étaient passés les médicaments d'Eddie, et pourquoi je dormais si profondément en plein après-midi, moi qui ne voulais jamais faire la sieste. Avant de courir à l'hôpital, sa petite fille comme un chiffon dans les bras, le cœur vidé. Pauvre maman…

De cette époque, je n'ai conservé que de rares images de papa. Il travaillait toujours à la légation de France, en centre-ville, et j'imagine qu'il partait tôt le matin pour ne revenir qu'au moment du dîner. La maison de mon grand-père était dans les faubourgs de Sofia, mais le tramway passait à proximité, et on entendait sa petite cloche depuis le jardin. Ce tramway est associé, dans mon esprit, à l'univers lointain de mon père, aussi je suppose qu'il l'emportait le matin pour nous le ramener le soir. Parfois, papa doit me porter jusqu'à mon lit, car j'ai encore en mémoire cette sensation délicieuse de m'endormir dans ses bras. D'autres fois, il s'assoit au bord de mon lit et me chante des chansons françaises : *Trois jeunes tambours, Jean de la Lune*... Alors, moi, je tends la main et je caresse le haut de ses joues, à cet endroit où la peau est douce et légèrement rosée. Lui sourit, sans cesser de chanter. Il lui arrive aussi de me raconter les opéras de Wagner, l'histoire de Siegfried qui s'empare du trésor des Nibelungen, ces nains terrifiants, après avoir vaincu leur roi. Ou encore Parsifal et sa lance magique...

Le dimanche, papa est avec nous. Et ce dimanche-là est historique : j'ai trois ans et on va m'emmener pour la première fois chez le photographe. Tout doit être mis en œuvre pour que je sois souriante et de bonne humeur. J'en ai le sentiment, en tout cas, car jamais papa et maman ne m'ont courtisée de la sorte. Maman m'a frisé les cheveux, avec ces fers qui ressemblent à des tenailles et qu'on met à chauffer sur les braises — « Surtout ne bouge pas, ma chérie, sinon je risque de te brûler ! » Ensuite, elle les a rassemblés dans un ruban qui fait un gros nœud sur le côté. Je porte une robe de piqué blanc avec un col brodé et des manches bouffantes. En louchant vers le bas, je peux contempler les motifs de mon col, et même essayer de les compter. Maman me laisse longuement m'admirer devant la glace : ce que j'aime surtout, ce sont mes cheveux frisés, moi qui les ai si raides au naturel, mais à vrai dire je ne me reconnais pas...

— Adorable ! s'écrie-t-elle, tout en me pinçant doucement les joues pour les colorer.

Ensuite, nous passons à table. Pour le dessert, papa a rapporté mes gâteaux préférés, des cornets en chocolat remplis de crème fouettée.

Eddie aussi doit être photographié, et papa l'a aidé à lisser ses cheveux, à boutonner sa veste. Je le trouve mignon, je voudrais le lui dire, mais je n'ose pas. Cette fois, nous ne prenons pas le tramway pour nous rendre en ville, mais une de ces confortables calèches qui font encore office de taxis à Sofia. Toute la famille endimanchée dans une jolie calèche ! À ce moment, mes parents ont sûrement la conviction de n'avoir négligé aucun détail pour que la fête soit réussie, et je suis, de fait, assez bien disposée. Les choses se gâtent brutalement à la vue du photographe. C'est un homme extrêmement agité, pour qui ce que je peux dire ou penser importe peu puisqu'il parle de moi à la troisième personne : « On va mettre la petite fille comme ci, on va mettre la petite fille comme ça... » Il guette l'approbation de mes parents, mais ne me voit pas, ne m'entend pas. Après m'avoir perchée au faîte d'un tabouret qui me paraît immense, devant un pupitre minuscule, il ne cesse plus de sautiller pour placer ses appareils. Il est grotesque, et je le déteste de plus en plus.

— Voilà, voilà, souffle-t-il, eh bien, nous sommes prêts, si la petite fille veut bien sourire...

La petite fille ne veut pas sourire, non, elle ne voit pas pourquoi elle sourirait à ce bonhomme qui se cache maintenant sous un drap noir ! Tout cela lui semble ridicule et elle affiche un air résolument boudeur.

Je devine que mes parents furent consternés en recevant mon portrait. Mais, par une de ces ironies charmantes de la vie, cette première photo *officielle* fut certainement celle qui a le plus fait rire.

Je vois aussi papa aux beaux jours. Nous retournons alors dans la maison de Lakatnik, pour les vacances ou le week-end, avec les Brink bien souvent. Prendre le train pour la montagne me remplit d'excitation. C'est une expédition, ce voyage, et j'essaie d'en garder chaque instant. Je me penche à la fenêtre pour apercevoir la locomotive, son lourd panache gris chargé de particules qui me picotent les joues, le front, et m'entrent parfois dans les yeux. La fumée s'engouffre dans le compartiment, et quand je rentre la tête, ivre de plaisir et de vent, j'aime respirer cette odeur si particulière de fer et de charbon. Et puis guetter le sifflement déchirant au moment de plonger dans l'obscurité des tunnels, alors attendre la lumière comme une délivrance dans le vacarme ahurissant, et retrouver avec bonheur le rythme saccadé des roues, tac-tac, tac-tac, que la proximité des parois rocheuses amplifie de temps à autre jusqu'à me faire cogner le cœur…

Des mois ont passé, tante Mia et oncle André ont eu un second enfant, une petite fille baptisée Simone. Elle est encore trop petite pour jouer dans la rivière avec nous, mais elle a les bonnes proportions pour être notre bébé si nous sommes des mamans, par exemple, ou si Janine seulement est une maman et moi la dame de l'hôpital, avec son épouvantable tuyau rouge et ses énormes bras. Papa joue de l'accordéon, le soir, et c'est ainsi que je découvre combien il est musicien, combien il peut être émouvant aussitôt qu'il se met à jouer d'un instrument. À Sofia, dans la maison de mon grand-père, il lui arrive aussi de s'installer au piano quand il a une minute.

Un jour, comme nous l'écoutons tous, je surprends les larmes de maman.

— Tu pleures ! Mais pourquoi ?

— C'est rien, ma chérie, l'émotion… Ton père joue si merveilleusement !

Papa composait aussi, et c'est peut-être par ce talent-là, si propice à la poésie, au romantisme, qu'il a su toucher le cœur de maman.

Elle avait dix-huit ans quand il l'a vue pour la première fois. Elle travaillait dans une pâtisserie viennoise du centre-ville, et lui faisait son service militaire. Elle irradiait d'une lumière particulière, délicate et secrète, le regard traversé par instants d'éclairs gris, presque métalliques. Vingt ans plus tard, papa en était encore bouleversé. Qui était-elle ? D'où venait-elle ? Par le fils des propriétaires de la pâtisserie, un dénommé Costa, il découvrit qu'elle était hongroise, orpheline de père, et en charge d'une famille nombreuse que la mère ne parvenait pas à nourrir. Ses patrons la tenaient en grande estime. En si haute estime, apprit papa, qu'ils la destinaient secrètement à leur fils Costa, souhaitant qu'elle prenne plus tard la direction de l'entreprise…

Ilona venait, en effet, de perdre son père, Rudolf Mayer, un architecte de Budapest connu pour avoir conçu là-bas l'une des dernières grandes églises, celle de Kobagna. Il s'était installé à Sofia, avec sa famille, au lendemain de la guerre de 14-18, sollicité par les autorités bulgares qui manquaient d'architectes pour reconstruire, et agrandir, la capitale. Il travaillait à cet énorme chantier, avec enthousiasme et passion, se souvient maman, quand un ulcère à l'estomac l'emporta, durant l'hiver 1932, contraignant ses plus grands enfants à interrompre leurs études pour chercher du travail.

Au début, maman feignit de ne pas être impressionnée par les bonnes manières de papa. Il avait obtenu de Costa d'être présenté à la jeune fille et, depuis, il fréquentait assidûment la pâtisserie. « Il est mignon, mais il est trop petit », disait maman à sa mère.

Un soir, il l'attend à la fermeture de la boutique et, tout de suite, il lui déclare qu'il veut l'épouser. « Les aventures ne m'intéressent pas, dit-il, je veux que vous soyez ma femme. — Je ne suis pas libre, rétorque maman, je dois m'occuper de ma mère et de mes petites sœurs. Et puis je vais vous dire quelque chose de pas très gentil : vous êtes trop petit. Voyez, je suis plus haute que vous ! » Alors papa : « Mais la taille, ça n'a aucune importance, c'est la tête qui compte. Regardez Napoléon ! »

Maman n'était pas loin d'être conquise ; néanmoins, elle avait fort à faire avec ses sœurs. « C'est un Bulgare ! protestaient-elles. Et en plus, il est plus petit que toi... » Est-ce qu'une Hongroise, pays de grande culture, pouvait sérieusement s'abaisser à épouser un Bulgare ? Elle devait se le demander en son for intérieur, car elle finit par consulter sa mère :

— Qu'est-ce que je fais, maman ?

— Tu écoutes ton cœur, tu n'écoutes pas tes sœurs.

Maman dit donc oui à Georges Vartan, oui, elle voulait bien l'épouser, et alors ils commencèrent à se promener bras dessus, bras dessous dans les parcs de Sofia. C'est ainsi qu'arriva aux oreilles de mon grand-père le bruit que son fils était fiancé. Il n'en avait pas le plus petit soupçon et il avait, en outre, une autre idée pour son garçon : une jeune Albanaise, issue d'une famille immensément riche et respectable. Qui était donc cette fille qui menaçait ses plans ?

— Ilona, ma fiancée, répliqua papa.

Mon grand-père prit sur lui pour ne pas se mettre en colère, mais, quand il apprit qu'elle était hongroise, il explosa :

— Une étrangère ! Il n'en est pas question, mon fils.

— Eh bien, dans ce cas, je m'en vais, je quitte la maison.

Le ton monta, ma grand-mère dut intervenir, et mon grand-père lâcha finalement :

— Bon, présente-la-nous, voyons au moins à qui nous avons affaire…

Maman : « Ma petite belle-mère, dès qu'elle m'a aperçue, elle m'a prise dans ses bras, m'a embrassée. Le papa, lui, il a fait comme si je n'existais pas, il ne m'a pas adressé la parole. En moi-même, je songeais : " D'où sort-il, celui-ci ? Pour qui se prend-il ? Nous, les Hongrois, sommes des gens fins et cultivés, on dirait bien qu'il ne le sait pas… " En sortant, j'étais furieuse et, comme Georges me raccompagnait, je lui ai lancé : "Écoute, je t'aime beaucoup, mais je ne veux plus t'épouser ! Ton père refuse ce mariage, il me regarde de haut, comme si j'étais moins que rien, et jamais il ne m'aimera." »

Après cette première rencontre, papa posa ostensiblement sur le piano la photo de sa jolie fiancée. Quand son père voulut l'enlever, il dit que, si on ne le laissait pas épouser maman, il partirait pour l'Italie, ou deviendrait un voyou. Sa mère, de nouveau, vint à son secours, et il fut décidé que les deux familles allaient au moins se voir. Maman vint avec sa mère, son frère aîné et ses sœurs — ils étaient huit enfants. Mon grand-père ne dut pas être très chaleureux, ni convaincu, car, aussitôt après, maman dit à papa : « Tu expliqueras à ton père que, s'il n'a pas confiance en ma famille, il n'a qu'à demander des renseignements à l'ambassade de Hongrie. »

L'histoire ne dit pas s'il osa le faire, mais le mariage de mes parents fut finalement célébré le 9 février 1936. Sofia aussi, sous un épais manteau de neige, s'était habillée de blanc pour l'événement, et c'est donc à bord d'un traîneau fleuri de perce-neige qu'ils gagnèrent l'église.

À partir de ce jour, mon grand-père considéra maman comme sa propre fille. Un peu trop à son goût, peut-être.

— Vous savez, Ilona, lui annonça-t-il au lendemain de

son mariage, dans ma famille, les femmes ne travaillent pas. Je crois qu'il serait plus convenable que vous cessiez désormais de fréquenter cette pâtisserie.

— Excusez-moi, bon papa, rétorqua maman, mais ma mère est veuve, j'ai des petites sœurs, et je veux être libre de pouvoir les aider comme je l'entends. Aussi je retournerai à la pâtisserie.

Mon grand-père avait certainement pesé de tout son poids pour que papa, qui avait une âme d'artiste, ne cède pas à la tentation d'en faire son métier. Il aurait pu être musicien, ou peintre, ou encore sculpteur, puisqu'il pratiquait ces trois modes d'expression avec un égal talent (avec tout de même une préférence pour la musique). Au moment de son mariage, papa occupait donc un bureau à la Compagnie d'électricité que dirigeait encore mon grand-père. Je ne sais pas exactement ce qu'il y faisait, mais maman se souvient qu'il n'y allait jamais avec plaisir. Cependant, la Compagnie d'électricité était encore aux mains de la France, et c'est par ce biais que le poste d'attaché de presse à la légation de France lui fut finalement offert. Élevé au lycée français, dans le culte de ce pays qu'adorait mon grand-père, papa parlait couramment le français. Comme mon grand-père qui, lui aussi, me chantait, enfant, des chansons bien françaises, comme *J'irai revoir ma Normandie,* ou encore *Le soleil a rendez-vous avec la lune,* de Trenet.

De ma petite enfance, si merveilleusement protégée, j'allais bientôt basculer dans l'enfance et découvrir qu'un monde existait au-delà des barrières du jardin de mon grand-père. De ce monde, parcouru de sourdes menaces, d'une insoupçonnable cruauté, je n'avais qu'une vague idée, grâce à la sorcière qui me paraissait résumer à elle seule tout ce qu'on pouvait croiser de plus effrayant sur terre. Quant au chagrin, je l'avais déjà éprouvé à la mort de mon lapin Pouhtcho, si doux et tendre, qui m'avait laissée en larmes, impuissante et démunie face à ce que les adultes appellent sobrement « la perte ». J'avais perdu mon lapin, oui, mais je ne soupçonnais pas que l'on pût également perdre sa maison, son pays, et même les êtres les plus précieux qui nous font un rempart, et que l'on aime plus que tout, et qui nous aiment plus que leur propre vie.

Outre mon lapin, j'avais de la perte une expérience vécue qui m'avait rapprochée de maman et que je situe, précisément, à la charnière entre la petite enfance et l'enfance. C'était à Varna, une station balnéaire sur la mer Noire. Nous étions là pour quelques jours, dans une maison de location, j'avais trois ou quatre ans et je découvrais la mer. Ce soir-là, papa devait nous conduire au cirque et, en attendant, maman arrangeait ses bigoudis devant la glace. Quelqu'un avait ouvert la porte du jardin, au-delà c'était l'inconnu et, puisque c'était ça, je sortis pour chercher encore la mer dont l'immensité me laissait sans voix. Je ne sais plus exactement ce qui se passa ensuite, mais je dus marcher longtemps sur la plage et, à un moment, la mer et le sable durent salir mes jolies socquettes, celles qu'on m'avait mises pour le cirque, parce que je me vois en train de chercher de l'eau pour les nettoyer.

Maman dit que deux ou trois heures s'écoulèrent entre l'instant où ils constatèrent ma disparition et celui où elle m'a retrouvée. Deux ou trois heures de cauchemar, durant lesquelles papa et Eddie alertèrent la police pendant que maman partait seule, sur son vélo, à ma recherche. J'avais déniché une fontaine dans un parc, et je lavais soigneusement mes socquettes quand je l'ai entendue. Elle pédalait comme une folle, tout en sanglotant et en criant mon nom : « Syl-vie ! Syl-vie ! »

Quand elle m'a aperçue, j'ai cru qu'elle allait tomber, et puis elle m'a serrée dans ses bras, et je ne peux pas oublier comme elle tremblait, comme son cœur cognait. Elle m'avait retrouvée, elle me couvrait de baisers, mais la peur était encore là qui lui écrasait la poitrine. Jamais je n'avais vu maman pleurer, pleurer vraiment, et ce fut pour moi la découverte que les adultes aussi pouvaient être touchés par le chagrin.

Chapitre 2

Nous n'allons plus vivre chez mon grand-père, nous aurons un appartement pour nous tout seuls. J'ai peut-être quatre ans. Je ne sais pas si c'est une bonne nouvelle ou une mauvaise. Je n'ai aucun souvenir d'un commentaire particulier de mes parents à propos de ce déménagement. Je les vois toujours heureux d'être ensemble, se touchant discrètement la main, se souriant, mais jamais je ne les entends discuter devant nous de choses graves, et encore moins se disputer. Un jour, nous partons tous les quatre visiter notre nouvelle « maison », sans plus de préambules, pour moi en tout cas.

C'est un immeuble neuf, encore en plein chantier. L'appartement qui nous est destiné est au quatrième étage, et c'est assez dangereux d'y monter parce qu'il n'y a ni rampe d'escalier ni lumière. Et des gouffres un peu partout. Maman me tient la main à me la casser, et papa marche devant avec une lampe électrique. Tout cela me semble très excitant. Là-haut, c'est plutôt lumineux. Papa et maman auront leur chambre, je ne dormirai plus avec eux, mais avec Eddie. Il y a aussi un salon, une salle à manger, une cuisine et une salle de bains. Toutes les pièces sentent très fort la peinture et il faut ouvrir les fenêtres pour ne pas pleurer.

En redescendant, nous nous arrêtons longuement devant les boîtes aux lettres. Nous n'en avons jamais vu tant, et de si intéressantes, avec des petites portes comme les tabernacles des églises. Papa dit qu'il ne peut pas encore savoir quelle sera la nôtre. En sortant par-derrière, nous découvrons un espace qui n'est pas vraiment un jardin, plutôt une cour, mais avec un arbre énorme au milieu. Un mûrier. Maman est contente, elle déclare qu'elle aime beaucoup les mûriers.

Je joue dans cette cour avec deux garçons de l'immeuble. Ça y est, nous sommes installés. Ce ne sont pas réellement des amis, mais, quand je ne suis pas avec les sœurs Brink, c'est mieux que de jouer toute seule. L'un, Gosho, est le fils de la concierge, l'autre, Iosco, celui d'un cardiologue qui habite dans l'immeuble. Iosco deviendra l'un des acteurs les plus talentueux de sa génération. Cependant, celui qui me fait battre le cœur et que je guette inlassablement s'appelle Dobrintcho. Il est bien plus grand que moi, il doit avoir une dizaine d'années, et son visage d'ange encadré de boucles blondes me paraît irréel.

Mais, le plus souvent, je suis chez les Brink. Ils ont un appartement beaucoup plus vaste que le nôtre, et c'est sans doute pourquoi les adultes se retrouvent de préférence chez eux pour passer la soirée. Il y a là, autour d'oncle André et de tante Mia, mes parents, mais aussi Pepa, une jeune femme seule avec deux garçons de nos âges, Tony et Motko, oncle Philippe, l'ami intime d'oncle André, et parfois un ou deux autres couples. Janine a déjà des jeux de grande, tandis que Simone et moi sommes plutôt dans le registre inépuisable des bêtises. Les filles Brink ont des lits gigognes, et Simone et moi partageons celui du haut. Comme la porte de la chambre ne demande qu'à bâiller au sommet, et que notre lit est parfaitement bien disposé pour profiter de ce poste d'observation, nous passons la majeure partie de la nuit à épier nos parents par l'interstice.

Ils bavardent gaiement, ils chantent, ils se servent des petits verres, ils rient aux éclats. Parfois, ils jouent aux cartes, mais généralement oncle André fait marcher son phono et papa prend aussitôt maman par la taille pour la faire danser. Elle a son sourire un peu lointain des beaux jours, celui des dimanches après-midi à Lakatnik quand elle s'allonge dans l'herbe après le pique-nique. Papa la regarde tourner, et l'émotion le rend un peu maladroit. Ensuite, il la presse brièvement contre lui et l'embrasse quelque part près de l'oreille. À côté de moi, Simone s'étouffe de rire.

Certains jours, nous nous retrouvons toute une bande. Je ne sais pas trop par quel miracle plus personne n'est là pour nous surveiller, de sorte que Simone et moi avons l'initiative. Nous grimpons sur les toits, nous inventons des passages secrets et des fées Carabosse que nous bombardons de crottes d'oiseaux séchées ou de boulettes de papier. Les colères des vieilles dames nous font battre le cœur, et puis nous en gloussons à en faire pipi dans nos culottes. Nous sommes surtout fascinés par Vera, une clocharde un peu dérangée qui a pris ses quartiers dans une courette, juste en face de l'immeuble des Brink. Elle passe ses journées allongée sur les marches d'un perron, fumant cigarette sur cigarette, la tête rejetée en arrière.

Simone prétend qu'elle est parfaitement capable d'aller lui toucher sa culotte, et son incroyable audace nous remplit de peur et d'excitation. À la seule évocation de ce geste, nous sommes parcourus de frissons, secoués de rire. Toucher la culotte de Vera ! Rien au monde ne nous apparaît plus fantastique et l'autorité de Simone, qui est la plus petite de la bande, croît au fil des jours. Pour ma part, je lui déconseille d'y aller. Vera est une sorcière, et les sorcières ont des pouvoirs particuliers qui font qu'on a tout intérêt à leur ficher la paix si on ne veut pas être transformé en crapaud ou finir dans une marmite. « Coa, coa ! » fait Simone, qui ne croit pas qu'elle deviendra une grenouille.

Et finalement, un jour, elle y va, elle court en direction de Vera sous nos regards vrillés par la frousse. Elle est tout près du but, peut-être même sent-elle déjà la culotte de la vieille folle sous ses doigts… quand celle-ci la saisit par les cheveux ! Oh ! Je sens mon cœur dégringoler comme une pierre jusque dans mes talons. Un gémissement d'effroi s'élève autour de moi. À ce moment, la distance qui nous sépare de Simone est immense, elle est prisonnière, elle va peut-être disparaître d'un instant à l'autre dans l'antre des sorcières, tandis que nous avons cette chance inouïe d'être sains et saufs, hors de portée des griffes du monstre ! Mais non, Simone se débat, la vieille, qui est affalée sur elle-même comme un sac de pommes de terre, n'a ni force ni pouvoirs occultes, et notre petite héroïne lui échappe, les yeux pleins de larmes, une poignée de cheveux en moins.

Tante Mia : « Je n'ai jamais su exactement toutes les bêtises que vous faisiez, mais vous en faisiez, ça oui ! Et quand on vous attrapait dans la rue pour vous demander vos noms, toi tu répondais : "Sylvie Brink, madame, mais il faut rien dire à nos parents, sinon on va se faire gronder !" Vous étiez une vraie bande de chenapans… »

Je découvre la rue, la liberté, mais aussi la création artistique, la poésie des êtres et des choses, l'émotion, la beauté, grâce à mes parents. Je ne sais encore rien de Staline, de ses miliciens, des procès, des disparitions, je ne sais encore rien de toute cette horreur qui couve, en coulisses. Mes parents m'en protègent, ils le peuvent encore, je suppose, et, comme si la vie était pleine de promesses, ils m'emmènent au théâtre.

Les Bulgares ont une tradition de spectacles pour enfants véritablement féeriques. Ils mettent en scène les contes et légendes populaires avec un luxe de costumes, de décors, de chants, de lumières que je n'ai jamais retrouvé par la suite dans le monde. Je suis éblouie par ces pièces. Elles exaltent mes rêves d'enfant, les prolongent, les magnifient. L'ambiance de la salle plongée dans l'obscurité à l'instant où le rideau s'ouvre me coupe le souffle, littéralement, puis la scène s'illumine et j'ai la sensation que, touchés par les faisceaux lumineux, les comédiens s'animent, se transforment, comme par magie. C'est irréel, bouleversant. Plus tard, au plus profond de la peur et du dénuement, c'est le souvenir de ces spectacles-là qui me rappellera que la vie peut être belle, qu'elle peut transcender le malheur, et qu'il suffit parfois de rêver pour la voir tout en bleu. Plus tard encore, quand je monterai mes premières grandes chorégraphies, j'aurai en tête les mises en scène exceptionnelles des artistes bulgares. Les émotions de l'enfance sont les plus fortes, les plus violentes, et on ne les oublie jamais…

Et puis, un jour, les Brink déménagent. Oncle André devient responsable de la légation des Pays-Bas, et ils habitent désormais la résidence. C'est une maison immense, magnifique. Les bureaux de la légation donnent sur la rue et, derrière, il y a un jardin où nous pouvons passer nos après-midi.

Oncle André a désormais rang de diplomate, ou peut-être même d'ambassadeur, et sa promotion est le premier indice qui va m'ouvrir les yeux sur notre situation peu enviable de Bulgares. Comme chaque année, pour Noël, la légation de France prépare un spectacle animé par les enfants. Ce sera, cette fois, *Boucle d'or*. Je connais bien l'histoire et, quand papa m'en parle, je supplie qu'il me laisse jouer l'un des ours. Il y en a trois, je n'en demande qu'un. Je meurs d'envie d'entrer dans la peau d'un autre, et je sens intuitivement que je serai un ours plus vrai que nature. Oui, l'ours, je le sens vraiment bien ! Mon enthousiasme fait sourire papa, un peu tristement sans doute : les rôles sont réservés aux enfants de diplomates français ou étrangers, et lui ne l'est pas, il n'est qu'attaché de presse. Ce sont Simone et Janine qui héritent des rôles principaux — l'une fera Boucle d'or, l'autre un des trois ours. Et les deux autres alors ? Ils sont pris par des enfants mieux nés que moi. En somme, je ne figure pas dans la pièce…

Que va-t-on faire de moi ? « La petite Sylvie, décide-t-on, on va lui faire réciter *D'où viens-tu, bergère ?* » J'étais humiliée, mortifiée, je n'avais que cette petite poésie à déclamer, et même pas sur scène, mais depuis l'escalier monumental de l'ambassade de France au pied duquel se pressait, autour d'un sapin immense, la foule des invités. Oui, j'étais remplie de colère et de honte, pour mes parents qui étaient là, quelque part, pour moi surtout qui me sentais capable de tellement plus, de tellement mieux… Mais voilà, c'est à moi. Je me tiens bien droite sur la marche la plus haute du grand escalier et j'ai un peu le vertige. Je m'accroche à la rampe, les jambes tremblantes. La crête du sapin m'arrive sous le nez, jamais je n'en ai vu de si haut, de si lumineux, et, malgré l'émotion, j'ai bien du mal à en détacher le regard. En même temps, je sens le poids sur moi de ces dizaines d'yeux en contrebas. Je ne dois pas regarder le sapin, je dois rester concentrée. Je me répète cela et j'entends mon cœur cogner, cogner… Inconsciemment, comme dans un rêve, je me lance :

D'où viens-tu, bergère ?
D'où viens-tu ?
— Je viens de l'étable
Où l'enfant Jésus…

Le crépitement des applaudissements me ramène à la réalité. C'est fini. Alors j'observe tous ces visages tendus vers moi et je me dis en moi-même : « Un jour, je serai artiste et je ferai l'ours, la fleur, la princesse, le vampire, le clown ; un jour, je ferai tout ce que je voudrai et personne ne pourra m'en empêcher… »

Par-dessus tout, la vie de Francine Baudier me fascine. Francine est la fille de l'ambassadeur de France. Elle a trois ans de plus que moi, mais je suis tout de même invitée à chacun de ses anniversaires. On la couvre de cadeaux, dont la plupart arrivent de France. Ce sont des dînettes avec cuisinière électrique et batterie de casseroles chromées, ce sont des marionnettes, des robes extraordinaires. Même si j'ai moi aussi de très jolies robes que maman commande chez sa couturière, celles de Francine n'ont rien à voir, elles ont été achetées à Paris, ce qui suffit à leur donner un éclat inégalable. Les anniversaires non plus n'ont rien à voir avec les miens. Il y a un buffet immense réservé aux enfants, et puis des guirlandes, des clowns, des farces et attrapes...

Francine est encore une enfant par l'âge, mais elle a déjà l'aisance d'une dame. Elle vient avec chaleur s'enquérir du bien-être de ses invités, elle raconte ses vacances, ses voyages, sans le plus petit soupçon de timidité. Chaque année, elle et son jeune frère vont en voyage organisé aux sports d'hiver, je ne sais où, avec d'autres enfants de diplomates. Pourquoi ne nous a-t-on jamais proposé de partir, à Eddie et moi ? Je mesure, plus ou moins consciemment, combien le fossé est profond entre ces enfants, qui ont un statut d'étrangers, et nous, qui ne sommes jamais sortis de Bulgarie.

Eddie et moi ignorons les sports d'hiver, mais nous allons ensemble au zoo de Sofia. Pour la première fois, Eddie m'associe à sa vie de grand. Jusqu'ici, je ne devais pas présenter d'intérêt à ses yeux, ou alors seulement comme victime. J'ai encore sur le cœur le supplice qu'il a infligé à mon ours. C'était un après-midi pluvieux, je ne devais pas avoir plus de trois ans. Eddie était à la maison, la maison de mon grand-père, avec deux ou trois copains. Sans doute s'ennuyaient-ils, car l'idée leur est soudain venue d'opérer mon ours. J'ai crié, supplié... ils n'ont rien voulu entendre et ils l'ont emmené dans une cabane au fond du jardin. Là, je les ai vus lui ouvrir le ventre, et puis le vider, le dépecer. Eux riaient et moi je pleurais.

Bon, à présent, il veut bien que je l'accompagne au zoo et maman nous laisse partir. Il faut prendre le tramway, marcher un peu. Nous y allons souvent, non pas pour voir les animaux mais pour ramasser des plumes d'oiseaux. Eddie s'est confectionné un bâton spécial, avec un crochet au bout qui lui permet de pêcher les plumes à l'intérieur des cages. C'est très excitant parce qu'il faut se cacher du gardien. Parfois, Eddie compte sur moi pour faire le guet. Au retour, il colle ses trophées dans un grand cahier et les annote : plumes de paon, de héron… J'aime ces instants partagés dans notre chambre et je ne suis pas peu fière d'avoir participé à l'entreprise.

Comment sont-ils arrivés chez nous, ce couple lugubre et le gros homme ? Je n'ai aucun souvenir de la date précise où ils entrent et s'installent, dans nos pièces, dans nos affaires. Ce moment est horrifiant quand j'y pense… Du jour au lendemain, ils sont là, chez nous. Le couple a pris le salon dans lequel nous n'avons plus le droit d'entrer. Le gros, qui est le frère de l'autre dans mon esprit, s'est emparé de notre chambre. Eddie et moi dormons désormais avec papa et maman.

Ils sont bulgares, mais je crois qu'ils arrivent de Moscou. En tout cas, le couple. Lui est officier, long et maigre, la poitrine couverte de médailles, le teint blafard, un regard de mort, inexpressif et glacial. Il porte souvent des bottes noires dont les talons frappent le sol comme des marteaux. Elle est en robe de soie, les lèvres peintes, les ongles rouges, indifférente. Le gros a l'air moins méchant, il me sourit parfois, tandis que les autres ne me voient pas.

Maman : « Ils occupaient la plus grande partie de l'appartement, celle qui donnait sur le canal. Il ne nous restait que la chambre du fond. Un jour, le couple m'a interpellée comme je sortais : "Il faut que vous nous donniez aussi la salle de bains." J'ai dit : "Mais c'est impossible ! Nous avons des enfants, nous devons nous laver. Pourquoi ne pas continuer à la partager ?" Ton père était déjà malade de les avoir chez nous, il a d'abord refusé. C'est moi qui l'ai convaincu : "Georges, tu vois bien qu'ils sont les plus forts, on ne gagnera rien à leur tenir tête. Mettons plutôt toute notre bonne volonté pour que ça se passe bien." »

On ne trouve plus rien à manger dans les magasins. Il me semble que c'est venu d'un seul coup, mais c'est peut-être moi qui découvre la réalité en grandissant. Ou maman qui ne peut plus me cacher la cruauté du monde. Maintenant, elle me prend avec elle pour rapporter les courses, et nous faisons souvent la queue deux ou trois heures pour obtenir cent grammes d'huile, vingt grammes de beurre et quelques pommes de terre. Ailleurs, nous attendons encore deux heures pour un morceau de pain noir, un peu de farine, ou du *malébi*. Le *malébi* est le seul dessert qui existe, à base de pomme de terre et de sirop de rose. Il me met l'eau à la bouche : or, la plupart du temps, lorsque nous arrivons au comptoir, il n'y en a plus. Maman ne se plaint jamais, elle a toujours cette même lumière sur le visage, cette même élégance aussi qui me dissuade de geindre. Tout me paraît sale et triste autour de nous, mais maman incarne à elle seule la beauté du monde — oui, je la trouve si belle, ma maman, et je me sens forte de lui tenir la main ! Elle sourit, elle console les autres dames qui ont envie de pleurer, et grâce à elle les gens recouvrent visiblement un peu d'énergie et de courage. Parfois, même, ils plaisantent, alors que nous avons froid et mal dans tout le corps à rester debout sans bouger.

Heureusement, les Brink sont toujours là, et leur porte grande ouverte. Mais, cette fois-ci, il faudrait vraiment être aveugle pour ne pas voir qu'un gouffre nous sépare. Chez eux, il y a de la nourriture en abondance — des magasins spéciaux sont réservés aux diplomates, qui fournissent de tout, où l'on ne fait pas la queue. Nous passons de plus en plus de soirées dans leur grande maison, et oncle André et tante Mia redoublent de sollicitude. Tante Mia est bulgare, elle a de la famille qui vit chichement, comme nous, elle sait combien la vie est devenue dure. Plus tard, j'apprendrai que son frère fut arrêté durant cette période-là, et condamné à dix ans de prison pour activités anticommunistes. Il occupait un poste important à la Banque nationale de Bulgarie.

Leur maison nous apparaît de plus en plus comme une enclave de liberté, symbole d'un monde ouvert et généreux dont nous nous éloignons irrémédiablement. D'ailleurs, comme s'ils voulaient signifier que la vie doit continuer en dépit des difficultés croissantes, les Brink ont loué un petit chalet à Boïana, sur les hauteurs de Sofia, et, dès qu'ils le peuvent, ils nous emmènent respirer là-haut l'air pur des montagnes.

Ces week-ends à Boïana, aux beaux jours, sont d'ultimes moments de bonheur, de lumière, volés à la nuit qui petit à petit s'étend sur tout le pays. Nous nous entassons dans l'auto d'oncle André et, quand les premiers pins surgissent au bord de la route en lacet, nous nous sentons soudain revivre. Le chalet est au milieu de champs de tournesols, baigné de soleil du soir au matin. Nous jouons à cache-cache, nous ne voyons pas les journées passer. En guise de piscine, oncle André remplit une baignoire qui se trouve là, parmi les herbes hautes, et quand les rayons l'ont un peu réchauffée nous nous y plongeons. Il y a toujours trop de monde pour le nombre de lits, de sorte que nous, les enfants, dormons par terre, comme de petits animaux ivres de soleil et de jeux. Et puis il faut redescendre vers Sofia, et alors je suis frappée du silence dans la voiture. Plus personne ne parle ni ne rit.

Sûrement qu'à l'école les choses changent également, mais curieusement j'ai très peu de souvenirs à ce sujet. Je me rappelle combien apprendre à lire me paraît difficile, et que certains soirs je me sens complètement découragée. Je me rappelle le petit foulard rouge des Jeunesses communistes qu'il faut se nouer autour du cou certains matins. Et puis cette scène, qui bientôt se répète : on nous fait sortir pour la récréation et on nous demande de prier le bon Dieu pour avoir des bonbons. C'est très bizarre, parce que nous n'avons pas l'habitude de prier à l'école ; la prière, c'est seulement le dimanche à l'église, avec mes parents, quand nous allons à la messe. Mais nous prions dans la cour de récréation puisque les professeurs l'exigent. Cependant, aucun bonbon ne nous est donné. On nous dit alors de prier l'oncle Staline, nous répétons tous ensemble un texte à sa gloire, et soudain une pluie de bonbons s'abat du ciel, et nous courons, et nous nous bousculons pour les ramasser.

Oncle Staline est partout, à l'école, dans la rue, chez les commerçants. Son visage m'est devenu aussi familier que ceux de Jésus et de la Vierge Marie, sans que je puisse dire pour autant à quel moment il est entré dans ma vie. Mais il y est entré, subrepticement, et son pouvoir démesuré sur les éléments m'inspire certainement une crainte confuse. D'autant plus que j'ai senti l'appréhension de mes parents lorsqu'il a été question de lui à la maison pour la première fois. Jusqu'ici, on ne l'évoquait pas, bien qu'il soit à tous les coins de rue avec son bon sourire de paysan, mais ce jour-là, maman s'inquiéta de savoir si papa avait bien accroché son portrait sur notre balcon.

— Pas encore, ma chérie.
— Georges, fais-le, voyons ! Tu sais bien...
— Pardonne-moi, je vais le faire là, tout de suite.

C'était avant l'arrivée du couple et du gros homme. Même si ça n'avait été qu'un bref échange, quelque chose d'un peu syncopé dans la voix de maman m'avait alertée.

Staline sourit, mais les hommes de la milice ne sourient pas. Ce sont eux qui s'assurent que nous avons tous bien suspendu sur notre balcon le portrait du chef. Bientôt, ce sont eux qui sonnent aux portes des maisons pour voir s'il n'y aurait pas des chambres de libres. Depuis leur apparition, on dirait que la Bulgarie est devenue trop petite pour loger tout le monde. Maintenant, ils tourmentent mon grand-père. Je le devine à quelques mots volés d'une conversation entre mes parents et les Brink. Ils veulent lui prendre sa maison, son jardin, et ça me paraît tellement insupportable, tellement épouvantable, que je dois en chasser l'idée pour retrouver le souffle. Son jardin ! Ses rosiers !

Ce sont eux aussi, ces hommes de la milice, qui un jour frappent maman dans le dos. C'est un coup sournois, rapide, avec la crosse du fusil, et j'aurais très bien pu ne pas le voir, ne pas l'entendre, car maman a encaissé la douleur sans rien montrer. Mais je l'ai vu, et je crois qu'à ce moment-là ma vie a basculé. Dans l'instant, la terreur a même étouffé le chagrin qui me submergeait. Le chagrin pour maman, je veux dire. Pour ce geste impossible de la frapper. J'ai retenu mes larmes, j'ai fait comme elle, comme si je n'avais rien senti, et j'ai continué d'applaudir. Maman aussi applaudissait, elle ne s'est même pas interrompue sous le coup de crosse. Nous assistions au discours d'un des hommes de Staline, sur une grande place, mais le milicien avait jugé que maman n'applaudissait pas assez fort et c'est pourquoi il lui avait envoyé ce coup dans le dos au passage. Ce jour-là, je crois que j'ai tout compris, oui. Par un enchaînement dont je n'avais pas saisi les étapes, nous étions passés de la liberté à la captivité. Nous étions prisonniers dans notre propre pays. Et on essayait maintenant de nous prendre le peu qu'il nous restait : la dignité.

Ensuite, comme si l'un annonçait l'autre, papa a brutalement perdu son travail. Ce n'est pas l'ambassade de France qui n'a plus voulu de lui, ce sont les nouvelles autorités communistes qui lui ont interdit de travailler pour la France.

Oncle André : « Ton père a été mis sous pression. Il ne m'a jamais raconté précisément ce qui s'est produit mais, à mon avis, on lui a demandé de travailler pour les services secrets bulgares, de faire de l'espionnage, en d'autres termes, et comme il a refusé, naturellement, on l'a contraint à démissionner. »

Je devine dans quel drame se sont trouvés plongés mes parents du jour où ils n'ont plus eu aucun revenu (depuis longtemps, déjà, maman ne travaillait plus). Pourtant, ils ne manifestent aucune inquiétude en ma présence, aucun affolement. Toute leur vie, dans les pires moments, ils auront ce souci de nous protéger, de garder la tête haute.

Et puis, les connaissant, je pense qu'ils sont attentifs aux malheurs qui frappent plus durement encore beaucoup d'autres familles autour de nous, beaucoup de nos amis. J'ai en mémoire l'un de ces drames parce qu'il touche Pepa, la maman de Tony et Motko, avec lesquels nous jouons tous les jours. Cette femme délicate et menue, qui est souvent avec nous chez les Brink, doit se débrouiller toute seule pour élever ses fils. Son mari est parti pour le Brésil en lui promettant qu'une fois installé là-bas il les ferait venir, or il les a bel et bien abandonnés. Un matin, on frappe à sa porte. Ce sont des gens du Parti qui collectent des fonds pour les petits Chinois. C'est l'époque où nous apprenons à l'école un hymne à la gloire de Mao dont nous ne comprenons pas les paroles car elles sont en chinois (et aujourd'hui encore j'ai cet hymne en mémoire...). « Mes enfants n'ont pas de quoi manger, leur répond-elle, je n'ai rien à donner aux Chinois », et elle leur claque la porte au nez. Le lendemain, ou le surlendemain, on l'arrête. Tony et Motko sont à l'abandon. Ils se réfugient chez les uns ou les autres, dans ce climat de terreur sourde où l'on se tait, où l'on se cache. Pepa sera condamnée à vingt-cinq années de prison — elle mourra avant d'être libérée —, et ses enfants disparaîtront du quartier.

Les arrestations se multiplient dans notre entourage. Parfois les gens reviennent deux ou trois jours plus tard, parfois on ne les revoit plus, leur nom n'est plus prononcé, il faut faire comme si on les avait oubliés. Après Pepa, c'est au tour de notre pédiatre, le docteur Tabakov, d'être emprisonné. Une nuit, il a été appelé d'urgence par l'ambassadeur de Yougoslavie au chevet de son fils. Il y est allé, bien sûr, et il a soigné l'enfant, négligeant les relations détestables qui existaient alors entre la Bulgarie et la Yougoslavie. Cela lui vaut d'être condamné à trois ou quatre ans de prison. Dans les jours qui suivront sa libération, il sera pris d'un malaise et tombera sous le tramway qui lui tranchera les jambes. Plus tard, le docteur Tabakov nous rejoindra à Paris, avant de gagner les États-Unis, et durant quelque temps il vivra à l'hôtel, dans une chambre voisine de la nôtre. Nous avions pour lui beaucoup d'amitié et un immense respect.

L'idée qu'un malheur semblable puisse s'abattre sur maman, qu'elle puisse être arrêtée et disparaître, elle aussi, s'infiltre petit à petit dans mon esprit. Il n'est plus nécessaire d'avoir commis une faute, comme de voler ou de tuer, par exemple, pour être arrêté. Autrefois, avant les communistes, c'était la règle, mais plus maintenant. Maintenant, il n'y a plus de règles, on peut être jeté en prison pour avoir claqué sa porte au nez d'un démarcheur, avoir soigné l'enfant d'une personne que le nouveau régime n'aime pas ou, simplement, avoir oublié d'accrocher à sa fenêtre le portrait d'oncle Staline. Je le découvre, et cela me précipite dans une angoisse sans nom. Dans la rue, en rentrant de l'école, je croise des miliciens en uniforme qui notent dans leur petit carnet tout ce qui ne va pas, selon eux. Je lève le nez, et je me dis : « Oh ! là là ! cette fenêtre n'a pas de portrait de Staline, le papa va disparaître… » Et puis la pensée me traverse qu'ils ont dû passer sous nos fenêtres, le matin même, et que peut-être ils ont emmené maman. Alors, je cours comme une folle jusqu'à l'immeuble, je grimpe les quatre étages, les poumons en feu, et par bonheur maman est là !

— Mon trésor ! Pourquoi cours-tu comme ça ? Tu vas te fatiguer le cœur.

— J'étais pressée de faire mes devoirs.

Papa et maman parlent beaucoup de la France entre eux. À mots couverts. Mais, un soir, ils nous annoncent la nouvelle : ils vont demander un visa pour quitter la Bulgarie.

Papa s'est souvenu qu'il était né en France, à Champigneulles, près de Nancy. Un de ces hasards de la vie : la famille de mon grand-père, les Vartan, de riches négociants en grain d'origine arménienne, ne voulait pas de son mariage avec ma grand-mère, une Bulgare sans fortune. Mon grand-père avait tenu bon — tiens, comme papa, plus tard, tiendra bon face à lui pour épouser maman, une Hongroise sans fortune... — et quand ma grand-mère s'était retrouvée enceinte, c'est en France qu'elle était allée accoucher. Voilà comment papa avait vu le jour sur les rives de la Moselle.

À l'époque, être né en France pouvait donner droit à la nationalité française. Papa a donc fait une demande de passeport à l'ambassade de France et, là-bas, comme tout le monde l'aime, bien qu'il n'y travaille plus, les gens l'ont aidé à rassembler les papiers. L'ambassadeur lui-même se préoccupe de son dossier. C'est cela que nous comprenons, Eddie et moi, et nous sommes heureux et confiants. La France, dont mon grand-père et mon père nous ont transmis l'amour et le respect, un peu de la langue aussi, va nous sortir de la prison qu'est devenue la Bulgarie.

Du jour au lendemain, cet espoir illumine notre vie. Il va falloir être patients, car les autorités bulgares ont aussi leur mot à dire, mais nous nous sentons capables d'attendre tout le temps qu'il faudra. Désormais, il y a cette petite lumière sur l'horizon noir.

Tout le temps qu'il faudra... Les jours, puis les semaines s'écoulent sans qu'il se passe rien. Nous nous enfonçons de plus en plus dans la misère, et nous serions peut-être morts de faim sans le secours des Brink.

Tante Mia : « Ta maman ne se plaignait jamais. Elle occupait ses journées à vous chercher de quoi manger, mais tes parents n'avaient plus un sou. Un soir, je suis venue chez vous sans prévenir, elle était en train de vous préparer une soupe, pour Eddie et toi, à la farine et à l'eau. Elle n'avait même plus de pain, il ne lui restait qu'un peu de farine pour vous nourrir tous les deux. Elle et ton père ne mangeaient pas. »

Tante Mia et oncle André nous déposent discrètement de quoi subsister, du fromage blanc, un peu de lait, quelques légumes. C'est interdit, et oncle André, qui fait cela pour plusieurs familles, risque de graves ennuis. Peu après notre départ pour la France, quand la milice mettra au jour le « complot », les Brink seront expulsés de Bulgarie et oncle André déclaré persona non grata sous prétexte d'espionnage. Les mots amitié, compassion, générosité n'entraient pas dans le vocabulaire des autorités communistes ; pour elles, toute personne qui recevait une demi-livre de fromage blanc d'un diplomate devait évidemment fournir en échange des renseignements. À quelques semaines près, mes parents auraient pu être arrêtés, et condamnés à trente ans de prison pour intelligence avec l'ennemi, tout cela pour quelques poignées de carottes et trois navets.

Maman parvient à décrocher des petits travaux à faire à la maison : elle peint des jouets, l'odeur de la peinture lui donne la migraine et nous ouvrons grande la fenêtre. Ou elle coud, des foulards, des ourlets... Avec le peu d'argent qu'on lui donne, elle rapporte de la farine, une ou deux pommes. Les épluchures, elle les met à griller sur le dessus du poêle, dans la cuisine, et nous les croquons comme des confiseries.

Nos colocataires, eux, ont largement de quoi se nourrir. Le gros, qui se prénomme Pecho, rentre de la campagne avec des demi-roues de *kachkaval*, un fromage de montagne, qu'il remise au garde-manger. Maman nous défend d'y toucher, mais moi je ne peux pas résister, et j'en vole de temps en temps quelques lamelles. Un jour, il me trouve seule dans la cuisine. Il sort son *kachkaval*, son canif, et s'en coupe une portion.

— Tu en veux ? Tu as faim ?

— Pas très, ça va. Merci beaucoup, monsieur.

Il ne sourit pas, me regarde gentiment.

— Mais si, tu as faim. Tiens, prends un morceau et assieds-toi.

Il a l'air ennuyé par la situation, ils doivent bien voir, tous les trois, que nous n'avons rien à manger.

Par la suite, Pecho me redonne du fromage, avec ce sourire embêté des gens qui se sentent impuissants à changer les choses. Ou il m'emmène prendre un verre de *boza*, une boisson de la couleur du café au lait, mousseuse et un peu sure, à base d'orge ou de blé germé, et maman le laisse faire car elle a compris qu'il ne nous veut pas de mal, au contraire.

Il ne ressemble en rien à son « frère », Gaucho, le grand officier au regard de mort qui porte l'uniforme. Un après-midi, celui-ci me serre dans l'entrée comme je rentre de l'école.

— Dis donc, toi, tu crois en Dieu ?

— Non !

J'ai répondu intuitivement, le cœur soudainement arrêté, glacé d'effroi.

J'ai en tête les chuchotements sévères de maman : « Il ne faut pas parler, ma chérie, à personne, surtout ne pas dire qu'on veut s'en aller, ne rien raconter, tu m'entends, n'est-ce pas ? C'est très important, tu comprendras plus tard. » Je comprends dès à présent, et j'ai la certitude que cet homme-serpent cherche à me faire dire quelque chose que je dois taire.

— Tu ne crois pas en Dieu ? Alors qu'est-ce qu'elle a, ta mère, au-dessus de son lit ? Qu'est-ce que c'est ? Tu peux m'expliquer ?

— Je ne sais pas, monsieur.

— Tu ne sais pas ? Tu veux qu'on aille voir ensemble ?

En moi-même, je pense : « Si maman n'arrive pas tout de suite, je vais faire une bêtise, dire un secret qu'il ne faut pas avouer. Il est grand, il est méchant, il veut me coincer… »

Alors la porte s'ouvre, et maman entre. Je suis sauvée.

J'ai eu si peur que je n'entends rien de ce qu'elle lui révèle. Ce qu'elle a au-dessus de son lit, c'est la Vierge et l'Enfant, un bas-relief en plâtre dans un cadre noir ovale.

La Vierge de maman ! Aujourd'hui encore, plus d'un demi-siècle après notre départ de Bulgarie, elle est toujours accrochée là, au-dessus de son lit, à Los Angeles. Et c'est aujourd'hui, alors que j'écris ce livre, qu'elle me raconte pourquoi elle y tient plus qu'à ses propres yeux :

« À seize mois, tu as eu la scarlatine. Beaucoup d'enfants en mouraient, et je n'avais rien pour te soigner. Ton père est parti en ville essayer de trouver du sérum dans les hôpitaux. La fièvre grimpait, grimpait. Le soir, tu ne réagissais plus, tu étais partie déjà. Je te tenais dans mes bras comme une petite balle de chiffon et je sanglotais. Alors, je me suis agenouillée devant ma Vierge et j'ai prié. Je l'ai suppliée de te sauver. J'ai prié, prié. Le lendemain matin, tu respirais mieux. Je ne peux pas oublier ce jour, c'était le 18 décembre 1945. Je ne peux pas oublier… »

Raconte-t-elle ce miracle à l'officier communiste ? Ou

autre chose ? En tout cas, il la laisse tranquille, et maman ne décrochera pas sa Vierge.

Quelques jours plus tard, c'est ma première communion, et de nouveau le grand officier est là. Il me croise, alors que je viens d'enfiler mon aube blanche.

— Où tu vas, habillée comme une mariée ?

Je le lui explique comme je peux.

Alors lui, ricanant :

— Tu crois donc à ces bêtises ?

Cette fois, je ne trouve rien à répondre, mais il est déjà parti.

Ma première communion, c'est encore grâce aux Brink qu'elle prend un air de fête malgré tout. L'aube est celle de Janine, tante Mia me l'a ajustée comme elle a pu. Elle n'a rien pu faire, en revanche, pour les chaussures, qui ont au moins deux pointures de trop ! Ce sont de jolis petits escarpins en daim blanc, au bout carré, mais en m'observant dans la glace je trouve qu'ils me donnent l'air d'un clown et j'ai un peu honte. Maman et tante Mia ont l'air si heureuses du résultat, elles, que je garde pour moi ma déception en tâchant de cacher mes pieds le mieux possible.

La fête a lieu à l'ambassade des Pays-Bas, dans les salons de la résidence. Les Brink ont tenu à ce que tous mes amis soient invités, et c'est la dernière fois que nous sommes réunis dans ce pays qui, petit à petit, va pousser vers l'exil ou la prison tous ceux qui n'adhèrent pas à la dictature.

Notre vie quotidienne se résume désormais à attendre l'autorisation de départ des autorités bulgares. Papa a obtenu son passeport français, sur lequel nous figurons tous les quatre.

Ce passeport, on a beau le lire et le relire, c'est comme un miracle, là encore :

République Française
Légation de France en Bulgarie
Passeport n° 7
Nom : VARTAN
Prénoms : Georges Robert
De nationalité française.

« De nationalité française », c'est écrit sur la couverture, et je devine l'émotion de mes parents la première fois qu'ils ont eu entre les mains le petit livret porteur de ces trois mots.

Et en page intérieure :

Accompagné de sa femme et de ses deux enfants :
Mme Vartan, Ilona, 9 décembre 1914
M. Vartan, Edmond, 5 septembre 1937
Mlle Vartan, Sylvie, 15 août 1944.
Valable pour un seul voyage en France.

Nous figurons tous les trois sur la même photo. Seul Eddie sourit (Edmond pour l'état civil). Maman et moi, endimanchées, fixons gravement l'objectif.

Oui, un miracle, mais qui ne suffit pas à emporter l'adhésion des services bulgares. Mon père a dû déposer chez eux un épais dossier qui renferme notamment l'extrait de naissance, si difficile à obtenir, prouvant qu'il a bien vu le jour en France. Et chaque matin, à l'heure du facteur, nous attendons la réponse.

Maman : « Eddie descendait comme un fou regarder dans la boîte aux lettres. Il remontait, les yeux battus, le visage défait. Les semaines passaient et le visa n'arrivait pas. C'était épuisant pour les nerfs, incompréhensible. Ça ne pouvait pas durer, nous n'avions plus un centime, et je n'avais rien à vous donner aux repas. J'étais si désespérée, un soir, que j'en ai parlé à cet officier qui habitait chez nous. C'était une folie quand j'y pense, il n'avait jamais eu un geste en notre faveur, il ne nous aimait sûrement pas, mais c'est vers lui que je suis allée, peut-être parce qu'il représentait tout ce que ce régime avait de plus effrayant : l'inhumanité, le dogmatisme, la bureaucratie aveugle... J'ai dit : "On ne nous accorde pas le droit de partir, mais on ne nous accorde pas non plus le droit de travailler. Comment pouvons-nous faire pour nourrir nos enfants ? Vous savez, monsieur, avec mon mari nous en avons beaucoup parlé et nous avons décidé de nous jeter sous le train si cela continue. Quelle autre possibilité avons-nous ?" »

C'est durant ces mois d'attente, ces mois terribles, que germe dans ma tête d'enfant l'idée qu'il faut faire plaisir aux communistes pour qu'ils nous délivrent enfin notre visa. Et faire plaisir, c'est offrir un cadeau.

Maman : « Un jour, tu es allée trouver ton père et tu lui as déclaré : "Tu sais, papa, tu devrais faire une statue de Staline, puisque tu sais très bien sculpter, et la donner au monsieur des visas. — Tu crois ?" Ton père était tellement touché, il t'a serrée dans ses bras et il s'est tu. Mais il a suivi ton conseil, et il a sculpté Staline et Georgi Dimitrov, le leader communiste bulgare, assis côte à côte sur un banc. Il a cédé cette œuvre à la mairie et, plus tard, alors qu'on venait d'avoir le visa, la mairie lui a proposé un poste d'artiste. Il a refusé, naturellement. »

C'est également durant cette période — nos derniers mois en Bulgarie — que je tourne pour la première fois dans un film. Le metteur en scène est un ami de papa et, s'il me propose ce petit rôle, c'est probablement qu'il sait dans quel dénuement nous survivons.

Sous le joug — c'est le titre du film — évoque le poids de l'occupation turque en Bulgarie. Je suis une enfant parmi d'autres dans une classe d'école, et mon intervention se limite à lever la main et à dire : « Moi, moi, moi », pour réclamer la parole, mais peu importe, je prends mon rôle très au sérieux. On va donc me maquiller, m'habiller en costume d'époque, une chasuble de gros drap gris et rugueux, qui pique ma peau mais je ne sens rien, et me chausser d'incroyables sandales au bout retroussé, des *tzarvoulis,* qui me serrent terriblement mais il ne me vient même pas à l'esprit de me plaindre. Me voilà transformée en petite paysanne, je n'en crois pas mes yeux, cette métamorphose m'enchante et me remplit d'une joie violente. Je suis sûre que maman ne me reconnaîtrait pas. Je crois tellement à mon rôle que le comédien qui joue le surveillant de la classe, un occupant turc, chaussé de bottes et flanqué d'un fouet, me terrorise véritablement. Même entre les scènes, je tremble s'il m'arrive de le croiser.

Le tournage a lieu à Koprivstitsa, loin de Sofia, et pour la première fois je vais donc être séparée de ma mère durant trois semaines, mais ça m'est presque égal tant je suis heureuse. Plus tard, repensant à mon engouement, à la passion avec laquelle je me suis jetée dans ce film, je comprendrai que le cinéma tient une place particulière dans ma vie, entre la vocation et la passion éternellement inassouvie. Mon immense déception de n'avoir pas pu interpréter l'ours dans *Boucle d'or,* deux ans plus tôt, m'avait déjà alertée sur cette étrange attirance pour la scène, les costumes, et le délicieux vertige d'entrer dans la peau d'un autre...

Maman avait dû vendre sa montre pour venir me voir sur le tournage, et cela m'avait fait tellement de peine que je m'étais promis de lui en offrir une autre avec mon cachet, mon premier cachet d'« artiste », de « comédienne ». Mais je n'étais pas encore de taille à lui tenir tête, et c'est elle qui décida que cet argent devait servir à m'acheter des chaussures. Pas n'importe quelles chaussures, mais de lourdes bottines marron à peu près aussi féminines que les bottes de Staline ! « Il faut que tu aies des souliers montants jusqu'à sept ans, prétendait-elle, sinon tu n'auras pas de belles jambes, elles seront toutes tordues. » Ces bottines affreuses devaient me suivre en France, où je découvris, à ma grande honte, que les filles de mon âge portaient d'élégantes chaussures basses sans avoir pour autant les jambes en tire-bouchon...

Mais la France n'était encore qu'un rêve quand maman me sangla solidement les chevilles dans le fruit de mon travail. Le visa n'arrivait pas, et mes parents commençaient à se dire que ce silence cachait sans doute une menace, une catastrophe qui allait nous fondre dessus du jour au lendemain.

Maman : « Et puis, finalement, un matin, ton père a été convoqué au bureau de la police. J'ai pensé qu'ils voulaient peut-être l'arrêter, et j'ai prié ton frère de l'accompagner. "Eddie, je lui ai dit, tu vas aller avec papa et tu l'attendras devant la police. Si tu ne le vois pas sortir après un moment, reviens vite m'avertir." Ils n'ont pas révélé à ton père pourquoi ils l'avaient convoqué, mais, quand il a posé des questions sur notre demande de visa, ils ont fait semblant de fouiller ici et là, et puis ils lui ont lancé : "Malheureusement, on ne retrouve pas votre dossier." Ils ont promis de le chercher. Ton père était hébété en rentrant. Si c'était vrai qu'ils l'avaient perdu, nous n'avions plus rien. Tout recommencer réclamerait des mois, et à quoi bon s'ils pouvaient se permettre de "perdre" les dossiers ? »

Oncle André : « Ton père est venu me voir, le lendemain, et il m'a dit : "Qu'est-ce que je fais maintenant ? Je n'ai plus de dossier, je n'ai plus un seul document prouvant que je suis français, je n'ai plus rien du tout, j'ai peur qu'ils me coincent, qu'ils m'arrêtent." Nous avons réfléchi ensemble. Ils s'étaient au moins engagés à chercher le dossier, alors une idée m'est venue. "Écoute-moi, Georges, tu leur laisses deux ou trois jours, et puis tu y retournes. S'ils ne l'ont pas retrouvé, tu leur dis : 'Bon, ça n'a pas d'importance, j'ai les originaux à la maison, je reconstitue le dossier et je vous le rapporte.'" C'est ce qui s'est passé, il les a bluffés et, une semaine après sa visite, ils l'ont de nouveau convoqué pour lui annoncer qu'ils venaient de mettre la main sur son dossier ! »

Combien de semaines se sont encore écoulées ? Je ne peux pas le dire. Néanmoins, j'ai toujours en mémoire les cris de joie d'Eddie le jour où il est remonté de la boîte aux lettres avec les papiers :

— Visas ! Visas ! Maman, papa, les visas ! Tout est là !

Les choses ont dû s'emballer ensuite, mais elles se résument dans mon souvenir au chargement de la malle en osier qui devait être notre seul bagage, et à la préparation du pique-nique. Le plus long pique-nique de ma vie.

— Vraiment, maman, ça va durer trois jours, le voyage ?

— Oui, ma chérie, je te l'ai déjà dit.

— Pendant trois jours, on va être dans le train ?

— Oui, ma chérie, c'est pour ça qu'il faut prendre suffisamment à manger et à boire.

Maman allait et venait, mon excitation la faisait sourire, mais je la sentais à fleur de peau, entre le rire et les larmes. J'étais encore trop petite pour mesurer ce que ce départ impliquait — le chagrin, pour mes parents, de devoir abandonner tous les leurs —, et j'aurais voulu qu'elle partage mon enthousiasme. Le chagrin me rattrapera brièvement à la gare, à l'instant où le train s'ébranlera, et il sera trop tard alors pour dire à mes grands-parents combien je les aime, et combien je suis déchirée, moi aussi, de devoir les laisser.

Papa et Eddie ne sont pas là pendant que nous chargeons la malle en osier. Ils sont chez les Brink, occupés à préparer plus sérieusement notre voyage. Car nous n'avons même pas de quoi payer les billets de train... C'est oncle André qui donne à papa la somme nécessaire. Il appelle aussi le secrétaire de l'ambassade des Pays-Bas à Belgrade, où notre train doit s'arrêter une heure, pour lui demander de nous procurer une certaine somme en dollars qui doit nous permettre de couvrir nos premières dépenses en arrivant à Paris. S'il ne nous remet pas directement cet argent, c'est qu'il craint que la police ne nous le confisque à la frontière, ou même avant. Il appelle enfin les Krauss, des amis à lui qui vivent à Paris, pour leur recommander de nous aider si nous parvenons à bon port. Eugène et Milka Krauss, qui ont quitté la Bulgarie bien avant nous, que nous ne connaissons pas encore mais qui vont tellement compter par la suite...

Oncle André et tante Mia : « Nous n'étions pas du tout certains que les autorités vous laisseraient partir. Nous pensions qu'au dernier moment, et peut-être même sur le quai de la gare, ils allaient arrêter tes parents, et cela nous préoccupait énormément. Nous en parlions avec ton père et avec Eddie. Il leur était si facile d'accuser n'importe qui d'espionnage, sous n'importe quel prétexte... »

Le jour du départ arrive. Je suis si excitée à l'idée de monter dans le train que je ne vois personne de ceux qui patientent pour nous sur le quai. Pourtant mon grand-père et ma grand-mère sont là, et ma grand-mère remet à maman un panier de provisions. Pourtant oncle André et tante Mia sont là, et tante Mia, elle aussi, glisse discrètement des provisions dans le sac de maman. Est-ce que Janine et Simone sont également venues m'embrasser ? Et qui y avait-il du côté de maman ? Elle avait demandé à sa mère, fragile et malade, de rester chez elle. Mais certaines de ses sœurs étaient-elles présentes ?

Le train est vide. Nous sommes les seuls voyageurs à y monter. Notre compartiment est grand pour nous quatre, il a des sièges en bois, mais maman nous a pris des petits oreillers. Elle y a pensé. Le train, le compartiment, la malle en osier, les provisions, tout cela est si intéressant qu'il ne me vient pas à l'esprit de regarder par la fenêtre les visages qui se tendent. Cependant, par instants, je croise le regard de maman. Il est traversé d'éclairs de fièvre, ou de chagrin, mais aussitôt elle me sourit, et j'oublie, ou je ne veux pas retenir ce que j'ai deviné brusquement. Elle va de la fenêtre ouverte à l'intérieur du compartiment, où tout me plaît, où je m'assois et me relève, où j'installe ma poupée Francette, ici, puis là. J'ai tellement hâte que le train s'en aille.

Et soudain, ça y est, les portières qu'on claque, un long grincement, une secousse qui nous fait un peu chanceler tous les quatre, et doucement il s'ébranle. Alors peut-être est-ce maman qui me tire vers la fenêtre ? Ou papa ? Ils ont bien vu, certainement, que j'étais absente, ailleurs, pendant les adieux, et maintenant ils me portent pour que je fasse un dernier signe, un dernier baiser soufflé qu'emportera le gros nuage de fumée de la locomotive. Alors je vois mon grand-père, je le vois enfin, lui qui a dû me chercher des yeux tout le temps qu'a duré l'attente. Mon grand-père qui me cueillait des poires, qui me prêtait ses Caran d'Ache…

À présent il court, là, derrière la vitre, et je plante mes yeux dans les siens, tout à coup horrifiée par ce que cela représente, ce que je comprends avec tellement de retard. Il court, son mouchoir à la main, il n'a plus beaucoup de souffle, son beau visage est baigné de larmes, et moi aussi je pleure. Je voudrais que le train s'arrête, mais les mots pour le crier me restent dans la gorge. Comme les mots pour lui dire que je l'aime, oh oui, tellement, tellement… C'est que j'essaie de toutes mes forces de ne pas le perdre de vue tandis qu'il devient de plus en plus petit, de plus en plus indistinct, comme avalé par les lourdes volutes de vapeur qui roulent et s'accrochent au flanc du wagon. Le train redouble de vitesse, et c'est fini, je ne le vois plus du tout, c'est comme si subitement quelque chose de terne et de gris avait recouvert le soleil. L'avait éteint. Quelque chose de très grave, d'irréversible.

Plus tard, j'ai su que c'est à cet instant que ma vie a basculé. J'ai pris conscience que le temps de l'enfance s'était éloigné à jamais, emporté dans la fumée de ce train. Je ne reverrai plus Dedi, je ne serai plus jamais dans ses bras. Il mourra avant d'avoir pu nous rejoindre. Il n'y aura plus ni bleu ni jaune dans mes yeux. Depuis, je n'arrive pas à oublier. Mon grand-père continue de me manquer, et je hais les départs.

Je n'ai qu'un très lointain souvenir des premières heures de voyage. On était encore en Bulgarie, et mes parents tentaient de nous dissimuler l'angoisse qui leur écrasait le cœur. Ils craignaient d'être arrêtés à la frontière, sous un prétexte quelconque, et jetés en prison. On était en 1952, Staline était toujours vivant, plus personne n'avait le droit de quitter le pays, et beaucoup de ceux qui tentaient de fuir, en se cachant sous les trains notamment, étaient abattus ou lourdement condamnés.

Maman : « Arrivé à la frontière avec la Yougoslavie, le train s'est arrêté. Ils sont entrés brutalement dans notre compartiment, et ils ont dit : “Les femmes d'un côté, les hommes de l'autre.” J'ai pensé : “Ça y est, ils nous séparent, c'est fini...” Quand ils ont emmené ton père et Eddie, j'étais morte. Toi et moi, ils nous ont gardées dans le compartiment et ils ont commencé à tout retourner. Ils ont ouvert les boulettes de viande qu'avait préparées ta grand-mère, le pain, le fromage, ils ont tout mis en miettes pour voir si on ne cachait rien. Toi, tu avais deux petites nattes, ils les ont défaites, ils ont fouillé dans tes cheveux. Après, ils ont vidé la malle en osier. J'avais un livre de poèmes en français, un cadeau de ton grand-père, ils ont déchiré toutes les pages et ils ne m'ont rendu que la couverture. J'avais aussi des dessins et des peintures de ton père, et nos quelques photos, bien sûr, nos photos de mariage, et celles de vous petits. Ils ont tout pris, tout emporté. Un qui était peut-être plus humain que les autres a dû voir la peine que ça me faisait parce qu'il a dit : “Tous ces documents doivent passer par le ministère. Si le ministère met un coup de tampon au dos, vous pourrez les récupérer. Donnez-moi une adresse à Sofia, on vous les renverra." J'ai donné l'adresse de ton grand-père. Enfin, une heure plus tard, ton père et Eddie ont été ramenés, et le train est reparti. Cette fois, nous étions sauvés. »

J'ai cette image de maman sanglotant éperdument dans les bras de papa quand les policiers nous abandonnent. Maman qui pour une fois se laisse aller. Et Eddie qui se détourne, blême.

À Belgrade, tout se passe comme prévu. L'ami d'oncle André retrouve papa et lui remet de l'argent. Puis le train repart. D'autres voyageurs sont montés, papa et maman respirent plus librement, ils sourient, nous nous endormons.

Mon premier souvenir de liberté, de légèreté, c'est Trieste. Comme le train s'arrête plus longuement, papa descend. Au retour, il a le visage détendu, lumineux, malgré sa barbe de deux jours : il vient de boire son premier café crème !

— Et regardez ce que je rapporte : des bananes !

Je ne connais pas ce fruit, j'ai huit ans, mais jamais je n'ai mangé de bananes. La première que je croque a un parfum de paradis, et maman éclate de rire en voyant ma surprise.

C'est à l'arrêt suivant que nous piquons notre premier vrai fou rire.

— Chlorodonte ! s'écrie Eddie, penché à la fenêtre. Ici, c'est Chlorodonte !

— Non, c'est Trévise, le reprend papa. Chlorodonte, c'est une marque de dentifrice…

Nous rions, Eddie est vexé. Après les bananes, nous découvrons la publicité.

Et puis nous nous rendormons, et papa nous réveille quand le train commence à longer la Méditerranée. C'est l'hiver, des gens se promènent ici et là. Ils portent des manteaux élégants et des chapeaux. Parfois, ils tiennent un chien en laisse.

— Nous serons bientôt en France, dit papa.

Chapitre 3

C'était le 24 décembre 1952, aux premières heures de la matinée. Il pleuvait sur la gare de Lyon, mais il aurait pu tomber du mazout que nous aurions trouvé Paris magnifique ! Maman resplendissait en dépit de la fatigue du voyage, et papa souriait. Oui, papa souriait, malgré la pluie dehors, malgré le froid, malgré la bousculade sur le quai. On sentait que c'était un sourire de l'intérieur, un sourire qui venait de loin et qui le transportait. Il avait gagné, ce petit bonhomme, mon papa, il avait sorti les siens du plus sombre des mondes au prix de deux années de misère, d'acharnement, de courage, et maintenant il regardait s'écouler la foule autour de nous avec cet air extatique des évadés, des miraculés. Qu'est-ce qu'il en avait à faire que nous n'ayons plus de maison, que nous n'ayons plus rien véritablement sur la terre que notre malle en osier, puisque nous étions là, tous les quatre, vivants ?

Comme nous ne bougions pas, maman a tourné les yeux vers lui, un peu surprise certainement, et juste une seconde ils se sont touché la main dans le vacarme ahurissant des haut-parleurs et des jets de vapeur. Et puis nous nous sommes emparés de la malle et nous avons marché vers la sortie.

Maman dit qu'un ami de papa nous attendait, mais j'ai tout oublié de cet homme. En revanche, je vois papa nous entraîner vers un café, et je me rappelle mon éblouissement en pénétrant dans la grande salle illuminée et chaude. C'est Noël, la pièce croule sous les décorations, les guirlandes, et, dans un coin, un sapin étincelle. C'est dans ce coin-là que nous nous attablons, subjugués. Maman a le souvenir d'avoir connu une telle gaieté à Sofia, avant la guerre, mais Eddie et moi n'avons jamais vu tant de lumières. Et puis les gens interpellent les serveurs, ils vont et viennent, ils parlent fort, ils n'ont pas peur. C'est donc comme cela, la France ? Et même quand deux hommes en uniforme entrent dans le café, ils continuent de rire et de crier.

Papa nous commande des croissants et des cafés crème. Des croissants ! Désormais, Paris aura le goût onctueux de la pâte feuilletée trempée dans le café crème. C'est ensuite seulement, le ventre plein, repus, que nous prenons le temps de mieux observer tant de richesse, tant de bonheur étalé. Ici, tout semble exister à profusion, et le symbole de cette abondance, ce sont pour nous ces oranges qui pendent aux branches de l'arbre de Noël. Des oranges, je n'en ai mangé qu'à l'ambassade de France ! Ce fruit, c'est un trésor. Et là, c'est encore mieux d'une certaine façon, car ce sont des oranges faites de bonbons acidulés en forme de quartier et offertes à la convoitise des enfants comme des promesses de douceur…

Maman : « En sortant du café, l'ami de ton père nous a conduits à l'hôtel. Par chance, il y avait une cheminée dans notre chambre. Je suis aussitôt ressortie, j'ai ramassé sur le trottoir une branche de pin et je suis allée acheter quelques bougies à Uniprix. En rentrant, j'ai installé ma petite branche sur la cheminée avec les bougies. J'étais si heureuse ! C'est comme ça que le soir nous avons fêté tous les quatre notre premier Noël en liberté. »

Le Lion d'Argent, où nous passons nos premières nuits, est un hôtel deux étoiles du quartier des Halles, beaucoup trop luxueux pour nous en réalité. Mes parents n'ont que mille francs de l'époque pour reconstruire notre vie, et papa n'est pas assuré de trouver rapidement du travail. Assez vite, il se met donc en quête d'un hôtel moins cher, et c'est comme cela que nous emménageons, au début de l'année 1953, à l'hôtel d'Angleterre, rue Montmartre, dans le quartier des Halles également, où nous allons vivre quatre ans.

Notre chambre compte deux grands lits aux montants de cuivre, un lavabo, un bidet, et deux petits cagibis qui servent de débarras. Elle ne donne pas sur la rue, mais sur une cour silencieuse et sombre. Eddie et papa dorment ensemble, moi je partage le lit de maman. Mes parents sont dans l'émerveillement d'être sauvés, libres, et rien ne les décourage ni ne les rebute. J'ai ce sentiment, immédiatement, dès notre arrivée en France, et je l'aurai des années durant. J'imagine papa, heureux de découvrir cette chambre dans ses prix, et je devine que son enthousiasme, son beau regard ont mis en confiance M. et Mme Daniel qui tiennent l'hôtel d'Angleterre. Il faut en effet de la confiance pour offrir l'hospitalité à une famille d'immigrés bulgares de toute évidence dans une grande pauvreté. Les Daniel ont été convaincus par la foi de papa en l'avenir et, quand ils découvrent maman, ils n'ont sûrement plus aucun doute.

D'ailleurs, tout de suite ils laissent papa entreprendre

de grands travaux de rénovation dans notre chambre. Le papier peint est lugubre, chargé de grosses anémones sombres ; en trois jours, papa l'a remplacé par une tapisserie bleu pâle qui accroche le peu de lumière de la cour et donne à la pièce une élégance insoupçonnée. Puis, du premier cagibi, il fait une penderie, et du second une minuscule cuisine. Il est interdit de manger dans les chambres, et encore plus interdit de cuisiner, mais les Daniel ferment les yeux. « Parce que c'est vous, madame Vartan », disent-ils. Et maman sourit discrètement. Une princesse.

Maman : « Chaque matin, ton père partait attendre l'arrivée des journaux devant le kiosque. Il regardait les petites annonces dans *Paris-Presse-L'Intransigeant,* et il courait aux adresses indiquées. C'est comme ça qu'il a trouvé rapidement du travail à la triperie de M. et Mme Cousin. L'annonce réclamait quelqu'un pour réceptionner des marchandises, il s'est présenté le premier. On lui a fait remplir un questionnaire et on lui a dit qu'on le rappellerait. Il avait donné le téléphone de l'hôtel d'Angleterre. Il était à peine revenu que le téléphone sonnait. Vite, M. Daniel l'appelle : "Monsieur Vartan, c'est pour vous !" Mon Dieu ! Et c'était le patron de la triperie qui voulait le voir immédiatement… J'étais certaine que ça marcherait, ton père était tellement sérieux ! Ils se sont mis d'accord et il a été embauché. Il devait se lever chaque jour à deux heures du matin pour courir aux Halles réceptionner les marchandises. Chaque chose reçue devait être mentionnée dans un grand cahier, et ton père avait une si belle écriture… Puis il rentrait se reposer, il se changeait, et il devait être l'après-midi rue Mouffetard, dans les bureaux de l'entreprise. »

Ça y est, nous avons un toit, papa un travail, et maintenant Eddie et moi reprenons l'école. Pour lui, c'est le collège de la rue Étienne-Marcel, pour moi c'est la communale, rue de la Jussienne, à deux ou trois cents mètres de l'hôtel d'Angleterre. Je peux y aller seule, je n'ai que notre rue à traverser. Je prends la classe en cours d'année et je ne parle pas le français, mais je le comprends à peu près, suffisamment bien en tout cas pour entendre Mme Lecoq, ma maîtresse, prévenir les autres élèves : « Il faut être très gentil avec cette petite fille parce qu'elle ne parle pas notre langue, qu'elle a dû quitter son pays, son école, ses amis... Je compte sur vous pour l'accueillir et l'aider... Bon, et puis comme elle va avoir du mal, au début, à suivre les leçons, nous allons la mettre à côté de... de... de Jacqueline Bakulé, tiens, la première de la classe. N'est-ce pas, Jacqueline, tu voudras bien t'occuper un peu de ta petite camarade ? »

Tous les regards sont sur moi. Je découvre la honte de ne pas être comme les autres et, pour comble de malheur, je porte mes bottines marron... À la première récréation, je suis l'attraction. Toutes m'entourent, me sourient, Mme Lecoq vient s'assurer que tout va bien, Jacqueline Bakulé est là aussi, et moi je voudrais disparaître, me fondre dans le groupe, rire et courir comme le font les autres. De cette rentrée, je conserverai toute ma vie une sorte de phobie des égards, des attentions particulières. Cela se transformera plus tard en gêne et confusion lorsqu'on me complimentera, après un spectacle par exemple, tandis qu'il me sera plus facile de répondre aux critiques et aux attaques.

Oui, j'ai mes affreuses bottines marron, et je suis la seule à ne pas porter de blouse. Maman a repoussé la dépense car les Krauss, ces amis qu'avait appelés pour nous oncle André depuis Sofia, ont des tas de vêtements pour moi et ils attendent notre visite. Je me donne un mal de chien pour ne pas me faire remarquer, au risque de mettre plus de temps à comprendre ce que dit la maîtresse. Elle répète en particulier « par conséquent » toutes les trois ou quatre phrases et, plutôt que de demander, je passe des jours à essayer de deviner ce que peut bien signifier « par conséquent ». Je m'applique aussi à parler sans accent, je ne veux plus qu'on dise que je suis une étrangère.

Ces premières semaines en France, enthousiasmantes pour mes parents, sont secrètement douloureuses pour moi. Le sentiment de sécurité que me procurait malgré tout à Sofia la présence de mes grands-parents, de mes oncles et tantes, a soudainement disparu. J'ai conscience qu'il n'y a plus autour de moi que mes parents et, au fond de mon cœur, je sens maintenant que même ce rempart-là est menacé. Maman, qui dans les pires moments a toujours été mon refuge, mon secours, mon ancrage, maman que je retrouve chaque soir avec soulagement dans notre chambre d'hôtel, songe à son tour à prendre le large. Si j'en ai si peur, c'est que j'ai dû saisir quelques bribes de conversation. Le salaire de papa n'est pas suffisant pour nous faire vivre, il faut qu'elle aussi cherche du travail. Dans mon esprit, ce mot est synonyme d'éclipses, de séparations dont on ne voit pas le bout. D'ailleurs, je n'aperçois plus guère papa depuis qu'il travaille. Que vais-je devenir si maman, à son tour, disparaît ? Oui, le gris s'est définitivement substitué aux couleurs lumineuses de mon enfance en Bulgarie.

Maman : « Ton père a entendu dire que M. et Mme Cousin cherchaient une personne pour la comptabilité. C'est ce que je faisais à la pâtisserie de Sofia, la comptabilité. Il m'a donc proposée à ses patrons, en leur expliquant qu'au contraire de lui je ne parlais pas le français. Ils ont répondu qu'on pouvait au moins essayer, et ils m'ont prise. Je devais régler les fournisseurs, envoyer les lettres de commande, et la marchandise venait de Hollande, de Belgique, d'un peu partout. Comme j'étais incapable d'écrire en français, à l'heure du déjeuner je sortais des archives les vieilles lettres de commande et je les apprenais par cœur, ou je les recopiais. Et ça a marché, ils ont bien voulu me garder. Nous étions arrivés en décembre. En janvier ton père avait du travail, et en février j'en avais à mon tour. »

Désormais, notre chambre est vide quand je rentre de l'école. Comme je suis trop petite pour décrocher la clé, et qu'il ne faut pas sans arrêt déranger M. Daniel qui est souvent grognon et qui me fait un peu peur derrière ses énormes lunettes, nous avons arrangé les choses spécialement pour moi. Notre clé n'est plus suspendue, mais posée au fond du casier, et une longue ficelle en pend. Je n'ai qu'à tirer la ficelle pour recevoir la clé sur la tête. Ça devient vite un geste machinal. Je dis : « Bonsoir, monsieur Daniel ! » s'il est derrière son bureau, sinon je caresse seulement son chien, Kelly, un basset à poil long qui n'est jamais grognon, lui. Et puis je monte à l'étage, c'est la chambre 14. Je mange mon pain au chocolat, mon Mistral gagnant, et je fais mes devoirs en attendant maman.

Parfois, c'est Eddie qui rentre le premier du lycée, parfois c'est elle. Ensuite, je regarde tomber la nuit par la fenêtre et la terreur me prend à l'idée que quelqu'un pourrait frapper et chercher à me parler. Comment est-ce que je répondrai puisque je ne sais pas le français ?

Alors, je me cache sous les couvertures et je retiens ma respiration quand j'entends des pas dans le couloir.

Le soir, nous prenons du potage en sachet Maggi — mon préféré est le velouté de champignons. De temps en temps, papa rapporte un morceau de viande qu'on lui a donné, de la langue, ou quelque chose du même genre, personne n'aime ça, mais maman le prépare quand même parce que c'est « une occasion de manger de la viande ». Elle cuisine sur un réchaud à alcool, dans le petit cagibi qu'a aménagé papa. Ils sont fatigués l'un et l'autre, mais les dîners sont étonnamment joyeux, surtout pour moi qui ai eu si peur toute seule en les attendant. Je ne sens pas le poids des difficultés qui les assaillent, certainement, ni leur tristesse d'être si loin des leurs ; on dirait que la conquête de la liberté a chassé de leur esprit tout ce qui ressemble à de l'amertume. Maman est mon modèle, je l'admire, elle incarne pour moi la beauté, la féminité, même si elle n'a rien à se mettre, et j'adore son accent — elle a gardé de son pays cette musique si particulière des mots et du cœur. Quant à papa qui jouait si merveilleusement du piano, qui peignait, qui sculptait, il ne se plaint jamais d'être à présent réduit à enregistrer et comptabiliser des colis de tripes.

Ce premier hiver en France, nous n'avons pas de salle de bains, juste le bidet. Maman trouve que les bains publics ne sont pas assez propres pour sa petite fille, elle préfère me laver dans le bidet. Elle met un plastique autour pour ne pas trop mouiller le plancher, je me tiens debout comme je peux, et elle me verse sur les épaules des casseroles d'eau tiède. Ensuite, elle m'enroule dans un drap d'éponge, comme après le bain en Bulgarie, au fond du jardin de mon grand-père, et puis elle me serre fort dans ses bras, m'embrasse en riant et me dépose contre le radiateur. Un jour, il se met à neiger dehors, comme je suis là, près du radiateur, et soudain je me revois dans la véranda de mon grand-père regardant tomber ces flocons de Sofia grands comme des mouchoirs.

— Maman, est-ce que tu te souviens de la neige dans le jardin de Dedi ?

— Oh, bien sûr, ma chérie !

— Est-ce qu'on y retournera bientôt ?

— Non, Sylvie. Non, jamais.

Est-ce que mes parents lisent le journal ? Je ne les entends pas parler de politique. Cependant, je vois encore *France-Soir*, exceptionnellement posé sur la table où nous prenons nos repas, au début du mois de mars de cet hiver 1953. Et ce titre énorme qui barre toute la première page : « STALINE EST MORT ». Qu'ont-ils pensé ce jour-là ? Ont-ils espéré secrètement pouvoir un jour retourner chez eux ?

Anne-Marie Krauss entre dans ma vie au fil de ces premiers mois en France. Je la découvre lorsque nous rendons visite à ses parents, durant le mois de janvier probablement. Anne-Marie a bien trois années de plus que moi, et tout de suite ses bonnes manières, son élégance m'en imposent. C'est une jeune fille à mes yeux, et tout ce qui émane d'elle m'éblouit. Je rêverais de retenir son attention, d'être son amie, mais je sens bien malheureusement qu'elle me considère comme un bébé. En attendant, nous repartons de cette première rencontre avec un sac de vêtements trop petits pour elle que sa mère avait conservés pour moi. Des vêtements somptueux, pour nous qui n'avons rien, et en particulier des blouses à petits carreaux roses et bleus pour l'école. Elles sont un peu grandes, mais je retourne les manches comme maman me l'a montré et personne ne trouve rien à y redire.

Les parents d'Anne-Marie, Eugène et Milka, que j'appellerai bientôt oncle Boubi et tante Milka, sont à l'image des Brink, solides, chaleureux, joyeux. Ils formeront bientôt avec les Brink, justement, qui eux aussi vont venir vivre à Paris, le cercle restreint des amis de papa et maman. Des seuls véritables amis qu'ils auront jamais en France, car issus de leur culture, de leur passé. Les Krauss sont en effet bulgares, et s'ils ont pu fuir le communisme bien plus tôt que nous, c'est qu'ils ont profité paradoxalement de l'antisémitisme du régime qui souhaitait se débarrasser des Juifs. La plupart ont pris le chemin d'Israël, les Krauss, eux, ont préféré la France.

Anne-Marie nourrit mes rêves, et en particulier sa poupée Ingrid qui est presque aussi grande que moi et qui trône dans sa chambre. Elle m'a interdit d'y toucher, je n'ai eu droit qu'à la contempler. Quelle émotion ce doit être de posséder une telle poupée dont la peau est soyeuse et souple, dont les yeux sourient ! C'est à elle que je pense souvent, le soir, en attendant maman, lovée sur mon lit, le cœur battant. Elle me distrait de la peur, des voix étrangères dans le couloir, du monstre que j'imagine, sous mon lit, et dont la présence me glace le sang, parfois, au point que je n'ose plus mettre le pied par terre. Je découvre la solitude, moi qui me sentais si forte de tous les miens, à Sofia. La solitude, ses cauchemars et ses vertiges qu'il faut apprendre à contenir pour ne pas pleurer. À quoi bon pleurer puisque personne ne viendrait ?

Un soir, en rentrant de l'école, je trouve un petit paquet dans notre casier. Il arrive de Sofia, je reconnais immédiatement la belle écriture de mon grand-père. J'ai la poitrine en feu en grimpant l'escalier. Je l'ouvre lentement pour ne pas déchirer le papier : nos photos ! Toutes les photos que la police nous avait prises dans le train, à la frontière, s'étalent là, sous mes yeux. Le moins inhumain des hommes en uniforme a donc tenu parole : il a pris la peine de donner l'adresse de mon grand-père au ministère, et celui-ci a bien voulu restituer les photos... Je repense au chagrin de maman, ce jour-là, dans le train, et d'imaginer sa surprise quand elle rentrera du bureau illumine ma soirée.

J'ai décoré tous les murs de la chambre de leurs photos de mariage, et je patiente. Il souffle un petit air de printemps sur Paris, les jours rallongent, et je guette maman par la fenêtre. La voilà ! Quelques mots échangés avec Mme Daniel.

— La petite est là-haut, elle vous attend.

— Ah ! merrci, merrci.

Les « r » inimitables de maman...

— Pauvre madame Vartan, toujours à courir...

— Mais non, Parris est si joli en ce moment !

Ça y est, elle monte. Ses pas, la poignée de la porte.

— Bonsoir, ma petite ché... Oh ! Oh, mon Dieu !

Elle porte la main à sa bouche et, comme si elle allait s'évanouir, elle s'assoit au bord du lit.

— Oh ! mon Dieu ! dit-elle encore tout bas.

Et ses yeux qui fixent les photos se mettent doucement à pleurer.

— Ça ne va pas, maman ?

— Oh ! si, si, c'est l'émotion, je suis tellement heureuse !

Nous sortons lentement de l'hiver, et pour mes parents l'émerveillement va croissant. Émerveillement de l'abondance, avec maman, quand nous faisons les courses ensemble. Les étalages du marché, les fruits, les fromages, la bonhomie des marchands… Notre stupéfaction de voir les dames ouvrir d'autorité les camemberts pour y enfoncer le pouce ! Mais que font-elles ? Comment osent-elles ? La folie devant les fruits et légumes quand les vendeurs hurlent des prix à faire chavirer les ménagères. Maman, ses trois tomates, sa livre de haricots verts, ses quelques pommes…

— … et donnez-moi donc deux ou trrois bananes pour la petite, elle adorre ça !

Deux ou trois, plus une que le marchand m'épluche et me tend par-dessus l'étalage.

— T'es pas bien épaisse, toi… Avale-moi ça, tiens, et ça fera six francs quarante pour la petite dame.

Émerveillement du vieux Paris, de la culture, pour papa, qui nous emmène le week-end à l'île Saint-Louis, au Louvre, au Trocadéro, ou qui passe son samedi après-midi à flâner seul le long des quais et rapporte à la maison de vieilles partitions de piano, deux ou trois livres de poche, des cartes postales.

Maman : « Le week-end, on ne travaillait pas. Le samedi, je faisais la cuisine pour deux jours, la lessive et le repassage. Le dimanche après-midi, ton père me proposait de l'accompagner faire un tour. Je disais : “Non, je préfère rester là. Va avec les enfants, ils sont si contents quand tu les emmènes promener.” Dès que vous étiez partis, je me remettais au lit et je lisais. C'était mon plaisir ! Je lisais tout ce que ton père rapportait, des livres de poche, des guides de Paris, des biographies de musiciens, avec mon petit dictionnaire à côté de moi. C'est comme ça que j'ai appris le français. Ça n'a pas été trop difficile, j'étais tellement attachée à ce pays, à sa langue, à sa culture. Tellement reconnaissante que la France nous ait accueillis… »

Maman encore : « Un soir, après le travail, M. Cousin me fait venir dans son bureau : "Madame Vartan, il faudrait que vous portiez les livres de comptes à cette adresse, chez Monsieur et Madame X, avenue Ernest-Reyer, dans le XIVᵉ arrondissement. C'est la ligne Porte d'Orléans, ça va aller ? Vous trouverez ? — Oui, monsieur Cousin, ne vous faites pas de souci." Je disais toujours oui, mais pour moi c'était le bout du monde, jamais je n'avais été si loin et je comprenais encore très mal le français. J'arrive Porte d'Orléans, je demande mon chemin au monsieur du kiosque à journaux, et me voilà partie de l'autre côté, vers Montrouge. Je marche, je marche… il se met à pleuvoir, et les livres pesaient lourd sur mon bras. Pas d'avenue Ernest-Reyer, nulle part. J'étais épuisée, désespérée. Alors je retourne vers le métro, sous la pluie, dans le soir qui tombait, et là je m'assois sur un banc et je me mets à sangloter avec mes gros livres sur les genoux. Et puis brusquement je me suis dit : "Mais comment oses-tu pleurer ? Tes enfants sont au chaud à l'hôtel, toi tu as du travail, ton mari aussi, lève-toi et fais donc ce que tu dois faire au lieu de pleurnicher. Tu ne vois donc pas la chance que tu as ?" Je suis repartie et j'ai trouvé l'avenue Ernest-Reyer. Les gens qui m'attendaient commençaient à s'inquiéter, toute la famille était là à me regarder dégouliner de pluie, l'air de se demander d'où je sortais. Et moi, je souriais, je pensais à vous trois, et mon cœur débordait du bonheur de notre vie, de notre famille. »

Notre famille ! Papa et maman unis pour l'éternité, comme un ultime rempart face à l'adversité du monde. Je me rappelle ma stupéfaction quand je découvris que les parents se séparaient, parfois, et que cette chose horrifiante portait même un nom : le divorce ! Jamais je n'avais entendu ce mot-là. Celle qui me l'apprit était une de nos voisines, Mme Roméo, qui vivait seule avec sa fille Viviane, âgée de deux années de plus que moi. On survivait donc à ce cataclysme, Viviane en était la preuve, mais malgré tout je me mis à prier ardemment pour que ça ne m'arrive jamais. Et à mieux observer mes parents : ils avaient atteint l'âge respectable de quarante ans, et n'avaient jamais l'un pour l'autre un mot désagréable ou amer. Pas un instant il ne me traversa l'esprit qu'ils souffraient de ne plus avoir d'intimité, de ne plus avoir de vie de couple. Les sacrifices, les privations ne semblaient pas entamer le bonheur qu'ils éprouvaient à être ensemble, à se regarder.

L'année scolaire s'achevait et nous allions donc passer l'été à Paris, dans cette rue Montmartre qui prenait sa source aux Halles et qui nous apportait jusque devant l'hôtel des relents de boucherie, des restes avariés de tout ce qui s'échangeait là-bas et, inévitablement, à la belle saison surtout, des colonies de rats et des essaims de mouches. Mme Daniel tenait bien propre son morceau de trottoir, mais tout de même, de son point de vue, ça n'était pas un endroit où laisser traîner les enfants au mois d'août. Et puis Mme Daniel, qui était normande, ne me trouvait pas comme elle aurait voulu.

— Elle est bien pâlotte, la petite !

Maman souriait en me pinçant les joues, comme chez le photographe de Sofia.

— Oui, enfin tout de même, reprenait Mme Daniel, elle aurait besoin de changer d'air, vous ne m'enlèverez pas ça de l'idée.

Un jour, elle dit à maman :

— Vous ne savez pas ? Vous allez partir quelques jours en Normandie avec vos enfants. J'ai une petite maison là-bas, à Blainville-sur-Mer, il y a des pommiers, un potager, vous vous servirez, la petite a besoin de se remplumer.

— C'est gentil, mais nous n'avons pas les moyens, se défendit maman. Comment voulez-vous... ?

— Allons, allons, vous me donnerez ce que vous pourrez, plus tard, quand ça ira mieux.

Maman finit par céder, et c'est à Blainville-sur-Mer que l'on fêta mes neuf ans.

Maman : « Cette femme, c'était la gentillesse même, et puis elle t'aimait beaucoup. Elle nous a embarqués dans le train jusqu'à la gare de Coutances et, de là, elle nous a menés chez elle. La mer était tout près, j'étais tellement contente pour vous ! À la fin, Eddie a construit un petit voilier dans un os de seiche pour offrir à M. Daniel, et toi tu as brodé un joli napperon pour elle, au point de croix. Vous aviez les joues bien dorées en regagnant Paris. »

Chapitre 4

À la rentrée scolaire, je ne suis plus un objet de curiosité. Ça y est, je parle couramment le français, et sans accent ! Comme j'ai grandi, maman a dû se résoudre à me débarrasser des bottines marron de Staline, au profit de chaussures basses, à l'égal des autres filles de ma classe. Les jolies blouses d'Anne-Marie Krauss me vont aussi de mieux en mieux, et elles ont l'avantage de dissimuler la modestie de mes vêtements que maman reprise, lave et repasse chaque week-end pour que je sois bien tenue toute la semaine.

Elle ne me lave plus dans le bidet, comme un bébé, nous avons maintenant une véritable salle de bains grâce à l'affection que nous porte Mme Daniel. L'arrivée de cette salle de bains révolutionne notre vie. Elle communique directement avec notre chambre, mais jusqu'ici nous n'y avions pas accès car elle était censée servir aux autres clients de l'étage. Mme Daniel s'est-elle avisée que personne ne l'utilisait ? En tout cas, elle nous la propose, pour quelques francs supplémentaires de loyer, et mes parents l'acceptent avec ravissement. C'est une véritable pièce qui nous donne d'un seul coup un sentiment d'espace. Elle comprend une de ces énormes baignoires à pieds d'avant-guerre et un beau lavabo. En un seul week-end, l'ingéniosité de papa nous offre pour le même prix une cuisine.

Maman : « Ton père a pris les mesures de la baignoire et il est aussitôt parti pour le BHV, son magasin de prédilection, acheter une planche et une feuille de plastique à clouer dessus. Une sorte de vinyle vert — il aimait les couleurs gaies, comme le bleu de la chambre. La planche s'emboîtait parfaitement sur la baignoire et il m'a installé dessus mon petit réchaud à alcool. Ainsi, je pouvais cuisiner confortablement et, quand venait l'heure du bain, il suffisait de retirer la planche. C'était formidable ! »

Maman aussi parle de mieux en mieux le français, ce qui lui permet de travailler plus. Les patrons de la triperie, M. et Mme Cousin, apprécient certainement mes parents, leur conscience, leur dévouement, car ils leur confient l'entreprise s'ils doivent partir quelques jours. Papa a toujours ces horaires épuisants : deux heures et demie du matin aux Halles pour réceptionner la marchandise, qu'il pleuve ou qu'il neige — heureusement, il n'a qu'à descendre la rue Montmartre pour rejoindre son travail —, et l'après-midi rue Mouffetard, au siège, où travaille également maman. Ses journées à elle sont de plus en plus longues, et moi, par la force des choses, je suis de plus en plus seule.

En rentrant de l'école, je passe chez l'épicier de la rue Mandar, qui connaît maman, je choisis un goûter, et souvent je prends aussi le dîner — un velouté de champignons, des pâtes et du gruyère râpé. La rue Mandar est pratiquement dans le prolongement de la rue de la Jussienne où je suis en huitième, puis en septième. Ensuite, je retourne rue Montmartre et j'entre souvent dans la boulangerie, juste en face de l'hôtel. La boulangère aussi connaît maman, et elle a pour consigne de ne pas me laisser prendre n'importe quoi. Si elle veut bien, je choisis plutôt un Mistral gagnant, sinon un roudoudou ou une boule de coco rose, ou verte. Les rouleaux de réglisse sont à la mode, mais je ne les aime pas.

Maman : « L'épicier de la rue Mandar nous faisait crédit. C'était un Marocain, il était très gentil, toujours souriant. Je passais le régler dès que j'avais ma paie, tout était noté dans un cahier. Tu adorais les nonnettes fourrées à l'orange, alors tu te servais toi-même et tu lui disais : "Maman viendra vous payer quand elle aura son argent." Ça le faisait rire. Et moi qui ne supporte pas de devoir de l'argent, je courais chez lui : "Voilà, voilà, monsieur Hassan, je viens rembourser les dettes de ma fille..." »

J'étais confiée à la garde d'Eddie, le soir, mais surtout le jeudi où il n'y avait pas école. Il devait m'emmener au parc, c'étaient les instructions de maman, aux Tuileries faire du patin à roulettes, ou dans les jardins du Palais-Royal, mais lui ça ne l'amusait pas du tout d'avoir sa petite sœur sur le dos. Il avait seize, dix-sept ans, et, parce qu'il avait peur d'être ridicule s'il croisait ses copains du lycée, il me forçait à marcher devant, comme si nous n'étions pas ensemble.

— T'es trop méchant ! je lui disais. Je m'en fiche, quand je serai grande, je te préparerai pas à manger, et même je repasserai pas tes chemises...

Et je l'entendais ricaner. Dans mon esprit, nous allions passer toute notre vie ensemble, et donc je n'imaginais pas pire châtiment que de le laisser se débrouiller avec ses chemises froissées.

J'aimais bien les jardins du Palais-Royal parce qu'on m'avait dit que les fenêtres de Colette donnaient dessus, et, tout en sautant à la corde, j'essayais de l'apercevoir avec ses chats. Tout ce qui représentait la culture française m'impressionnait, en particulier les écrivains et les musiciens, du fait de la vénération qu'avait certainement papa pour eux.

De retour à l'hôtel, on se disputait. Pour se consoler d'être cloué dans la chambre à cause de moi, Eddie essayait de me transformer en petite servante docile, je devais faire ci et ça, et moi je me moquais, je l'envoyais paître.

— Maintenant tu nettoies la table du goûter et tu me laisses travailler.

— Je suis pas ta bonne et je fais ce que je veux, d'abord ! C'est pas toi qui commandes…

— Tu nettoies la table du goûter !

— Sûrement pas… Et puis tu me dis « s'il te plaît » quand tu me demandes un service.

— Oh, tu m'énerves ! Tu m'énerves ! Tu m'énerves trop !

Et alors il se laissait tomber dans le vieux fauteuil en velours râpé et il feignait de ne plus respirer. Il faisait le mort d'une façon très théâtrale, très convaincante, et j'avais beau savoir que ça ne pouvait pas être vrai, j'avais beau me souvenir de la fois précédente, je sentais la panique me gagner et, au bout de cinq minutes, j'étais agenouillée à ses pieds, le suppliant de bien vouloir ressusciter.

— Arrête, Eddie, tu me fais peur ! T'es pas mort, hein ? Si je nettoie la table, tu vas rouvrir les yeux ? Eddie ! Eddie ! je criais en le secouant. Bon, d'accord, je vais nettoyer la table, mais t'es plus mort, alors. S'il te plaît, Eddie…

Il revenait à lui, et j'étais prête à céder à toutes ses

bêtises pourvu qu'il ne retombe pas inanimé au fond du fauteuil.

— Tiens, me dit-il un jeudi, à peine ressuscité, tu veux que je te fasse un tour de magie ?

Et moi, comme une pauvre nouille :

— D'accord !

— Alors, écoute bien : je vais t'enlever ta dent qui bouge, là, sur le devant, sans que tu t'en rendes compte.

— Comment tu vas faire ?

— Magie, je t'ai dit. Tu ouvres simplement la bouche, et tu vas voir, tu vas rien sentir…

Je le vois attacher un fil autour de ma dent, et puis attacher ce fil à la poignée de la porte de la salle de bains qu'il a ouverte à moitié. Je ne lui fais aucune confiance, je lui trouve même l'air plutôt sournois, mais je ne me doute pas une seconde de ce qu'il manigance. Je suis là avec mes deux nattes et ma frange, la bouche ouverte, à espérer un miracle sans trop y croire. Et soudain, il envoie un formidable coup de pied dans la porte…

Je hurle, mais bien plus de rage que de douleur.

On se réconciliait pour les concours. La grande mode, c'étaient les réclames imprimées sur des buvards. J'en avais toute une collection, de ces buvards. Et, généralement, les marques lançaient des concours. Notre ambition, avec Eddie, était de gagner un voyage autour du monde pour deux personnes. On pouvait alors passer des après-midi à répondre à toutes sortes de questions, une carte du monde sous les yeux, soudés par ce rêve qui nous transportait loin de l'hôtel d'Angleterre, à bord d'un Super Constellation d'Air France.

Parfois aussi, quand maman lui laissait de l'argent, Eddie m'emmenait au Cinéac, sur les grands boulevards.

C'était cinquante centimes la place. On en rêvait, du Cinéac, et voilà qu'un de ces après-midi où il me forçait à marcher devant lui jusqu'aux Tuileries, je repère une grosse pièce de cinq francs dans le caniveau.

— Oh !

— Qu'est-ce que t'as trouvé, Sylvie ?

Ma fierté en la lui montrant ! En voyant son visage s'illuminer ! Toute ma colère contre lui brusquement ravalée.

— Si on allait au cinéma ?

On aimait les Laurel et Hardy, mais j'avais aussi découvert Gérard Philipe dans *Les Caprices de Marianne*, et je préférais les films romantiques, ou dramatiques, aux films comiques. Depuis mes timides approches de la scène en Bulgarie — de la frustration de n'avoir pas pu jouer l'ours de *Boucle d'or* au ravissement d'avoir interprété une petite écolière dans *Sous le joug* —, le vertige de la comédie ne m'avait pas quittée. Je ne concevais pas de métier plus excitant que celui d'actrice. Pouvoir changer de peau comme on change de chemise, incarner plusieurs vies, des dizaines, des centaines, quand la plupart des gens doivent se contenter d'une seule, la leur, qu'ils semblent souvent porter comme un fardeau — oui, rien ne m'enthousiasmait comme le cinéma.

— Quand je serai grande, je serai actrice, avais-je dit à maman après le tournage de *Sous le joug*.

Et elle, souriante, mais déjà légèrement agacée que je puisse nourrir de tels rêves :

— Ça n'est pas un métier, ma chérie.

Elle ne faisait que répéter — je l'ai appris depuis — ce que lui avait dit son propre père, alors qu'adolescente elle rêvait de devenir danseuse.

— Être artiste, ça n'est pas un métier !

Rudolf Mayer, architecte talentueux et rigide, avait redit cela à ses filles quand, un peu plus tard, des Américains étaient venus lui proposer un voyage à Hollywood. De passage à Sofia, ces Américains avaient vu des portraits de la sœur aînée de maman dans la devanture d'un photographe, et ils avaient remonté sa piste jusqu'à la maison familiale. Maman était ravissante, elle ressemblait alors à Ava Gardner.

— Le cinéma, ça n'est pas un métier ! avait tranché mon grand-père en les éconduisant.

Et maman s'en était persuadée… Elle me voyait dans une ambassade, parlant plusieurs langues, réglant des problèmes importants et concrets. L'estime qu'elle portait aux Brink et la reconnaissance qu'elle vouait aux diplomates français de Sofia pour l'aide qu'ils nous avaient apportée devaient y être aussi pour quelque chose.

Dans une ambassade, donc, moi qui me faisais déjà remarquer à l'école pour mes talents en récitation ! La maîtresse louait ma mémoire, mais surtout mon implication. Je devais être l'une des seules à « mettre le ton », toute à mon texte, oubliant certainement qu'on me regardait, ou qu'on pouvait se moquer.

Jouer, interpréter un rôle, c'était une passion secrète qui aurait pu grandir sans inquiéter maman si elle ne m'avait pas surprise un soir en flagrant délit : nous avions vu le dimanche précédent avec papa un film sur l'Égypte ancienne, *La Terre des pharaons,* qui m'avait beaucoup impressionnée, au point que ce soir-là je voulais en être un, de pharaon ! J'avais pensé au scénario dans la journée, à ce que j'allais déclamer. Pour le costume, j'avais aussi ma petite idée. Eddie n'était pas là, ça tombait bien. Un pull-over rouge framboise, arrangé comme un casque pharaonique, m'avait emballée. La tunique était la chemise de nuit de maman. J'étais devant la glace de l'armoire, en train de haranguer les foules misérables du désert dans mon costume plus vrai que nature, quand maman avait fait irruption. Pour une fois, je ne l'avais pas entendue venir.

— Sylvie ! Mais qu'est-ce... ? Mais tu deviens folle, ma pauvre chérie !

D'autres mères auraient éclaté de rire, sans doute, pas la mienne. La mienne était trop consciente des immenses difficultés de la vie pour rire des singeries de sa fille, des singeries qui allaient ruiner mon avenir, songeait-elle.

Mon interprétation du pharaon la précipita dans des abîmes d'inquiétude. Je l'entendis expliquer à papa qu'il ne fallait pas trop m'emmener au cinéma, car le cinéma me transportait dans un monde imaginaire qui me faisait perdre de vue la réalité. Cela risquait de me renforcer dans mes rêves stupides en m'éloignant petit à petit des études et d'une carrière sérieuse. Qu'en pensa papa ? Il continua de m'emmener au cinéma. J'étais encore trop petite pour qu'il prît au pied de la lettre mes rêves de comédienne, mais je devine qu'en son for intérieur lui qu'on avait empêché d'être pianiste ne partageait pas les inquiétudes de maman. D'ailleurs, quelques années plus tard, quand je commencerai à chanter, il mettra en avant son malheur de n'avoir pas été l'artiste qu'il aurait voulu être pour défendre auprès de maman ma vocation naissante.

Pauvre maman ! Elle n'avait pas besoin de ce souci supplémentaire. Le soir, quand on était tous au lit — il fallait que papa se couche tôt pour tenir le coup —, le travail de la maison commençait pour elle. Elle s'installait sous la petite lampe du lavabo, qu'elle couvrait d'un journal, et elle recousait ici un bouton, là un ourlet, tout ce qui avait lâché pendant la journée.

La chambre reposait soudain dans le silence, et c'était le moment qu'attendaient les souris pour surgir. L'hôtel en était plein, la proximité des Halles n'arrangeait pas les choses. Un soir après l'école, alors que j'étais seule sur mon lit, terrorisée comme d'habitude par la présence du monstre que j'imaginais dessous, j'aperçois brusquement mon ballon qui se met à rouler tout seul à travers la pièce, comme par magie. J'aurais vu le diable en personne que je n'aurais pas été plus effrayée ! J'en reste de longues secondes paralysée, jusqu'au moment où je vois sous le ballon… une souris !

Maman, qui ne s'était pas laissé impressionner par les miliciens de Staline, avait une peur incontrôlable de ces petites bêtes. Pendant son raccommodage nocturne, elle mettait donc ses pieds sur le bidet, au cas où l'une d'entre elles viendrait s'ébattre sous sa chaise, et elle travaillait ainsi, recroquevillée sur elle-même, comme assiégée. Je la regardais depuis mon lit, les paupières mi-closes, apparemment profondément endormie, et je me mettais à gratter doucement le coin de mon oreiller. Elle sursautait.

— Mon Dieu ! soufflait-elle.

Je voyais la panique la gagner, mais que pouvait-elle faire avec nous qui dormions, et surtout papa qu'elle n'aurait réveillé à aucun prix ? Dans la journée, le samedi ou le dimanche, quand une souris insomniaque, ou suicidaire, s'aventurait dans la chambre, c'était toujours un spectacle extraordinaire. Maman se mettait à hurler :

— Georges ! Georges ! Vite !

Et déjà papa bondissait sur le balai. Parfois maman se retrouvait perchée sur la cheminée, et papa la suppliait de se calmer : elle n'allait tout de même pas se casser une jambe pour une souris !

Tous les week-ends, papa bouchait de nouveaux trous avec un mélange de plâtre et de verre pilé censé décourager les rongeurs. Mais soit ça ne les décourageait pas, soit les souris découvraient d'autres passages…

Enfin, moi, avec ma cruauté d'enfant, j'en rajoutais, et je me délectais de voir dans quelle folie je pouvais plonger maman.

Puis, un jour, cela cessa de me faire rire. Brusquement, le spectacle de maman penchée sur son ouvrage au milieu de la nuit, les pieds sur le bidet par crainte des souris, me remplit d'émotion et de chagrin. Maman qui jamais ne se plaignait, maman si lumineuse, si joyeuse… Pourquoi la vie était-elle si dure avec elle ? Des images d'autrefois me traversaient l'esprit : elle au bras de papa, à Varna, au bord de la mer Noire, ou chez mon grand-père, écoutant papa jouer du piano, ses beaux yeux embués de larmes, ou encore à Lakatnik, allongée dans l'herbe au bord du torrent, sa tête reposant sur les genoux de papa. Comment la vie s'y était-elle prise pour lui voler tout cela et la réduire à repriser nos petits vêtements dans cette pauvre chambre, harcelée par les souris et le sommeil en retard ?

Un soir que je l'observais, comme ça, je me suis levée et je suis allée la prendre dans mes bras :

— Quand je serai grande, maman, tu ne feras plus ça. Je t'achèterai une maison, un château, et tu te reposeras. Tu écouteras papa jouer du piano et tu te reposeras.

— Ma petite chérie !… Il ne faut pas rêver, tu sais. Travaille bien à l'école, passe ton baccalauréat, ça sera le plus beau des cadeaux.

— Maman, écoute-moi ! Je serai artiste et je t'achèterai un château !

Elle avait secoué la tête, l'air de dire : « Encore ses rêves de cinéma… Pourquoi Georges persiste-t-il à l'entretenir dans ces chimères ? »

— Allez, va vite te coucher, maintenant. Sinon demain, à l'école, tu dormiras sur tes cahiers.

Que maman n'eût pas confiance en moi, qu'elle doutât si ostensiblement de mes ambitions me blessait, au fond. Les mots me manquaient pour la convaincre. À ses yeux, je n'étais qu'une enfant, et on aurait dit que rien de sérieux ne pouvait sortir de la bouche d'un enfant.

Pourtant, j'avais ce pressentiment que je réussirais là où elle ne m'attendait pas. M'étais-je imprégnée inconsciemment du désespoir secret de papa ? À dix ans, à douze ans, il me paraissait déjà inimaginable de passer ma vie dans un bureau. Je croyais à un destin particulier, et puisque, à la maison, personne n'entendait ma foi, c'est au Saint-Esprit que j'allais me confier.

Je croyais en Dieu, à un Être suprême en tout cas, qui veillait sur nous de là-haut, pour peu qu'on voulût bien lui prêter attention. Mon mysticisme ne demandait qu'à s'épanouir, et il grandit en effet dès que je découvris l'église Saint-Eustache. Elle était en lisière des Halles, au bout de ma rue. Je pris très vite goût au silence et au climat de recueillement qui y régnaient. On passait de la folie des Halles, des cris et de la saleté, à l'odeur d'encens et aux chuchotements de quelques vieilles dames agenouillées près de l'autel. C'était comme de pénétrer dans un monde mystérieux après avoir provisoirement coupé les liens avec la vie réelle. Ici, on m'ignorait, personne ne me connaissait, j'avais disparu du monde familier, j'étais ailleurs.

Souvent, le soir, en sortant de l'école, au lieu de me rendre directement à l'hôtel, j'allais à Saint-Eustache. L'idée de m'y retrouver seule me donnait des fourmillements d'émotion, de plaisir. Je m'asseyais près de la Sainte Vierge, dont maman m'a transmis le culte, et je priais.

— Sainte Vierge, faites que je devienne artiste, comme ça je pourrai acheter une maison à maman. Et puis, si je deviens artiste, j'aiderai les enfants malheureux dans le monde. J'en fais le serment. Voilà, c'est promis. Maintenant, je vous en supplie, aidez-moi ! Je trouve que la vie dans les cinémas est tellement plus intéressante que la vie en vrai…

Si la Sainte Vierge existe réellement, elle devait être embarrassée entre maman qui lui réclamait pour moi un emploi stable de chef de bureau et moi qui lui demandais à peu près le contraire…

Cette capacité à rêver, à m'inventer des personnages comme à me projeter dans ceux des films, je crois que c'est dans la solitude que je l'avais acquise jour après jour. Je veux dire, en cherchant à peupler ce vide, si nouveau pour moi, en cherchant à contrôler et dépasser mon angoisse. Est-ce cela qu'on appelle finalement avoir une vie intérieure ? Sans doute, oui, mais j'étais encore bien trop jeune pour en avoir conscience. Aujourd'hui, je sais que ces « chimères » qui affolaient maman me permirent de traverser sans perdre pied la période la plus douloureuse, la plus grise, de mon enfance. Et qu'en fait de chimères ces rêves devinrent les ressorts secrets de ma vie future, de ma vie d'artiste.

Une vieille TSF vint bientôt au secours de ma solitude.

Papa la rapporta un soir, quelqu'un la lui avait donnée, mais je ne sais plus qui, et avec elle la musique entra dans notre chambre. Elle bouleversa mes jeudis que je pus désormais passer à écouter « Les jeudis de la jeunesse » au lieu d'aller systématiquement au parc avec Eddie. Je me surpris à fredonner mes premières chansons françaises, *Papa pique et maman coud*, *Johnny tu n'es pas un ange*, ou encore *Le Petit Cordonnier* — « *Petit cordonnier, t'es bête, bête… / Qu'est-ce que t'as donc dans la tête, tête…* », etc.

Maman, de son côté, découvrit avec ravissement Gilbert Bécaud, Line Renaud, Charles Aznavour… Parfois elle écoutait avec papa « La Minute du bon sens » du chansonnier Saint-Granier… Et les informations, bien sûr. La Bulgarie y était rarement nommée, mais tout ce qui venait de l'Est, de Moscou en particulier, leur faisait tendre l'oreille et plisser le front. Comme si un ange de malheur avait subitement traversé notre vie. Et puis ils secouaient la tête et feignaient de ne plus y penser…

Je crois que c'est au milieu de l'hiver que le chagrin nous rattrapa. La mort de mon grand-père, annoncée par un télégramme en quelques mots. Je n'ai qu'un très lointain souvenir de ce jour, comme si quelque chose en moi cherchait encore à m'en protéger. Pourtant la souffrance est là, aujourd'hui encore, intacte.

Maman : « C'était un dimanche matin. Ton père était à Saint-Eustache, il chantait dans le chœur. Mme Daniel a frappé à notre porte : "Un télégramme pour vous, madame Vartan." Oh, mon Dieu ! Nous savions qu'il devait se faire opérer, il avait demandé à venir en France pour cela, mais les autorités bulgares lui avaient refusé le visa. Il a fait une hémorragie pendant l'intervention ; il aurait fallu le transfuser, mais les médecins ont prétendu qu'ils n'avaient pas de sang disponible. En réalité, le sang, ils le gardaient pour les gens du Parti. Il est mort comme ça, un homme si fort, si merveilleux…

« J'ai dû l'apprendre à ton père quand il est revenu de la messe. J'aurais tellement voulu lui épargner cela, il avait une vie si difficile déjà… Il a pleuré, nous avons pleuré ensemble. Après, la question s'est posée de l'enterrement. Ton père tenait à y aller, mais il a pensé qu'une fois à Sofia on ne le laisserait plus repartir. Que deviendrait-on sans lui ? Alors, il y a renoncé. »

L'année se termine gaiement, néanmoins, par un nouveau départ pour Blainville-sur-Mer. Mme Daniel a insisté pour qu'on retourne dans sa maison, et cette fois les Krauss nous accompagnent ! Tante Milka, oncle Boubi et Anne-Marie. Ils sont notre famille à présent, et partager des vacances avec eux décuple mon plaisir. Oncle Boubi est un homme délicieux, intellectuel, calme, réfléchi, doué d'un humour à toute épreuve. Il ne se démonte jamais et le savoir avec nous me donne confiance en la vie, comme au temps de Sofia où tellement d'adultes forts et généreux m'entouraient. Tante Milka a d'autres qualités ; volcanique, joyeuse, fantaisiste, elle est toujours prête à faire la fête ! Quant à Anne-Marie, elle incarne plus que jamais mon modèle, ma référence, alliant l'élégance à la beauté, et tout ce qui me vient d'elle me transporte sur un petit nuage doré, bien au-dessus de ma condition.

Sur une photo de ces deuxièmes vacances à Blainville, je marche fièrement à côté des Krauss et de maman sur la petite route qui sort du village. J'ai l'air de partir à la conquête du monde, et je sais bien pourquoi : je porte sur l'épaule gauche le joli sac à main d'Anne-Marie. J'en ai rêvé pendant des mois, de ce sac à main, et là elle vient de me le donner ! Il est en cuir, couleur framboise, avec un fermoir imitation or, et il est à mes yeux la quintessence de la réussite. Je l'ouvre sans cesse pour respirer son luxueux parfum de peau, je le presse sur mon cœur. Jamais je n'ai rien possédé d'aussi prestigieux.

Nous jouons interminablement au croquet sur les landes, au-dessus de la plage. À midi, et le soir aussi parfois, tante Milka prépare pour tout le monde du poisson grillé sur un barbecue. Maman et elle sont comme deux sœurs, elles bavardent sans arrêt, s'amusent de tout. Maman est en admiration devant Anne-Marie qui ne fait jamais un pas de travers, participe aux travaux de la maison comme aux jeux des adultes, et trouve encore le temps de s'isoler pour lire… « Prends exemple sur Anne-Marie », me répète-t-elle sans cesse, et petit à petit ses exhortations m'horripilent, moi qui rêverais d'*être* Anne-Marie !

Et puis les Brink nous rejoignent enfin à Paris. Après avoir été expulsés de Bulgarie sous le prétexte d'espionnage, les Pays-Bas leur ont proposé un poste en France qu'ils ont accepté. Ainsi se reconstitue dans l'exil un petit cercle d'amis ressemblant à s'y méprendre à celui que le régime communiste a douloureusement anéanti quelques années plus tôt.

De nouveau, oncle André et tante Mia en sont un peu les fédérateurs car, comme à Sofia, ils disposent d'une résidence suffisamment grande pour nous réunir tous. On leur a attribué une maison particulière, dans le XIVe arrondissement, tout contre l'hôpital Broussais qui finira d'ailleurs par l'annexer à son domaine. Ils ont un grand jardin avec des arbres fruitiers, d'anciennes écuries, et même une pièce d'eau pleine de poissons rouges…

Comparé à notre chambre de l'hôtel d'Angleterre, c'est à peu près le château de Versailles. Tante Mia et maman tombent dans les bras l'une de l'autre, et je comprends ce jour-là combien mes parents sont seuls. À l'exception des Krauss, ils ne se sont fait aucun véritable ami en France. Ils vivent dans le souvenir des leurs restés en Bulgarie, et tout se passe comme si cette absence, cette souffrance, les empêchait de nouer de nouveaux liens. Peut-être songent-ils secrètement : « Comment construire quoi que ce soit avec des gens qui ne savent pas d'où nous venons, qui n'ont pas connu ceux que nous aimons ? » Ils se nourrissent du souvenir, et les événements de notre vie familiale tournent autour des nouvelles qui arrivent de Sofia. Des lettres qui ne disent rien, car la censure est impitoyable, dont on déduit seulement que personne n'est mort — mon grand-père, si, mais on se garde bien de mettre en cause qui que ce soit — et que l'existence continue misérablement sous la dictature radieuse du Parti communiste. Avec quels Français auraient-ils pu partager l'émotion de ces lettres ?

Cependant, avec les Brink et les Krauss, oui, d'un seul coup nous sommes en communion. Eux savent d'où nous venons, qui sont papa et maman. Les Brink ont rencontré mon grand-père et ma grand-mère avant qu'on leur prenne leur maison, leur jardin, pour ne leur laisser qu'une petite pièce, ils ont écouté papa jouer du Chopin, du Liszt, du Mozart, ils connaissent les richesses enfouies de maman, sa force, son courage, son élégance dans les situations les plus dramatiques. Et ils sont à l'origine de l'amitié qui nous lie aux Krauss.

La maison du XIVe arrondissement devient notre maison de week-end, notre « campagne ». Simone a bien grandi depuis le temps où elle pariait qu'elle toucherait la culotte de Vera la folle, mais elle est toujours plus intéressée par les bêtises que par les jeux de société. Ainsi, ça n'est plus Vera notre souffre-douleur, mais une voisine. Le jeu consiste à jeter n'importe quoi sur ses fenêtres quand les parents sont occupés à prendre le thé en écoutant du folklore bulgare, par exemple.

Oncle André : « Un jour, cette pauvre femme est venue se plaindre : vous lui aviez lancé des écorces de melon dans sa chambre. Janine et Simone ont reçu une bonne taloche, et je t'ai déclaré : “Si tu étais ma fille, tu en aurais une aussi !” Tu n'en menais pas large, cette fois-là... Tu avais enduré des moments difficiles en Bulgarie, votre vie à Paris n'était pas rose tous les jours, mais, sûrement grâce à tes parents, on te sentait assez heureuse, toujours prête à jouer, en tout cas, et pleine d'appétit pour la vie. »

Oui, j'ai dit que mes parents entretenaient le souvenir de ceux qu'ils avaient dû quitter en Bulgarie, mais ils n'avaient pas perdu pour autant le goût du plaisir, une certaine légèreté, une fantaisie, qui soudain nous laissait entrevoir tout ce que l'existence peut avoir d'exquis, de voluptueux, de sensuel. Certes, maman aurait bien voulu me décourager de mes rêves d'artiste, mais elle était aussi celle qui commettait des folies pour me voir rougir de bonheur.

Un samedi, en me promenant avec elle sur les Grands Boulevards, je tombe en arrêt devant un duffle-coat turquoise, véritablement éblouissant. C'est la mode des duffle-coats, et bien sûr j'en voudrais bien un, et celui-ci a en plus une capuche ourlée de fourrure... Il est à fondre sur place, et c'est ce que nous faisons, maman et moi. Nous restons un bon quart d'heure à observer ce trésor, sans aucune idée derrière la tête car le prix

— cent quatre-vingt-dix francs, je crois — ne me laisse rien espérer. Et puis nous repartons, et pendant quelque temps je m'endors en essayant de me représenter quelle princesse extraordinaire je serais dans cet écrin de teddy blanc…

Et le samedi suivant :

— Est-ce que tu penses encore au duffle-coat turquoise, ma chérie ?

— Celui avec la fourrure ?

— Oui, celui avec la fourrure… Eh bien, tu ne sais pas ? On va aller l'acheter !

Je suis revenue à l'hôtel avec cette merveille sur le dos ! Aujourd'hui encore, quand j'y songe, il reste l'un des plus beaux cadeaux de ma vie.

Maman faisait cela, et ensuite elle murmurait : « Maintenant, toute la semaine on va manger des pâtes, voilà tout ! » Et puis elle riait, plus belle encore qu'Ava Gardner. Eddie, lui, n'avait pas l'air très content, mais bon… Madame la Misère n'avait qu'à bien se tenir, maman était la plus forte.

Papa aussi avait ses folies. On venait de quitter l'hôtel d'Angleterre pour emménager dans un véritable appartement, à Clichy-sous-Bois. On n'avait encore rien pour le meubler, et papa rentre un soir, resplendissant.

— Venez vite, j'ai une surprise pour vous !

Il nous réunit au milieu du living désert. Maman ne dit rien, mais au fond elle pense que la surprise doit être une salle à manger qui attend vraisemblablement dans un camion en bas, et que papa donne le signal de la livraison.

— Une grande surprise…, reprend papa.

Il déborde de bonheur, il en perd le souffle.

— Allez, dis-nous ! Qu'est-ce que c'est ?

— Vous ne devinez pas ?

Un délicieux frisson nous parcourt, mais nous préférons nous taire.

— Un piano ! lâche enfin papa.

Alors maman, consternée :

— Georges ! On n'a pas de table, on n'a pas de chaises, on ne sait pas où s'asseoir pour manger, et toi, tu achètes un piano ! Mon pauvre cherri, tu es devenu complètement fou...

Mon pauvre cherri ! Elle n'a pas fini sa phrase qu'elle a senti ce que ce piano représente pour lui — une résurrection, une revanche secrète sur les petits comptables de la dictature du prolétariat qui lui ont saisi son piano six ou sept ans plus tôt —, et déjà elle l'embrasse.

C'était aussi pour Eddie, le piano. Très vite après notre arrivée en France, nos parents avaient mis tout l'argent qu'ils pouvaient de côté pour lui offrir un cor d'harmonie. Depuis la petite école, Eddie s'était fait remarquer par ses dons de musicien. Il avait été sélectionné pour jouer dans l'orchestre de son collège, en Bulgarie, puis dans les Jeunesses communistes. Et c'est comme ça qu'il avait appris le cor d'harmonie. Après plusieurs mois d'interruption, il avait donc pu s'y remettre, mais seul cette fois, dans notre chambre d'hôtel. J'étais contente pour lui, surtout le jour où l'on était allés ensemble rue de Rome, chez Selmer, chercher son cor, car ensuite il m'avait beaucoup énervée à faire ses gammes.

Eddie ! Je n'ai compris que plus tard combien ces années à l'hôtel, dans cet espace minuscule, avaient dû être pénibles pour lui alors qu'il était en pleine adolescence. Coincé entre nos parents et moi, sans argent, handicapé par son accent, je crois qu'il vécut très douloureusement son déracinement. Il devait plus tard l'exprimer pudiquement, à sa manière, dans une biographie romancée pleine de nostalgie[1]. Nous avions sept ans d'écart — un siècle à cet âge-là ! Tandis que je me laissais adopter par la France, sans trop me poser de questions existentielles, Eddie devait rester toute sa vie entre deux cultures, souffrant secrètement de n'être ni d'ici ni de là-bas. Son seul pays, son seul refuge, fut sans doute la musique dont il parlait la langue de façon innée[2].

1. Eddie Vartan, *Il a neigé sur le mont Vitocha*, éditions Fixot, 1990.
2. Eddie est mort le 19 juin 2001.

Chapitre 5

Je terminais ma sixième au lycée Victor-Hugo de Paris quand papa nous a donc annoncé cette grande nouvelle : nous allions quitter l'hôtel d'Angleterre pour emménager dans un appartement à Clichy-sous-Bois. Un appartement ! C'était un rêve qu'avaient entretenu mes parents depuis le premier jour. « Dès que nous en aurons les moyens, nous répétaient-ils, nous partirons. » Ils s'inquiétaient surtout pour Eddie qui devait préparer son bac sans même avoir une table pour lui tout seul. Mais cette fois-ci, ça y était, nous partions !

C'était une cité en forme d'étoile, joliment disposée sur un gazon qu'arrosait consciencieusement un jardinier. Cela s'appelait « Le Domaine de la Pelouse ». Nous fûmes éblouis. Tout ce gazon rien que pour nous ! Et cet immeuble, le nôtre, sis allée des Trois-Pins, traversé de lumière, où quelques peintres s'attardaient encore... Mon plaisir, pendant la visite, fut d'ouvrir et de fermer toutes les portes. Si l'on m'avait interrogée, j'aurais sûrement dit que le luxe se mesurait au nombre de portes. Notre trois-pièces en comptait toute une collection, j'en avais le tournis.

Après avoir découvert cet îlot de paradis, papa avait su

convaincre son banquier de lui prêter de quoi l'acheter sur vingt ou trente ans. Maman ne touchait plus terre, elle parcourait cette immensité avec un air léger de déesse, mais soudain l'angoisse la reprenait :

— Georges, tu ne crois pas que c'est une folie ?

— Si !

— Et si nous n'arrivons pas à payer ?

— Nous y arriverons.

Il avait gardé une seconde surprise pour le dessert…

— Et devinez quoi ?

On ne devinait pas.

— Les Krauss ont acheté dans le même immeuble ! Ils seront nos voisins…

C'était trop beau ! On aurait dit que d'un seul coup la vie voulait se racheter. Les Brink, les Krauss, nous étions décidément inséparables ! En somme, après nous avoir tout pris, après nous avoir chassés de chez nous, le destin avait permis à chacun de se reconstruire plus ou moins, et il avait voulu qu'on se retrouve tous à Paris pour une histoire d'amitié exceptionnelle.

Mon nouveau lycée aussi sort tout juste de terre. Je vais l'inaugurer. Lycée pilote du Raincy, il mérite bien son nom, dressé sur ses pilotis, entièrement carrelé, se jouant paresseusement du soleil de septembre comme un paquebot tout neuf avant de prendre le large. Je viens de fêter mes douze ans et j'entre en classe de cinquième.

Ce qui me frappe, le premier jour, ce sont les garçons. Il y en a au moins autant que de filles. Je découvre avec une certaine émotion la mixité, et aussi que les garçons ne me sont pas indifférents. Un en particulier, qui a les yeux verts et les cheveux ondulés. Je le repère tout de suite dans la cour, il est irréel, on le dirait sorti d'un conte… À l'inverse des autres, il est habillé avec raffinement d'une veste de daim et il se tient très droit, silencieux, réservé, comme auréolé de mystère. Ses yeux en amande, quand je les croise, me font légèrement accélérer le cœur. C'est une sensation nouvelle qui m'intrigue et me trouble.

Il s'appelle Luis Rey et il est argentin. Par chance, il est dans ma classe, je n'ai qu'à tourner légèrement la tête, comme pour regarder vers les fenêtres, et je tombe sur son profil charmant de médaille. Est-ce que je l'intéresse ? Je ne vois rien de particulier qui me distingue des autres filles, et surtout je n'aime pas mes yeux, ils sont marron et je les voudrais bleus. Enfin, je suis une petite Française comme les autres, voilà ce que je me dis en cette rentrée 1956 avec un imperceptible désappointement, tandis que lui n'est pas un petit Français comme les autres. Il est nettement plus beau, nettement plus singulier.

Et pourtant si, je dois l'intéresser, puisque nous nous retrouvons à bavarder.

Lui vient à vélo au lycée, et cela conforte dans mon esprit cette image d'indépendance et de liberté que reflète magnifiquement son personnage.

— Et toi, tu viens comment ?

— En car, j'habite Clichy-sous-Bois.

— Si tu veux, ce soir, je t'accompagne jusqu'à l'arrêt.

— Ça ne va pas te mettre en retard ?

— J'ai tout mon temps.

Le vélo est vert, assorti à ses yeux. Sous sa veste de daim, il porte une chemise à carreaux. Et un blue-jean et des bottes. Il marche silencieusement à côté de moi, et de temps en temps seulement nous échangeons un regard, un sourire. Ou nous parlons des devoirs, de tel ou tel professeur, quand le silence devient gênant.

Arrivés à l'arrêt des cars Jean-Pierre, nous nous disons au revoir, négligemment, sans nous toucher, mais je sens mon cœur qui tape à tout rompre et je suis contente de me retrouver seule pour laisser retomber l'émotion. Contente aussi de savoir que je reverrai Luis Rey et son vélo vert le lendemain.

La vie a changé à la maison. Toutes ces pièces, toutes ces portes, le piano... La puanteur des Halles remplacée par ce gazon que le jardinier tond deux fois par semaine... Eddie, avec lequel les disputes cessent — même si par la force des choses nous devons encore partager la même chambre —, au profit d'une complicité timide. Eddie est entré en terminale, il est plus épanoui. Il peut jouer du cor d'harmonie en paix, il s'est également remis au piano, et il écoute beaucoup de musique. Du jazz, dont il est passionné, mais aussi Elvis Presley. Elvis et le rock débarquent tout juste en France.

— Tu aimes ?

— C'est pas mal.

En réalité, je suis bien plus passionnée par ma découverte du théâtre. Molière a pris la suite des *Fables* de La Fontaine que j'excellais à réciter, et où j'entendais toujours être la meilleure. Maintenant, c'est en lisant tout haut *Les Fourberies de Scapin,* et bientôt en incarnant Géronte — « Que diable allait-il faire dans cette galère ? » — que je veux me faire remarquer. Je suis encore une des seules à « mettre le ton », à interpréter le rôle de tout mon être, sans peur des ricanements, et, quand le professeur me félicite, je pense en moi-même : « Voilà, on reconnaît enfin mon talent, on me rend enfin justice ! » J'ai toujours en travers de la gorge l'ours de *Boucle d'or.*

Il ne fait aucun doute dans mon esprit que je serai

comédienne, en dépit des soupirs désespérés de maman. Comédienne, femme de lettres, ce sera ma vie, j'en ai l'intime conviction, et rien d'autre ne me transporte comme ce rêve. Dans toutes les matières littéraires je suis en tête de ma classe, tandis que je déteste les maths. Et cependant mes parents, que je ne veux pas contrarier, ont décroché une première victoire contre ma vocation naissante : ils m'ont forcée à choisir la section *moderne* alors que je demandais à faire latin-grec. « Tu as déjà le handicap de devoir apprendre le français, a prétendu maman, alors ne choisis pas la filière où il y a le plus de langues. » En fait, je parle le français aussi bien que les autres, et je me mets à l'anglais sans aucune difficulté. Mais il est trop tard pour revenir en arrière, et les matières scientifiques, prédominantes en moderne, entameront petit à petit le plaisir que j'éprouve à fréquenter l'école.

Pourtant, Eddie et moi nous ouvrons plus largement aux autres grâce à cet appartement. Même s'il n'est pas dans les habitudes familiales d'inviter nos amis à la maison — comment aurions-nous pu au temps de l'hôtel ? —, nous avons maintenant le sentiment que nous pourrions le faire. Et du coup, pour la première fois je sors du cercle « bulgare » en me liant avec une fille de ma classe, Annie. Notre amitié est née dans la rivalité, car Annie est passionnée, comme moi, par le théâtre, la poésie, et quand je ne suis pas première, c'est elle qui l'est. Elle habite un pavillon dans un quartier voisin de notre cité, et je vais parfois goûter chez elle. Cette relation me distrait de mon amitié pour Anne-Marie Krauss, qui est entrée dans le même lycée que moi mais deux ou trois classes au-dessus, et qui demeure à mes yeux un modèle exigeant, quasiment inatteignable…

Oui, on dirait aujourd'hui qu'avec ce déménagement Eddie et moi faisons un grand pas vers l'« intégration ». Mais le dirait-on également de nos parents ? À cette rentrée scolaire 1956, la France entame sa troisième année de guerre en Algérie et je n'ai pas le souvenir d'une évocation quelconque de ce drame franco-français à la maison. En revanche, je me rappelle les larmes de maman lorsque les chars soviétiques entrèrent à Budapest, au début de novembre 1956, et puis sa colère désespérée lorsqu'elle comprit que les Occidentaux ne viendraient pas au secours des malheureux Hongrois. En somme, nos parents conservent sans doute le cœur à l'Est, en dépit de ce nouveau gage d'enracinement dans cette France qu'ils vénèrent.

Pour papa, Clichy-sous-Bois est synonyme d'un surcroît de fatigue, mais il n'en dira jamais rien et nous le comprendrons plus tard, lorsqu'il tombera malade. Nous ne sommes plus voisins des Halles, de sorte que, pour y être chaque jour à deux heures et demie du matin, il doit s'acheter une mobylette et, tout au long de l'hiver, braver la pluie et le froid. Il n'a pas beaucoup plus de quarante ans ; or, depuis quinze années, il supporte des restrictions, des privations, des angoisses, et il se bat le dos au mur pour nous permettre de survivre : d'abord il y a eu la guerre, puis les années de plomb du stalinisme, enfin la première période de l'exil correspondant à l'hôtel d'Angleterre. Il n'y a pas eu de répit. L'essentiel de sa vie d'homme n'a été jusqu'ici qu'une interminable guerre livrée aux bombes, à l'inquisition, à la faim et au froid…

Et aujourd'hui, la victoire. Clichy-sous-Bois, c'est

d'abord cela, bien sûr, l'expression d'une victoire, d'une réussite — leur réussite à tous les deux qui n'ont jamais cessé de s'aimer, de se soutenir. Et ni lui ni elle n'ont l'intention de bouder cette victoire dont le piano — si vite acheté ! — est certainement le symbole le plus touchant. Renouant avec la fin des années 30 durant lesquelles il composa beaucoup, papa se remet alors à jouer entre deux voyages en mobylette vers les Halles ou la rue Mouffetard. Il joue aussi le week-end, et comme si elle passait par là par hasard, entre deux lessives, maman se pose silencieusement derrière lui. L'aperçoit-il qui sourit, ou se sèche discrètement les yeux ? Il fait alors une chose incroyable : il se rend dans un studio d'enregistrement et il parvient à faire presser un disque vinyle 33 tours de ses propres œuvres.

C'est un joli dimanche à Clichy-sous-Bois. Un repas de fête comme maman aime en cuisiner, rythmé par les miaulements d'un nouveau venu : un chaton nommé Grisbi que nous avons recueilli et qui m'apparaît comme la note finale d'un bonheur tout neuf. Et soudain, papa sort son cadeau de sous la table. Maman n'a aucune idée de ce que c'est. Elle défait le papier avec son air lumineux et sévère d'élève appliqué, et brusquement elle comprend :

— Oh, Georges ! Georges ! Mon chéri...

Tout ce qu'il avait composé pour elle pendant leurs fiançailles, et puis durant leurs premières années de mariage, avant la guerre, tout est là, gravé dans les sillons microscopiques !

Elle s'en veut de pleurer dans un moment pareil, elle dit : « Chez nous, les Hongrois, on ne sait que pleurer », puis elle se lève et va se blottir dans ses bras. Ils se tiennent enlacés comme s'ils allaient danser, mais ils ne dansent pas, ils essaient seulement de nous cacher leur émotion. Ils ont vingt ans de moins ! Certes, ils ont eu cette vie si difficile, mais ce disque leur rappelle une autre vie qu'ils auraient pu avoir, dans une époque différente, moins cruelle. Lui pianiste, et elle danseuse classique peut-être. Maintenant c'est trop tard, néanmoins eux se souviennent.

Papa se remet aussi à la peinture, l'air de rien. Il se rachète un peu de matériel, un chevalet, et s'en va le week-end en mobylette s'installer sur les bords de Seine. Il a perdu la grâce de ses jeunes années, cela nous saute aux yeux en comparant ce qu'il rapporte avec les quelques tableaux que maman a pu sauver de Bulgarie. Il a moins de talent, mais c'est justement pour cela que ses tableaux nous touchent. Ils disent tout ce qu'il a sacrifié et, malgré tout, le désir qui est toujours là, bien vivant.

Bon, et puis il y a les fêtes. À présent que nous avons l'appartement, nous ne sommes plus systématiquement chez les Brink. Nous pouvons nous retrouver chez les Krauss, ou chez nous. Maman est assez fière d'avoir une véritable cuisine équipée d'un four et de quatre feux à gaz. Le réchaud à alcool sur la baignoire nous paraît dater de l'âge de pierre. Nous rions aussi en nous remémorant les trois ou quatre grands repas que nous avions voulu organiser dans notre chambre d'hôtel pour recevoir notre petit cercle. Papa rapportait un gigot et, comme nous n'avions rien pour le faire cuire, maman le descendait chez la boulangère, en toute simplicité.

Nous rions, mais un peu tristement, comme si déjà nous étions nostalgiques de cette époque. La confiance du petit épicier de la rue Mandar, la solidarité de la boulangère, l'affection discrète des Daniel, tout cela a disparu subitement, comme si, nous éloignant de la pauvreté, nous nous éloignions aussi d'une certaine forme de relations humaines, plus généreuses, plus chaleureuses.

Les trois couples s'invitent mutuellement pour des dîners qui n'en finissent plus, comme au temps où, avec Simone, nous les épiions par l'interstice de la porte. Ils chantent, ils dansent un peu parfois, et invariablement oncle André ou tante Mia demande à papa de se mettre au piano. Alors il faut voir avec quelle émotion ils le regardent jouer, comme s'il avait le pouvoir de les ramener là-bas, à Sofia, de leur rendre leur belle jeunesse.

Les Brink vont de temps en temps en Hollande embrasser les leurs, et une fois ils me proposent de les accompagner. C'est mon premier grand voyage depuis mon arrivée en France, et je n'en dors pas d'excitation pendant huit jours. Nous nous serrons à l'arrière de la 403 Peugeot d'oncle André, Janine, Simone et moi, comme aux temps troubles de Boïana quand il nous emmenait tous respirer l'air des montagnes au-dessus de Sofia. Je découvre Wassenaar, une station balnéaire au nord de La Haye, des paysages, un autre mode de vie. Je découvre aussi le vélo, avec quelques années de retard sur ma génération…

Cette première année à Clichy-sous-Bois se termine joyeusement, comme elle a commencé : Eddie est reçu au bac, et moi je suis admise en quatrième.

Maman : « Tout le monde était au travail et chacun réussissait. C'était formidable ! J'étais si heureuse que je passais tout mon temps libre à m'activer dans l'appartement pour qu'il soit toujours plus beau. J'étais pleine d'énergie, de courage. Ton père rentrait et il me trouvait en haut d'une échelle : "Ilona, qu'est-ce que tu fais encore perchée au plafond au lieu de te reposer ?" Mais je n'étais pas fatiguée. »

Avec la venue des grandes vacances, Luis Rey disparaît de ma vie. Nous nous sommes aimés tout au long de l'année, silencieusement, comme des enfants, sans oser nous l'avouer, et je lui suis reconnaissante de ne pas avoir brisé le rêve. Je me sens un peu triste, soudain, telle une gamine trop gâtée par la vie, et je passe ces premiers jours de juillet à jouer avec mon chaton. Grisbi est très intelligent, il sait ouvrir les portes, monter aux arbres, le seul problème, c'est qu'il ne sait pas en redescendre, ce qui me plonge dans des angoisses folles. Un jour, je sanglote au pied de l'arbre, et on doit appeler les pompiers...

Est-ce cet été-là que nous allons à La Baule ? Les Cousin y possèdent une grande villa sous les pins, près de la mer, et ils nous y invitent, ou nous la prêtent, je ne sais plus. Mais nous ne partons qu'avec maman, papa ne peut pas quitter la triperie — il me semble qu'il ne prend jamais de vacances.

J'accueille avec bonheur la rentrée. Je connais tout le monde et plus rien ne me différencie des filles de ma génération : je n'ai pas beaucoup de vêtements, mais ils ne sont pas trop démodés ; je m'y connais à peu près en musique grâce à Eddie qui écoute Europe n° 1, la nouvelle radio, et aime Sidney Bechet, Louis Armstrong, Boris Vian ; je suis la meilleure en anglais, la chouchoute du professeur de français ; enfin, les garçons m'intéressent et je commence à être suffisamment à l'aise pour échanger mes impressions sur eux avec une ou deux amies.

C'est l'année de nos premières surprises-parties, de mes premiers efforts de coquetterie. Brigitte Bardot vient de lancer la mode du vichy et tante Milka m'a donc confectionné une robe de vichy orange et blanc, avec un col rond en piqué et une grosse ceinture. J'en raffole, je voudrais la porter tous les jours ! Pour compléter le tableau, je me suis acheté des ballerines orange, et il n'est pas question que je mette autre chose avec ma robe. Surtout pas mes grosses chaussures à lacets et à semelle de crêpe. C'est ce refus têtu qui me vaut une ultime raclée de maman — j'ai treize ou quatorze ans, ce sera la dernière. Le drame a lieu au début de l'hiver, un matin où nous nous réveillons sous la neige. Maman s'étrangle en me voyant partir pour le collège en ballerines : « Enfin, Sylvie, tu perds la tête ! Je t'interdis de sortir comme ça... » J'insiste, le ton monte, et, comme je fais mine de filer malgré tout, je prends une bonne correction. Cinq minutes plus tard, je repars dans mes gros croquenots, et cette fois maman me caresse tendrement la joue, le cœur certainement déchirée d'avoir dû en venir aux mains. Pauvre maman, elle ne se doute pas que mes ballerines sont au fond de mon cartable et que je vais passer les récréations à sautiller dans la neige pour ne pas avoir les pieds congelés !

Nous nous retrouvons chez l'une ou l'autre pour des boums improvisées. Nous écoutons Mouloudji, Aznavour... Et Brassens, quand les parents ne sont pas là. Brassens, qui vient de sortir *Le Gorille* et qui est alors considéré comme un artiste sulfureux. Nous dansons un peu aussi. Cependant, les garçons de ma classe me semblent vraiment très jeunes et le seul à m'intéresser est un ami d'Eddie, Jean-Noël, dont la casquette écossaise rouge et l'écharpe assortie me mettent le cœur à l'envers, mais avec lequel il ne se passera jamais rien.

C'est à l'une de ces boums qu'un garçon dont je n'ai

conservé aucun souvenir me colle un baiser sur la bouche. Un baiser volé, mon premier. Je ne l'ai ni cherché ni vu venir, et, aussitôt la surprise passée, la panique me saisit : et si j'allais tomber enceinte ? Nous ne parlons jamais de ces choses-là à la maison, et je ne sais pas précisément comment on conçoit un enfant. Alors je me frotte fébrilement la bouche, me lave les dents comme jamais, et l'attente commence. Pendant près d'un mois, je guette chaque soir dans la salle de bains la courbe de mon ventre, m'attendant au pire. Puis, comme rien ne vient, je m'autorise de nouveau à respirer...

J'ai fini par me rapprocher d'Anne-Marie, qui ne me regarde plus comme un bébé. Une véritable amitié, faite de complicité et de secrets, est en train de nous unir. De nous unir pour la vie, puisque aujourd'hui encore, malgré les dix mille kilomètres qui nous séparent — Anne-Marie vit à Londres et moi à Los Angeles —, nous ne laissons pas s'écouler un mois sans nous appeler ou nous écrire. Anne-Marie passe me prendre, nous allons ensemble au cinéma avec la bénédiction de maman, et piquons nos premiers fous rires.

Quant à Eddie, il a entrepris des études de droit, certainement plus pour rassurer maman que par intérêt, car sa véritable passion est décidément la musique. Il a abandonné le cor d'harmonie pour la trompette, et il joue désormais dans un orchestre de jazz. Il fréquente les clubs des grands jazzmen et, sans que nous en ayons conscience à la maison, il est rapidement repéré dans ce petit cercle. Il fait, durant cette année et la suivante, des rencontres qui vont être déterminantes pour sa carrière future... et fatales pour ses études de droit !

Cette classe de quatrième me conforte dans mon goût

pour la scène et les costumes. Nous montons *Amphitryon* de Molière, et le jour de la représentation j'ai véritablement la sensation de transcender l'ordinaire pour atteindre à un état d'ivresse qui me laisse entrevoir ce que peut être la vie quand on ne passe pas à côté. Heureusement, car l'enseignement de la physique-chimie, s'ajoutant aux maths, transforme une partie de ma scolarité en calvaire. Je me console en apprenant l'espagnol avec la même facilité que l'anglais, et en lisant. L'année de notre arrivée en France, j'avais connu le plaisir de lire grâce aux aventures de Tintin et aux récits de la comtesse de Ségur. Maintenant, je découvre Fitzgerald, Hemingway, Jack London, Cesbron, Mauriac, Sagan, et aussi Colette que j'avais tellement cherchée des yeux dans les jardins du Palais-Royal…

Pendant ce temps-là, la guerre d'Algérie s'aggrave, et la France en est violemment secouée. Les gouvernements se succèdent, cette instabilité doit inquiéter secrètement mes parents car ils accueillent avec soulagement le retour du général de Gaulle. L'homme a la réputation de savoir tenir tête aux communistes, et c'est un préalable à leurs yeux. Que les communistes donnent de la voix, et aussitôt ils envisagent de partir un peu plus loin vers l'ouest. J'ai quatorze ans, et ce que je comprends de la politique se résume à cela : le monde est rongé par un cancer venu de l'Est, qui ne laisse le choix qu'entre la valise et le cercueil. La bête a déjà emporté mon grand-père, mort à Sofia alors qu'il suppliait qu'on lui donne un visa. Elle retient dans ses prisons beaucoup de nos amis et anciens voisins, elle affame et terrorise les autres. Comment mes parents pourraient-ils croire au discours enchanteur des communistes français après ce qu'ils ont vécu ? Quand, vingt-trois ans plus tard, François Mitterrand, nouveau président de la République, leur permettra d'entrer au gouvernement, je découvrirai maman en train de faire sa valise…

Le Domaine de la Pelouse se dégrade. Cela a commencé par d'imperceptibles détails, des gens qui piétinent le gazon, qui claquent les portes, qui réparent leur voiture et laissent de grosses taches d'huile un peu partout. Puis les choses se sont aggravées et, petit à petit, tout ce qui faisait l'élégance de l'endroit a pris un air délabré. Certaines familles, plus bruyantes que d'autres, sont devenues des boucs émissaires, et l'ambiance aussi s'est dégradée. « Ils sont trop gâtés, ils ne savent pas la chance qu'ils ont », soupire maman.

Depuis notre arrivée à Paris, maman répète que les Français ne savent pas la chance qu'ils ont. La première fois qu'elle l'a dit, c'est en rentrant du travail, un soir. Elle venait d'assister sur un quai de métro à une scène extraordinaire à ses yeux : des clochards qui insultaient des policiers venus pour les déloger. « J'ai pensé que les policiers allaient les tuer à coups de matraque et je me suis mise à prier la Vierge. Mais ils ont continué à être très polis et les autres criaient : "Sales flics ! Sales flics !" » Non, la police française n'est pas la milice de Staline, et les Français à qui l'on offre des logements neufs peuvent les saccager, et même insulter le gardien, sans être condamnés à vingt-cinq années de prison pour sabotage ou activités contre-révolutionnaires. La largeur d'esprit des Français, leur sacro-saint respect de la liberté ne cesseront jamais d'étonner et d'enthousiasmer maman.

Mais le Domaine de la Pelouse n'en file pas moins un mauvais coton, tandis qu'admise en troisième moderne je prépare sans beaucoup de plaisir mon BEPC. L'idée de revendre l'appartement est dans l'air et elle vient à point au secours du projet formé par Eddie qui est d'abandonner Clichy-sous-Bois, où « il ne se passe rien », pour retourner à Paris où la vie musicale est intense, la nuit en particulier.

Retourner à Paris ! Soudain le projet me séduit, moi aussi. Je m'aperçois que j'étouffe dans notre banlieue, entre le lycée du Raincy dont j'ai épuisé les bonnes surprises et notre cité où l'on vit petitement, sans horizon. Certes, l'appartement est joyeux, et les dîners rituels avec les Brink et les Krauss indispensables à notre bien-être familial ; or, brusquement, tout cela me paraît être d'un autre temps, insuffisant en tout cas pour nourrir mon esprit qui s'éveille, mes curiosités multiples.

Je suis en train de quitter l'enfance, je n'en ai pas clairement conscience, mais j'ai l'intuition que la vie est désormais ailleurs. J'ai quinze ans, je suis en pleine adolescence, à cet âge où l'on se révolte habituellement contre le carcan des parents, leurs valeurs, leur morale. Moi, non. Moi, je ne suis pas révoltée. Je ne ressens aucune colère à l'égard de mes parents, je ne rejette rien de ce qu'ils sont, de ce qu'ils pensent. Je les trouve admirables, tellement mieux que les autres adultes ! D'ailleurs, je n'ai aucun secret pour maman, je lui raconte tout, de mon amour silencieux pour Luis Rey à mon émotion cachée quand je croise Jean-Noël, l'homme à la casquette écossaise rouge. Et quand elle me donne un conseil, je l'écoute, je me dis toujours qu'elle doit avoir raison. Si Paris m'attire, ce n'est donc pas du tout par esprit de rébellion mais bien, oui, parce que j'ai cette intuition que le destin m'attend là-bas plutôt qu'à Clichy-sous-Bois.

Depuis toute petite, j'ai la certitude que Dieu, ou la

Sainte Vierge, me viendra en aide. Écrire cela aujourd'hui peut apparaître comme une explication a posteriori de la vie d'artiste assez imprévisible que j'ai eue, mais ça n'est pas cela. Enfant, je l'ai dit, j'étais très mystique, très à l'écoute des voix célestes, et je pouvais, comme je l'ai fait à Saint-Eustache, rester de longs moments en méditation, occupée à dialoguer avec la Vierge. J'avais le sentiment, solidement ancré du côté du cœur, là où j'imagine que se situe l'âme, que quelque chose me tomberait du ciel. En fait, j'avais le toupet d'imaginer que j'intéressais quelqu'un là-haut, et que l'on veillait donc sur mon destin. C'est cette foi invraisemblable en l'aura de ma petite personne qui me permettait de dire à maman que je lui achèterais un château quand je serais artiste, et qui faisait aussi que son incrédulité me blessait…

Je crois que c'est Eddie qui précipite notre déménagement en nous proposant un appartement dans le XIIe arrondissement, avenue du Général-Michel-Bizot, entre la Nation et le bois de Vincennes. C'est un bel appartement, dans un immeuble d'angle. L'un de nos voisins est Frank Ténot, le directeur de *Jazz Magazine*, qui anime alors avec Daniel Filipacchi l'émission « Pour ceux qui aiment le jazz » sur Europe n° 1. Eddie, justement, aime le jazz, et je trouve que le hasard fait décidément bien les choses, avant de penser que c'est plus vraisemblablement Frank Ténot qui a fait venir Eddie quand il a vu qu'un appartement se libérait. Nous sommes alors au printemps 1959 et Eddie, qui ne fréquente plus guère la faculté de droit, est bien connu dans les milieux du jazz. Il va entrer à Europe n° 1 comme assistant programmateur, travailler avec Ténot et Filipacchi, tout en mettant un pied chez Decca, la maison de disques dont il deviendra rapidement le directeur artistique.

Pour moi, les perspectives sont moins renversantes. À cette rentrée 1959, je suis admise en seconde au lycée Hélène-Boucher, dont le règlement stipule que chaque élève doit être revêtue d'une blouse beige portant sur le sein gauche son nom brodé en rouge.

Chapitre 6

Nous vivons cette première année avenue du Général-Michel-Bizot sous l'étoile montante d'Eddie. Il n'a que vingt-deux ans, mais il a véritablement trouvé sa voie et, grâce à lui, la musique entre à la maison par tous les chemins imaginables. Collaborateur de Daniel Filipacchi, il est au courant de tout ce qui pointe aux États-Unis et rapporte chez nous les disques d'interprètes encore inconnus en France, qu'il me fait écouter sur son Teppaz. Quand il ne joue pas lui-même avec son orchestre au Blue Note, un club de jazz, il est à l'Olympia pour assister à un concert de jazz, ou encore à l'écoute du poste de radio familial qui diffuse son émission culte : « Pour ceux qui aiment le jazz ».

Il est métamorphosé. Adolescent ombrageux et complexé, déraciné, malheureux, il est devenu un jeune homme affairé, passionné et souvent joyeux. Je le vois beaucoup courir, embrasser maman à la volée, se jeter sur son tourne-disque et, sans cesser d'aller et venir, écouter ce qui en sort. Du jazz, la plupart du temps.

— Tu aimes ?

Peu importe ma réponse, il ne m'entend pas, ne m'entend plus ! Le fossé s'est brusquement creusé entre l'obscure petite lycéenne que je demeure et le musicien talentueux, inventif, qui éclôt sous nos yeux.

Mais Eddie est gentil et, comme s'il ne m'avait pas suffisamment promenée sur les Grands Boulevards et dans les jardins publics avec ma corde à sauter, il m'emmène quand il le peut à l'Olympia. Il me semble que je vois cette année-là Ella Fitzgerald, Duke Ellington, les Jazz Messengers… À la maison, je découvre avec ravissement les premiers disques de Ray Charles et surtout Brenda Lee, qui est à peine plus âgée que moi mais qui connaît déjà le succès aux États-Unis avec *Just a little*, une chanson que je reprendrai d'ailleurs plus tard sous le titre *Je suis libre*.

L'univers d'Eddie, ses amis aussi passionnés que lui m'ouvrent les yeux sur un monde bien différent de celui de l'école. Un monde où travail rime avec plaisir, un monde où l'on échange des points de vue sans imposer des certitudes, un monde où rêver n'est pas puni par deux heures de colle. En fait, cet hiver 1960, toute la famille paraît s'adonner plus largement au bonheur de vivre — sauf moi. Papa ne travaille plus la nuit, il peut enfin profiter de longues soirées et il se met souvent au piano. Maman, qui jusqu'à présent ne s'autorisait aucune petite satisfaction personnelle, ose écouter tranquillement Montand, Aznavour, Édith Piaf, des chanteurs classiques qu'elle préfère aux trompettistes illuminés d'Eddie. Il n'y a que moi qui aie le sentiment de régresser derrière les murs lugubres du lycée Hélène-Boucher, où l'on ignore encore la mixité, le rouge à lèvres — les couleurs d'une façon générale —, et où l'on semble vouloir s'accrocher hargneusement aux principes éducatifs et disciplinaires de la France d'avant-guerre.

Cela dit, les garçons de ma génération que je croise ici

et là ne m'intéressent plus du tout comparés aux amis d'Eddie qui ne s'ennuient pas, eux, et qui ont toujours au fond du regard un éclair de folie et de curiosité.

Sur le plan scolaire non plus, ça n'est pas une année passionnante. Si je brille en français et en langues, tout ce qui est scientifique continue de me tomber des mains. Je paie chaque jour l'erreur d'avoir été mise en moderne et je me demande comment je vais trouver la force de traîner ce boulet jusqu'au bac...

C'est alors que le destin me tend la main. Il ne porte pas l'habit dans lequel je l'attendais inconsciemment, celui d'un homme de théâtre ou de cinéma, non, il se dissimule tout simplement sous le costume sombre, et plutôt mal coupé, d'Eddie. Eddie, essoufflé comme d'habitude, qui me fond dessus un après-midi.

— Sylvie, il faut que tu nous dépannes, on est dans la merde !

— Qu'est-ce que je dois faire ?

— Chanter. Tu chantes pas mal, non ? Un truc très facile...

— Je veux bien essayer. Ce soir, à la maison, tu me...

— Non, pas ce soir, tout de suite.

— Mais t'es fou, j'ai un cours de maths !

— Oui, eh bien, tu le rates, j'expliquerai à maman.

— D'accord, je le rate. Et on va où alors ?

— Au studio.

En chemin, il me raconte ce qui se passe. Quelques mois plus tôt, Daniel Filipacchi a rapporté des États-Unis un tube, *Out of gas*, qu'ils ont adapté ensemble et proposé au chanteur français Frankie Jordan, sous le titre *Panne d'essence*. Frankie est un ami d'Eddie, qui l'accompagne souvent avec son orchestre. Il a déjà eu un ou deux succès.

— Oui, et Frankie ne veut plus chanter *Panne d'essence*, et tu veux que je le remplace, c'est ça ?

— T'es cinglée ! Frankie a déjà chanté, on l'a en boîte, l'orchestration est faite, tout est bouclé.

— Alors moi, je suis censée faire quoi ?

— Remplacer Gillian Hills, l'Anglaise qui devait lui donner la réplique. Elle était d'accord, mais elle a changé d'avis. C'est trois fois rien, tu vas voir...

Ce que je vois d'abord, c'est le studio, rue Beaujon, près de l'Étoile : une sorte de petit salon qui donne sur une cour, au rez-de-chaussée d'un immeuble. Rien de bien extraordinaire. Il y a peut-être un ou deux techniciens, et un homme très séduisant qui m'accueille avec le sourire et qu'Eddie me présente aussitôt : Daniel Filipacchi. Lui m'explique plus posément les choses, et il sourit encore, il est très calme, très chaleureux. Il suppose sans doute que je suis au bord de la crise de nerfs, tremblante d'émotion, et qu'il ne faut surtout pas en rajouter. En réalité, je ne suis pas stressée du tout, et je ne vois pas pourquoi je ne ferais pas aussi bien que Gillian Hills.

Daniel Filipacchi :

— Eddie m'a dit que tu chantais très bien !

— Oui, enfin, surtout les chansons de Brenda Lee, je l'adore.

— Alors, ça va aller très bien. Tiens, mets ce casque sur ta tête, je te montre.

Je comprends que l'arrangement a été fait en fonction de la tessiture vocale de Gillian Hills, nettement plus élevée que la mienne, et que je vais donc devoir chanter trois tons plus haut qu'au naturel. À part ça, je n'ai qu'à poser ma voix dans les espaces libres, tout est en effet déjà enregistré.

— Tiens, voilà les paroles. On va faire un premier essai. Et surtout tu ne t'inquiètes pas, on a tout notre temps.

Jamais rien ne m'avait paru si facile.

Nous avons fait quelques prises et, quand Eddie et Daniel ont paru satisfaits, je suis rentrée dîner à la maison.

Le disque sort chez Decca au mois de juin 1961. Une pochette rouge entièrement barrée du nom de Frankie Jordan écrit en énormes lettres capitales noires. Cependant, dans le O de Jordan, on a ajouté en capitales blanches minuscules, à la verticale par la force des choses : « Et Sylvie Vartan ». C'est la première fois que je vois mon nom écrit autre part que sur une copie ou un livre de classe...

Cet été-là, j'avais décidé de travailler en juillet pour m'offrir un collier de grosses boules turquoise que j'avais repéré dans la galerie des Champs-Élysées et qui était hors de prix (ce collier devait avoir plus tard les honneurs de *Salut les copains* à travers une photo demeurée symbolique de notre génération : on y voit Johnny Hallyday tenant par le cou Françoise Hardy d'un côté, et moi de l'autre, le teint illuminé par mes boules turquoise). Eddie m'avait donc fait embaucher comme vendeuse chez le plus gros disquaire des Champs-Élysées, Sinfonia. C'est là que je découvre que *Panne d'essence* est entré au palmarès des meilleures ventes au côté, notamment, des *Enfants du Pirée* de Mélina Mercouri. Comme ma photo ne figure pas sur la pochette, je n'ai aucune honte à en vendre plusieurs dizaines par jour, voire plusieurs centaines, en particulier aux touristes américains qui me réclament les « top ten » en France.

Puis la rentrée scolaire est de nouveau là, et je reprends le chemin d'Hélène-Boucher. Le succès de *Panne d'essence*, tube de l'été, ne m'a pas fait tourner la tête. Mon nom est écrit en si petits caractères, et ma voix si différente, que même au lycée les professeurs n'ont pas fait le rapprochement entre moi et cette chanson qu'on leur a serinée sur leur lieu de vacances. Mais surtout, pour moi, ça n'a été qu'une distraction vite oubliée : je n'ai pas l'intention de devenir chanteuse, l'idée ne m'a pas traversée une seule seconde, et mon unique projet est encore de décrocher mon bac avant de rejoindre une école de théâtre, puis, dans mes rêves les plus fous, la Comédie-Française.

Je suis très loin de toute idée de carrière, de métier, et quand Eddie me laissera entendre que *Panne d'essence* va de toute évidence me rapporter un peu d'argent, je serai ébahie. Ah bon, vraiment ? Me payer pour ça ? Pour avoir chanté ? Mais chanter n'est pas un travail ! Eddie me regardera sans avoir l'air de comprendre — lui sait bien que chanter est un travail, si.

Quand mes premières royalties me tomberont du ciel, j'en resterai longtemps confuse et incrédule. Quoi, pour un seul après-midi dans le petit studio de la rue Beaujon, on me donnait donc plus que ce que maman gagnait en un mois à la triperie Cousin ! Mais c'était incroyablement injuste ! Ça ne m'avait pas fatiguée du tout, ça m'avait amusée au moins autant qu'une surprise-partie. Comment pouvait-on me payer plus que maman qui travaillait jusqu'à cinquante heures par semaine, sans compter les heures debout dans le métro ?... Du coup, cet argent, je le consacrerai presque entièrement à la gâter, en lui offrant notamment la veste de daim somptueuse dont elle rêvait.

Cependant, j'ai à peine repris le train-train du lycée que Daniel Filipacchi me rappelle. Il anime une émission qui prend chaque jour plus d'ampleur, « Salut les copains » sur Europe n° 1, et prétend qu'après *Panne d'essence* ses auditeurs me réclament à cor et à cri.

— Pourquoi tu ne ferais pas un disque toute seule, cette fois ?

La question me paraît si incongrue que je ne trouve rien à répondre. Oui, pourquoi ? Eh bien, parce que je préfère être comédienne, tiens ! Mais Daniel a déjà raccroché. Au fond de lui, il pense que ça ne se fait pas de bouder le succès, et il presse Eddie, directeur artistique chez Decca, de me faire signer un véritable contrat. Ils ont sous le coude deux ou trois chansons pour moi.

À quel moment ai-je dit oui ? Je n'ai plus la mémoire exacte des dates, car les événements s'emballent subitement durant cet automne 1961. D'abord le succès de *Panne d'essence* me poursuit, et finit par me rattraper lorsque la télévision nous invite, Frankie Jordan et moi, à venir interpréter « notre » tube en direct devant quatre ou cinq millions de téléspectateurs.

Évidemment, la télévision, c'est une première dans ma vie, et j'ai beau avoir une grande confiance en mes talents de comédienne, je ne suis pas rassurée. Frankie Jordan, que je connais à peine, est très gentil mais ne fait rien pour arranger les choses. Garçon charmant et décontracté, futur dentiste (il est alors étudiant à l'École dentaire), il prend la chanson comme un passe-temps, et le succès de *Panne d'essence* comme une plaisanterie. Mais nous ne bafouillons ni l'un ni l'autre, et peut-être même nous embrassons-nous à la fin, je ne me souviens plus. Je souris, ça oui, certainement, transie de la tête aux pieds.

Cette première émission fait à peu près l'effet d'une bombe atomique dans ma petite vie de lycéenne. Soudain, tout le corps professoral découvre que la voix coquine et haut perchée de *Panne d'essence* est la mienne. Sans compter les élèves et leurs parents. Du jour au lendemain, je suis une « star » ! Et comme si la stupeur ne suffisait pas à dresser un glacis autour de moi, toute la presse m'attend sous les fenêtres d'Hélène-Boucher ! Car les journalistes aussi m'ont découverte…

« C'est la nouvelle collégienne de la chanson, écrit le quotidien *La Presse* du 18 décembre 1961. De la chanson rock, bien entendu.

« Elle a dix-sept ans, des yeux futés, des cheveux blonds coupés très court, et chante le rock avec beaucoup de distinction. Elle ne se roule pas par terre, ne pique pas de crises épileptiques, et déclenche quand même les manifestations d'enthousiasme de ses "fans", de jour en jour plus nombreux. »

Celui qui se roule par terre est un certain Johnny Hallyday, dont je ne suis pas une « fan », mais passons… Si *La Presse* peut écrire que je chante du rock, c'est que mon premier disque vient en effet tout juste de sortir.

Daniel Filipacchi et Eddie m'ont donc convaincue. Mais convaincue de quoi ? Certainement pas de devenir chanteuse. « Son rêve, écrit d'ailleurs *La Presse* dans le même article, c'est de faire du théâtre et du cinéma. Elle voudrait jouer *La Sauvage*, de Jean Anouilh. » Oui, j'ai accepté de faire un disque, voilà tout, et je suis retournée sur mon petit banc d'écolière. D'ailleurs, maman n'aurait rien voulu entendre si les choses avaient pris une autre ampleur. Je revois encore Eddie la persuadant que ça s'arrêtera là : « Maman, ça va lui prendre un après-midi, pas plus, elle va gagner un peu d'argent, et ensuite elle n'y pensera plus. Allez, ça ne vaut même pas le temps qu'on perd à en parler… »

Bon, si Eddie le disait… Maman avait cédé. Se doutait-il qu'au lendemain de la sortie du disque je serais à l'affiche de l'Olympia ?

Peut-être, mais l'enregistrement de ce premier disque entièrement sous mon nom n'a rien d'époustouflant. Nous nous retrouvons de nouveau au studio de la rue Beaujon. Georges Aber, parolier réputé, est là. C'est lui qui a fait l'adaptation des deux titres vedettes : *Quand le film est triste* et *Tout au long du calendrier*, deux chansons venues des États-Unis. À l'époque, le choix des chansons m'importe assez peu, mais je trouve tout de même que *Le Petit Lascar*, autre titre du 45 tours, est particulièrement stupide, pour ne pas dire consternant… Enfin, j'enregistre, et pour la deuxième fois je suis surprise de n'avoir à fournir aucun effort. Tout cela me paraît être d'une facilité déconcertante. Ils ont l'air content, mais au fond de moi, regagnant la maison en métro, je doute sérieusement qu'ils parviennent un jour à vendre « ça ».

Or le succès est immédiat. Le 20 décembre, je suis donc de nouveau invitée à la télévision. Comment est-ce possible ? Toute cette agitation soudaine autour de moi me semble complètement disproportionnée par rapport à l'insignifiance du travail que je fournis. Quand je pense au courage de mes parents… Pourquoi la télévision française ne s'intéresse-t-elle pas plutôt à eux ?

Je suis moins intimidée par la caméra, mais le choc, cette fois, me vient de ma propre image. J'ai de trop grosses joues, de trop gros yeux que je roule dans tous les sens, un visage rond malencontreusement filmé en gros plan… Bref, je me déteste et, le lendemain, j'ose à peine sortir dans la rue.

N'empêche, le lendemain, c'est l'émeute devant les portes d'Hélène-Boucher. Les photographes se bousculent pour m'avoir, la presse écrite tente de m'arracher trois phrases, tout le lycée est dehors, stupéfait de l'événement.

Quand il est officiel que je serai à l'Olympia du 26 décembre au 16 janvier 1962, l'agitation grimpe encore de plusieurs crans. On ne me fait plus sortir en récréation car les filles s'agglutinent autour de moi comme des mouches. On diffère ma sortie pour ne pas provoquer d'attroupement. Ma situation devient ingérable, et il est évident qu'on ne pourra pas me garder si ma cote de popularité ne s'effondre pas rapidement.

Oui, je découvre les premiers effets de la notoriété : les filles de ma classe que je croyais connaître, qui me traitaient normalement, m'observent du jour au lendemain comme un phénomène. Elles fuient mon regard, n'osent plus m'approcher, à l'exception de Luce Dijoux, ma complice et confidente qui demeurera une amie précieuse, et je me sens subitement comme un poisson rouge dans un bocal. Comme on commence à me demander des autographes, j'essaie de m'inventer une signature et, pendant les cours de physique et chimie qui m'assomment, je grave à tout va des *Sylvie,* ponctués d'une petite fleur, dans le bois tendre de mon pupitre.

La vedette de cet Olympia est Vince Taylor, qui a importé le rock en France depuis la Californie et qui fait encore de l'ombre à Johnny Hallyday, mais plus pour longtemps. Moi, je dois apparaître en lever de rideau, dans la première partie, aussitôt suivie par Henri Tisot, l'imitateur du général de Gaulle qui parodie le fameux discours sur la décolonisation (la France se sépare de l'Algérie après sept années de guerre), devenue dans sa bouche « dérockrollisation » : « Français, Françaises, votez pour un twist franc et massif ! À bas le tango de papa ! », etc. À l'époque, les producteurs mêlaient ainsi les genres dans le souci de glaner le plus large public possible.

J'ai parfaitement conscience de l'importance que revêt pour moi ce premier passage sur une scène parisienne, et je m'y prépare avec l'attention et le sérieux que je mets en tout — digne fille de mes parents ! J'ai payé moi-même ma robe, une création de Ted Lapidus, toute de dentelles blanches. Une vraie robe de princesse. Et je répète inlassablement mes trois ou quatre titres. Nous reprendrons *Panne d'essence* avec Frankie Jordan, et je chanterai bien sûr *Quand le film est triste,* déjà plébiscité par les auditeurs de « Salut les copains ».

À la veille de cet événement considérable, je ne suis donc qu'une lycéenne, la plus française d'une famille des Balkans profondément marquée par l'exil, le déracinement, la perte. La plus française, oui, car je n'avais que huit ans en débarquant gare de Lyon, ce qui peut donner au public l'illusion que je suis une adolescente comme les autres, insouciante et légère. En réalité, je porte en secret la gravité de mes parents, et je suis le fruit d'une éducation stricte, profondément morale. C'est cette morale, faite de courage personnel et de respect des autres, qui a permis à mes parents de reconstruire notre vie en France. À dix-sept ans, je suis encore imprégnée des préceptes et recommandations de ma mère, et je n'ai aucunement l'intention de les remettre en question.

« Sylvie, m'a-t-elle cent fois répété, dans la rue il ne faut pas regarder les hommes, il faut marcher tout droit comme si tu ne les remarquais pas et, là où tu es attendue, il faut dire bonjour la première en regardant les gens droit dans les yeux. »

C'est ce que je fais tous les jours, saisie d'une timidité maladive aussitôt que je ne suis plus dans mon cercle familier. Et c'est encore ce que je fais en débarquant à l'Olympia pour les répétitions. Je tends la main, « bonjour, monsieur », « bonjour, madame », et je reste là comme une gourde, la main en l'air, car non seulement personne ne la saisit, mais personne ne me répond. « Bon, me dis-je en moi-même à la dixième fois, plus jamais ça... » C'est finalement l'un des conseils de maman auquel je renoncerai en entrant dans ce milieu si particulier du showbiz.

Ai-je dit « bonjour, monsieur » à Vince Taylor, cette légende du rock déjantée, bardée de cuir et de chaînes ? Je crois bien que oui, à ma grande honte. Et je parierais qu'il ne m'a pas répondu « bonjour, madame » !

Cependant, le miracle se produit dès la première à l'Olympia : moi qui rougis aussitôt qu'on s'intéresse à ma personne, je me découvre une autre fille en entrant sur scène. Comme si la scène me permettait d'oublier qui je suis, d'où je viens. Je me rends compte que j'ose faire sur les planches ce que jamais je n'oserais faire ailleurs : jouer librement de mon corps, libérer ma voix, mon souffle, et aussi un peu de cette folie que je pressens au fond de moi...

Maman : « La première fois que je t'ai vue chanter à l'Olympia, dans ta petite robe blanche, j'ai pleuré. Tout le temps où tu as chanté, j'ai pleuré. Je ne voulais pas ça ! Absolument pas ! Je te voyais dans une ambassade, dans une grande librairie… Mais pas chanteuse. Ah non ! Pas chanteuse ! J'étais si malheureuse, mon Dieu ! Et tous ces gens qui hurlaient : "Sylvie ! Sylvie !" Je pensais en moi-même : "C'est ma petite fille, c'est ma fleur, ma joie de vivre, et on la jette en pâture à ces bêtes sauvages…" Ça me faisait tellement de peine. Je te sentais en danger, tu étais si jeune, si innocente ! »

Johnny Hallyday ne pleure pas, lui, la première fois qu'il me voit sur scène. Il est venu écouter son ami Vince Taylor et, provisoirement, il doit supporter Sylvie Vartan.

— Cette fille-là, dit-il à son voisin, je me la ferais bien ! Tu la connais ?

— C'est ma sœur, rétorque Eddie.

Et sarcastique, comme il savait l'être :

— Je lui en parle et je te donne la réponse.

Johnny est confus. D'autant plus que ce style macho n'est pas le sien. Lorsque nous nous rencontrerons, plus tard, au cours d'un dîner, je découvrirai un garçon timide, réservé, sensible, incroyablement solitaire comparé à son image publique, et spectateur émouvant de sa propre vie.

En attendant, le débat se dramatise à la maison. On parle déjà de me faire enregistrer un deuxième disque (un troisième si l'on compte *Panne d'essence*) et, cette fois, Eddie n'essaie plus de convaincre maman que chanter n'est qu'un agréable passe-temps. La direction d'Hélène-Boucher n'est pas pressée de me voir revenir après les vacances de Noël (que j'ai passées à l'Olympia) et, d'ailleurs, on n'imagine pas bien comment je pourrais reprendre sereinement les cours alors que les journaux commencent à beaucoup parler de moi (je suis désormais la « Collégienne du twist ») et que l'on me réclame un peu partout, à la radio, à la télévision, dans les journaux pour des portraits, et même pour présenter la mode...

Abandonner le bac ? Maman est muette de chagrin, profondément blessée. Papa, lui, essaie de comprendre, malgré sa déception. « Ilona, dit-il à maman, je voulais devenir pianiste, puis sculpteur, on m'a empêché d'être l'un et l'autre. Toute ma vie j'en ai souffert, tu le sais. Alors essayons de ne pas recommencer la même bêtise avec nos enfants. Plutôt que de les pousser vers le métier de nos rêves, aidons-les à réaliser leurs propres rêves. »

Maman acquiesce. Mais, tout de même, lâcher les études pour cette chose qui n'est pas un métier ! Et puis elle cède, et se tourne vers Eddie :

— Bon, eh bien, c'est oui, mais à condition que tu veilles sur ta sœur, que tu ne la laisses pas aller à droite et à gauche.

— Maman, j'ai toujours veillé sur Sylvie et je continuerai, ne te fais pas de souci.

Après ça, elle est si triste qu'elle enfile son manteau et s'en va toute seule dans la nuit marcher à travers Paris.

Quant à moi, je ne suis pas fâchée de renoncer à ce bac moderne qui ne me convenait pas. La chanson ? Je ne compte pas en faire mon métier, j'attends l'opportunité d'aller vers le théâtre ou le cinéma. Enfin, je suis amoureuse, extraordinairement amoureuse, comme je ne l'ai jamais été. L'homme de ma vie a une quinzaine d'années de plus que moi, c'est un ami d'Eddie, je l'ai rencontré au moment de *Panne d'essence*. Il est mon idéal masculin, intelligent, cultivé, sensible et beau. Chaque jour, je remercie le destin de l'avoir mis sur ma route et, dans mon esprit, il sera le père de mes enfants, mon compagnon pour l'éternité. Papa ne sait rien de tout ça,

Ma première photo *officielle*. Maman m'avait frisé les cheveux, papa m'avait beaucoup gâtée pour que je sois de bonne humeur. Mais je n'ai pas aimé le photographe et j'ai refusé de sourire.

Maman était éblouissante, papa amoureux et très romantique. Quand son père prétendit lui interdire d'épouser maman, il menaça de partir pour l'Italie et de devenir un voyou. Finalement, mon grand-père céda, et on célébra leurs fiançailles dans le parc du Tsar Boris à Sofia (ci-dessus).

Le mariage eut lieu en 1936, le 9 février. Sofia était alors sous un épais manteau de neige, de sorte que mes parents gagnèrent l'église à bord d'un traîneau fleuri de perce-neige.

Mon frère Eddie naquit le 5 septembre 1937 et mon grand-père planta aussitôt un sapin en son honneur dans le jardin de sa maison. Puis la guerre éclata, et moi, je vis le jour le 15 août 1944 dans une petite maternité des Balkans. Mon arrivée fut une fête.

Dans mon regard d'enfant, il n'existe pas au monde un homme plus puissant que mon grand-père. Depuis la fenêtre de la véranda, j'aime l'observer dans son jardin. Il taille ses rosiers, arrache les mauvaises herbes, traque les limaces... Son univers est fait d'ordre et de respect. De ma grand-mère, Slavka, je conserve le souvenir d'une femme menue et active, trottinant discrètement à travers toute la maison et me dispensant sans compter une infinie tendresse.

Chaque jour, après le déjeuner, nous nous installons ensemble à l'ombre de la maison. Mon grand-père lit le journal, bien droit dans son fauteuil d'osier, et moi je suis censée faire la sieste dans le transat...

La guerre est finie. Nous revoici tous les quatre à Lakatnik pour quelques jours d'insouciance. Mes parents pensaient en avoir fini avec l'angoisse au quotidien.

En famille dans la maison de mon grand-père (de gauche à droite) : ma cousine adorée Maria dans sa robe rouge à pois blancs, maman, mes grands-parents paternels, moi dans une robe de mousseline blanche et Eddie.

Mon premier amour : Pouhtcho, mon lapin blanc.

En communiante, entre Simone et Janine Brink. Je porte l'aube et les chaussures de Janine, l'une et les autres trop grandes pour moi.

Papa était artiste. Il a beaucoup composé, il peignait, et il avait été contraint de sculpter ce monument représentant Staline et Dimitrov pour obtenir le visa de la liberté pour la France.

Mon grand-père, Rudolf Mayer, architecte, a en particulier construit l'église de Kobagna près de Budapest (ci-contre) où il a épousé ma grand-mère, Rosa. Plus tard, la famille partira pour Sofia.

Tous nos amis de Sofia sont là, réunis pour ma première communion. De gauche à droite, au fond : tante Nonca, Eddie, Mme Brink mère, oncle André, Pepa, qui mourra en prison, tante Mia, Philippe, un ami d'oncle André, ma grand-mère Slavka, maman, mon grand-père adoré. Au premier plan, notre bande de gosses. Debout : Noumian, Lioupka, Simone, moi, Motko, le premier fils de Pepa. Assis : Tony, l'autre fils de Pepa, et Janine.

Amis fidèles, les Brink et les Krauss entoureront constamment maman, en particulier après la mort de papa. On la reconnaît ici entre oncle André et tante Mia.

Papa nous prend en photo, avenue de la Grande-Armée, quelques semaines après notre arrivée en France. C'est un dimanche après-midi, et nous sortons de chez les Krauss.

Hôtel d'Angleterre. Trente ans après, je reviens sur le lieu de mon enfance parisienne. Aujourd'hui, l'hôtel a été détruit.

Promenade en poney au Jardin des plantes sous le regard complice d'Eddie.

Premières vacances à Blainville-sur-Mer. Les Daniel, propriétaires de l'hôtel d'Angleterre, me trouvaient un peu pâlotte et avaient insisté pour nous prêter leur petite maison.

Blainville, c'est aussi la découverte du vélo.

Exceptionnellement, papa nous a rejoints pour une journée au bord de la mer. Moments volés à des nuits de travail épuisantes aux Halles. Durant toute mon enfance, je n'ai jamais vu mon père en vacances.

Promenade sur la route du village. De gauche à droite : Anne-Marie, tante Milka, maman et moi. Si je suis tellement contente, c'est que je porte le joli sac rouge qu'Anne-Marie m'a enfin donné.

Lycée du Raincy, classe de quatrième. On me reconnaît au fond de la classe, à l'avant-dernier rang. Je porte un col roulé. Derrière moi, Luis Rey, le premier garçon qui me fit battre le cœur.

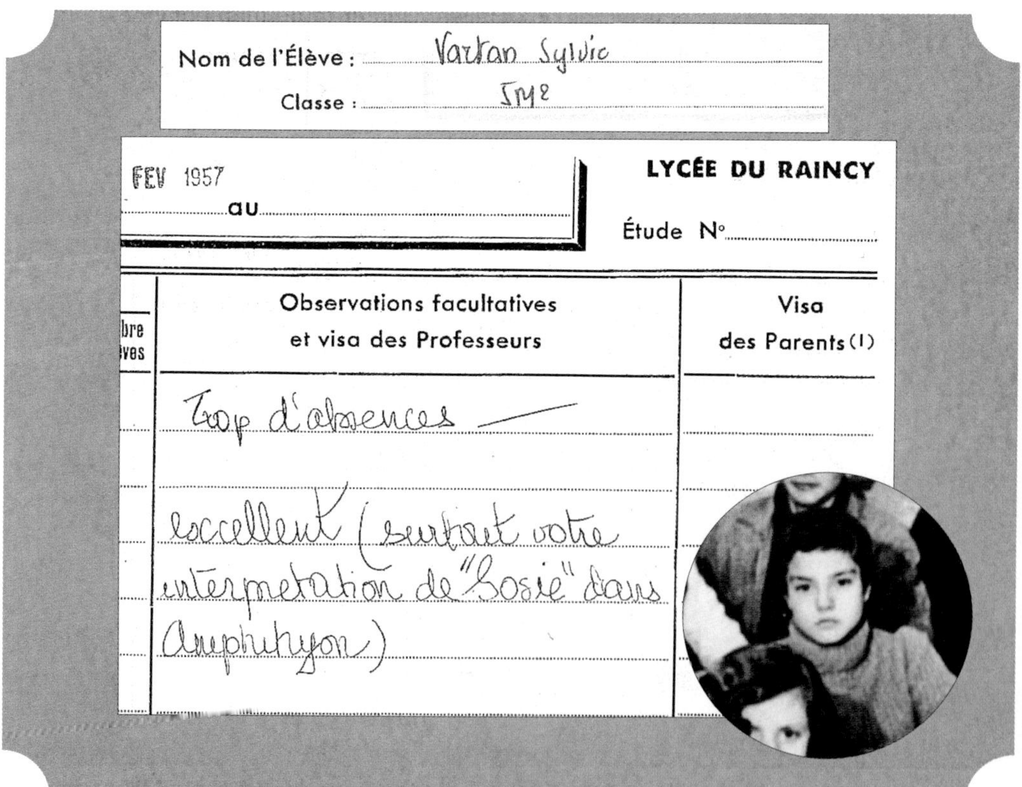

Nom de l'Élève : Vartan Sylvie

Classe : 5M2

FEV 1957 au

LYCÉE DU RAINCY

Étude N°

bre ves	Observations facultatives et visa des Professeurs	Visa des Parents (1)
	Trop d'absences	
	excellent (surtout votre interpretation de "Sosie" dans Amphitryon)	

On me blâme pour mes absences, mais on me reconnaît, dès la cinquième, des talents d'interprète sur les planches (ici, dans *Amphitryon*).

AUTOMNE 1961 :

COLLÉGIENNE DU TWIST

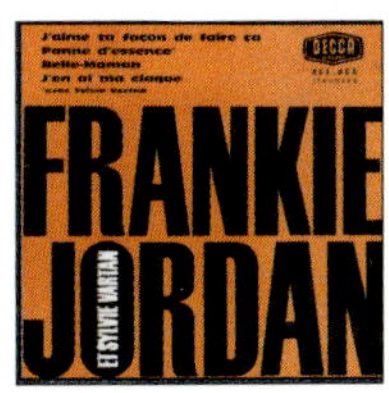

Panne d'essence, enregistré au pied levé avec Frankie Jordan, m'a propulsée dans la presse « Collégienne du twist » (ci-dessus, devant le lycée Hélène-Boucher). Daniel Filipacchi me pousse à réaliser mon premier disque en solo, *Quand le film est triste*. Mon frère Eddie, avec ou sans sa trompette, n'a jamais cessé de veiller sur moi (ici, en répétition).

Mercedes était la plus précieuse de mes amies. Un ange, une âme sensible, pure et romantique. Nous nous aimions et nous comprenions comme des sœurs.
Rédactrice de mode, elle m'avait prêté son manteau écossais, avec un col noir et des revers aux manches en faux astrakan, pour une de mes premières photos au début des années 60. Cet échange avait scellé une longue amitié. Elle adorait mon fils David dont elle était la marraine.

Mercedes est morte le 11 avril 1968 lors de mon premier accident de voiture dans la côte de Bois-d'Arcy. Elle gardera à jamais une place au plus près de mon cœur.

C'est Daniel Filipacchi qui m'a fait enregistrer *Panne d'essence*, avant de devenir un ami fidèle et précieux. On le voit ici dans son bureau d'Europe n° 1 imitant Ray Charles.

Maman : « Je te voyais dans une ambassade, dans une grande librairie... Mais pas chanteuse. Ah non ! Pas chanteuse. Je pensais en moi-même : C'est ma petite fille, c'est ma fleur, ma joie de vivre, on la jette en pâture. »

Quand il est officiel que je serai à l'Olympia à partir du 26 décembre 1961, les photographes ne me lâchent plus, et c'est l'émeute au lycée Hélène-Boucher...

mais maman est dans le secret, je ne lui cache rien, elle est un peu catastrophée et elle mesure sans doute combien cet événement, s'ajoutant au reste, m'éloigne irrémédiablement de l'écolière scrupuleuse que j'étais encore six mois plus tôt.

L'idée du deuxième disque a fait son chemin, et j'enregistre en particulier deux formidables adaptations de rock'n'roll : *Est-ce que tu le sais ?* de Ray Charles, et *Sois pas cruel*, d'Elvis Presley. Le disque est à peine sorti que nous en mettons un autre en chantier. Cette fois, avec Frankie Jordan. J'y interprète notamment *Il est à toi mon cœur*, et *Fais ce que tu veux.*

Sur la pochette de ce dernier 45 tours, je porte une robe blanche à galons verts, dans le style trapèze qui faisait fureur à l'époque. Elle est l'œuvre de Luce, mon amie d'Hélène-Boucher, qui cousait remarquablement et voulait me faire ce cadeau. Je l'avais dessinée, nous étions allées ensemble acheter le tissu au marché Saint-Pierre, et Luce l'avait confectionnée. Luce deviendra mannequin à *Mademoiselle âge tendre* avant de présenter mes propres collections de prêt-à-porter.

Mais nous ne sommes qu'en 1962, et on me propose cet été-là de participer à la tournée de Gilbert Bécaud, en ouverture de rideau. Si j'accepte avec enthousiasme, ça n'est pas tant à l'idée de pouvoir chanter tous les soirs qu'à la perspective d'être sur scène plusieurs semaines d'affilée. Oui, c'est la scène qui me plaît. On me la donne pour chanter ? Eh bien, je chanterai ! Mais, en mon for intérieur, je me dis qu'être sur scène est un grand pas vers mon idéal obstiné et secret : devenir comédienne.

Bécaud, je le connais depuis mon enfance, depuis l'arrivée de notre vieille TSF à l'hôtel d'Angleterre, du temps où il chantait *La Corrida* et *Les Marchés de Provence.* Il m'accueille chaleureusement, se prétend insomniaque et me propose de lui raconter des histoires, le soir, mais je lui conseille plutôt les somnifères et il éclate de rire. Je le découvre sympathique, généreux, et fidèle à son image, celle d'une extraordinaire locomotive — la tournée est un succès. Mon nom est tout en bas de l'affiche, en petits caractères, je ne chante qu'une dizaine de minutes en « vedette anglaise », comme on disait à l'époque, mais les gens applaudissent, hurlent, en redemandent. Curieusement, je n'en tire aucune fierté. Comme au temps où je jouais Molière, je trouve légitime qu'on me reconnaisse sur scène, car il me semble tout simplement que je suis faite pour ça. Dans mon esprit, on continue de me rendre justice après mon exclusion de *Boucle d'or,* cette iniquité. Et, de fait, le miracle se reproduit chaque soir : à peine sous les projecteurs, je perds toute inhibition, toute conscience de ce qui se fait ou ne se fait pas, je suis une autre, animée d'une foi à soulever les montagnes.

Pendant des années, me remémorant ces premiers mois où s'est jouée ma vie, je me suis demandé : qu'est-ce qui a amené Eddie, Daniel Filipacchi et quelques autres à croire en moi au point de me faire enregistrer disque sur disque et de me jeter sur scène ? Je crois avoir découvert la réponse en travaillant sur ce livre : c'est cette mystérieuse foi en mon destin qui fait que devant un micro, en studio ou en public, je n'avais aucune timidité, aucune appréhension. Aujourd'hui, je suis bien plus tendue qu'à dix-sept ans avant d'entrer en scène. Ils devaient me regarder comme un phénomène : je rougissais et je bégayais en privé, mais j'avais tous les culots une fois livrée au public.

Tandis que je parcours la France dans l'ombre de

Gilbert Bécaud, à Paris Daniel Filipacchi commet une petite révolution appelée, elle aussi, à soulever des montagnes : il crée le mensuel *Salut les copains*. L'émission du même nom, sur Europe n° 1, rencontre un succès grandissant depuis bientôt trois ans. « L'important, écrit Filipacchi dans l'éditorial du premier numéro de *SLC* (juillet-août 1962), a été de démontrer, à ceux qui semblent l'ignorer, que la jeunesse n'est pas une infirmité et que les teenagers ne sont pas forcément des diminués mentaux ou des hystériques. »

Dans la folie de la tournée, ce numéro me passe entre les mains. Suis-je consciente qu'il va être le fer de lance de la génération montante contre celle de nos parents ? Certainement pas, car, en ce qui me concerne, je continue de vénérer les miens.

Johnny Hallyday fait la une de ce premier exemplaire. Une photo le montre souriant et incroyablement juvénile. En pages intérieures, on lui demande de choisir ses neuf disques préférés et je fais partie de la sélection, entre Ray Charles et Cliff Richard. « Voilà une chouette fille ! s'écrie-t-il. Jolie voix, joli sourire, et elle connaît déjà son métier. Comme si elle n'avait jamais fait que ça. »

Cette année 1962, commencée sur la scène de l'Olympia, se termine en beauté avec la sortie de mon premier album 33 tours qui comprend des adaptations de tubes des Shirelles (*Baby c'est vous*), de Neil Sedaka (*Moi, je pense encore à toi*), de Little Eva (*Le Loco-motion*) ou encore de Ray Charles (*Est-ce que tu le sais ?*). Cependant, une perle précieuse s'est glissée dans ces titres à succès : *Tous mes copains*. Elle a été écrite par Jean-Jacques Debout spécialement pour moi, et c'est la première fois qu'une chanson m'appartient. Jusqu'ici, je n'ai fait qu'interpréter des adaptations. Comment ai-je connu Jean-Jacques ?

Probablement par Eddie. Il habite dans le même quartier que nous, vers la Porte Dorée, et il m'emmène parfois au cinéma ou au concert. Il a déjà une grande culture musicale et je lui dois ma découverte d'Édith Piaf, que je classais bêtement dans les artistes un peu démodés qu'écoute maman. Il me convainc de l'accompagner au spectacle de Piaf. Ce sera le dernier — elle mourra quelques jours plus tard —, j'en rentrerai bouleversée, et l'émotion est encore là quarante années après. Jean-Jacques est fin, discret, joli garçon. Il est amoureux de moi, mais je ne le sais pas. Est-ce sa flamme qui lui inspire *Tous mes copains*?

Nostalgique, magnifique, ancrée dans le drame de la guerre d'Algérie, cette chanson va devenir en quelques semaines l'une des plus symboliques de notre génération.

Tous mes copains quand je les vois passer
Tous mes copains sont à moi
Tous mes copains je les ai embrassés
Tous mes copains m'aiment bien...
[...]
L'armée me les emmène
Par les quatre chemins
La nuit me les ramène
Sans attendre demain
Certains sont revenus
Certains ne viendront plus
Ils vont se marier
Et je ne les vois plus...

Chapitre 7

L'année 1963 s'ouvre comme la précédente — à l'Olympia. Le titre du spectacle annonce à lui seul la décennie qui commence : « Les idoles des jeunes ». Qui sont-elles ces « idoles » ? Il y a là Claude François, qui débute avec *Belles, belles, belles,* Little Eva, dix-sept ans, avec son irrésistible *Loco-motion,* Colette Magny que l'on compare à Ella Fitzgerald, Pierre Vassiliu, les Tornados avec leur fameux *Telstar*... et moi !

Dès la première, le débat est posé dans la presse en termes de lutte, voire de guerre, de générations. « Le Tout-Paris les a boudés, écrit Claude Sarraute dans *Le Monde*[1]. Il a voulu ignorer — Marlène Dietrich, Vadim et Marcel Carné exceptés — un phénomène qui relève davantage de l'étude sociologique que de la critique de variétés [...]. Pour le profane, cette hystérie collective et cependant contrôlée tient de la danse de possession et du roman d'anticipation. On pense tout ensemble à Lévi-Strauss et à Aldous Huxley, dont le génie prémonitoire trouve ici une nouvelle confirmation. Le culte est célébré par un animateur de choc capable de soutenir

1. *Le Monde,* 6 avril 1963.

sifflets, trépignements et quolibets pour présenter à la horde des moins de vingt ans une succession d'idoles aussitôt érigées que déboulonnées. À ma triste honte, je n'en connaissais aucune. »

J'apparais quant à moi après Claude François, qui a électrisé la salle, et le public me fait un triomphe. Pour moi, c'est toujours de l'ordre du miracle, je n'ai pas compris le succès phénoménal de mes premiers disques (on écrit ici et là que j'en aurais vendu plus d'un million d'exemplaires !) et je ne m'explique pas plus l'hystérie que déclenchent mes premiers couplets. La seule chose dont je sois certaine, c'est que je me sens parfaitement à ma place sur la scène, libérée de tous mes complexes, conquérante, lumineuse.

« Quand parut Sylvie Vartan, poursuit Claude Sarraute, ce fut un beau délire. Rose et blonde, fraîche comme la rosée et joliment habillée de noir, elle fit preuve — en dépit du trac qui lui sciait bras et jambes — d'une étonnante aisance. “Réponds-moi”, murmurait d'une voix basse et feutrée la Collégienne du twist à Tous ses copains pâmés, frémissants. Ils s'y employèrent bruyamment, longuement, avant de se laisser bercer par la musique électronique des Tornados qui ont établi sur les ondes un obsédant relais avec *Telstar*. Je suis sortie de là épuisée, conclut la critique du *Monde*, vieillie de cent ans, balayée par cette nouvelle vague de la chanson qui prend décidément toutes les apparences d'une lame de fond. »

Les idoles des jeunes, celle en particulier que je suis devenue malgré moi, ne suscitent pas partout le même intérêt bienveillant. Dans les colonnes du *Figaro*[1],

1. *Le Figaro*, 6 avril 1963.

Philippe Bouvard m'assassine en quelques phrases sarcastiques : « Personnellement, je souhaite toutes sortes de prospérités à Mlle Sylvie Vartan. Elle les mérite. Le mal qu'elle se donne chaque soir pour remplacer le métier par le rythme, et la sûreté par l'aplomb, ne peut que toucher les gens de cœur. Je la reverrai avec plaisir vers sa vingt-cinquième année. Quand elle se sera remise à ses chères études… »

Un mois avant l'Olympia, j'ai rodé mon spectacle à l'Ancienne Belgique, chez nos voisins du Nord. Je ne résiste pas à l'envie de publier ici le compte rendu qu'en a fait le critique de *L'Écho de la Bourse*[1]. Il résume la stupéfaction d'une grande partie de la génération adulte devant le succès de la « nouvelle vague », et devant le mien en particulier.

« Elle a dix-huit ans, est d'origine bulgare et passe pour être la nouvelle idole offerte aux crises d'hystérie des "twisteurs" à blouson noir ! Pauvre gosse. On ne sait comment décrire ce récital érotique et vulgaire, jeté en pâture, comme on foule aux pieds un tas d'ordures. Quatre musiciens (*sic*) dont un batteuriste digne de la camisole de force, une gamine à cheveux blonds tenant un micro devant la bouche tel un sucre d'orge, et des cris, des cris, encore des cris, scandés à la manière de sauvages hurlant de frayeur devant un réveille-matin ! On affirme qu'au travers ce micro Sylvie Vartan chante ! Étant donné que sa voix est couverte par les hurlements de ses "accompagnateurs" et les roulements de tambour du loufoque de service, il ne nous a pas été permis de vérifier cette affirmation. Ce qu'on peut dire, toutefois,

1. *L'Écho de la Bourse*, mars 1963.

c'est que tous ses gestes, sa manière de lancer l'œillade, ses appels aux jeux de l'amour, font de cette soi-disant chanteuse une espèce de… respectueuse de trottoir en quête d'un client ivre.

« On est gêné devant pareil spectacle. Gêné et inquiet de constater dans quel état d'abrutissement se vautre aujourd'hui une certaine jeunesse. Et qu'on ne vienne pas nous parler de défoulement inévitable ! Non, ici, il n'y a plus que la grossièreté et l'imbécillité à l'état pur. C'est lamentable. »

Ce même mois de mars 1963, je fais pour la première fois la couverture de *Salut des copains*. Et dans un long entretien, je tiens des propos très éloignés de ceux qu'on attend d'une « respectueuse de trottoir », et même de « l'idole des jeunes » que je suis censée être.

« Je m'ennuie de mes parents, confie-je à Raymond Mouly, des gens que j'aime, et je me dis que je ne vais pas vivre jusqu'à cinquante ans sans une affection solide, durable, que la vie d'artiste risque de me refuser toujours. Alors, à la fin, j'ai le cafard. »

Et, plus loin :

« Si je ne pouvais pas concilier les deux vies, j'opterais pour la vie privée, pour le mariage. »

Comme Raymond Mouly semble un peu surpris par ma sagesse, je recours alors à Molière, que je connais par cœur, pour lui décrire mon idéal de vie à partir du mariage :

Les suites de ce mot, quand je les envisage,
Me font voir un mari, des enfants, un ménage ;
Et je ne vois rien là, si j'en puis raisonner,
Qui blesse la pensée et fasse frissonner.

Si j'ai bien du mal à faire passer un peu d'humour dans ce dialogue inattendu, c'est que mon grand amour vient de s'effondrer. Mon idéal masculin, cet homme déjà mûr auprès duquel je me voyais pour l'éternité, m'a quittée. Pour de bonnes raisons, bien sûr, et il ne me vient pas à l'esprit de lui en vouloir, mais les bonnes raisons n'apaisent pas la souffrance. Par moments, elle est telle que j'envisage de me tuer. Il me semble que ma vie est finie, parce que je ne peux pas imaginer retrouver un homme qui le vaille. J'ai perdu mon unique amour et, au regard de cette perte, mon succès, les lettres et les ovations des garçons et des filles de mon âge ne sont rien. Le chagrin parfois me coupe le souffle, me submerge, et alors je ne vois plus rien que ce gouffre au fond duquel j'aimerais disparaître.

Maman, qui était dans le secret, ne m'est pas d'un grand secours. Elle m'avait cent fois prévenue que ça se terminerait mal et, maintenant que l'histoire lui a donné raison, elle en est gênée et cherche en vain des mots pour me rendre un peu d'enthousiasme. Les paroles d'Eddie sont plus efficaces. Lui est de ma génération, il comprend mieux ce que je traverse et il parvient à me secouer, à me maintenir debout.

Mais celui qui va véritablement me guérir, me ramener à la vie, au bonheur, c'est Johnny.

Avant de le connaître, sa musique ne m'intéressait pas beaucoup. Surtout, je jugeais un peu ridicule cette façon qu'il avait de se rouler par terre avec sa guitare, ça n'était pas du tout mon style. J'avais certainement de lui l'image d'un type déjanté et plutôt grande gueule — tout le contraire des hommes qui m'attirent. Et puis le destin a voulu que nous nous croisions, et j'ai découvert un homme à l'opposé de ce que j'imaginais.

C'est Daniel Filipacchi qui me le présente. Johnny chante ce soir-là à Romilly-sur-Seine, et Daniel doit assister au concert. « Accompagne-moi, me dit-il, tu vas voir, il est formidable ! » Je me laisse tenter, mais j'ai la tête ailleurs, je ne le trouve pas formidable du tout. À vrai dire, il ne me fait ni chaud ni froid. Il est incontestablement beau sur scène, doué d'un certain charisme, pourtant il ne m'attire pas. Et puis il est beaucoup trop jeune. Après le concert, cependant, Daniel Filipacchi l'invite à dîner chez lui — il possédait alors une maison non loin de Romilly-sur-Seine — et, comme je suis également conviée, nous avons tout le temps de nous observer.

Étrange dîner, où ni lui ni moi ne parvenons à être à l'aise. Johnny vient de soulever toute une salle, il a quitté la scène sous les hurlements hystériques de ses fans, mais devant moi il n'ouvre pas la bouche. Je ne suis pas plus loquace, et Daniel anime seul la soirée. Quand enfin Johnny repart pour Paris, silencieux et taciturne au volant de sa Jaguar, j'ai le vague sentiment de m'être trompée sur lui depuis le début, mais sans bien comprendre de quoi est fait cet homme.

Quelques semaines plus tard, Jean-Jacques Debout m'emmène dîner chez Castel. Tiens, Johnny est là de nouveau... Le hasard, décidément, nous en veut ! Cette fois, nous parvenons à échanger quelques phrases. Moi qui ai horreur des dragueurs, des gens imbus d'eux-mêmes, je suis servie : Johnny est à l'opposé, il semble confus, paralysé comme un enfant. Se peut-il que ce soit moi qui le mette dans cet état ? Sa timidité, son côté chien battu commencent à me toucher. D'autant plus que tout le monde est prêt à se jeter à ses pieds...

La conversation s'engage tant bien que mal — deux timides ensemble, c'est une horreur ! Nous nous rendons compte qu'au fond nous partageons la même perplexité face au succès qui nous a si rapidement, et si mystérieusement, propulsés au rang d'idoles. Ni lui ni moi n'en tirons une quelconque fierté et, en fait, nous sommes l'un comme l'autre un peu perdus, spectateurs groggy d'une réussite fulgurante dont nous ne comprenons pas les ressorts.

Bon, j'ai dit combien j'avais aimé sa discrétion, sa sensibilité, sa solitude au milieu d'une foule de courtisans, mais je n'ai pas avoué l'essentiel, son charme, sa beauté, qui petit à petit me renverse le cœur. J'avais dix-huit ans, lui dix-neuf, et je crois que nous nous sommes plu, tout simplement. Au-delà des mots, de la raison.

Jusque dans sa façon de se déclarer, Johnny m'a émue. C'était au fil d'une tournée commune, un peu plus tard, à Genève. Nous logions tous à l'hôtel Président, et un matin on frappe à ma porte.

— Entrez !

Jean-Pierre Pierre-Bloch, le secrétaire de Johnny à l'époque, fait irruption. Ce qu'il a à me confier est manifestement embarrassant. Enfin, après quelques considérations sur la météo, il se lance :

— Tu sais, Johnny voulait que tu saches qu'il te trouve très bien, très… Il pense à toi, tu vois… Enfin, je crois qu'il est assez amoureux de toi…

En somme, comme dans la cour d'école, Johnny a demandé à son copain d'aller voir si l'élue de son cœur ne voudrait pas sortir avec lui… À peine Jean-Pierre reparti, tout cela m'apparaît charmant, délicieusement enfantin et romantique. Moi aussi je le « trouve très bien », mais je suis assez dégourdie pour aller le lui dire toute seule…

J'habitais toujours chez mes parents, avenue du Général-Michel-Bizot. Johnny s'y est donc présenté et, comme cela se faisait à l'époque, il a souhaité parler à mon père pour lui faire savoir combien ses sentiments étaient sérieux et lui annoncer, ce qui n'était pas facile, que nous envisagions de vivre ensemble.

Papa ne voyait pas notre histoire d'un très bon œil. Il avait sans doute en tête l'image publique de Johnny, rocker et blouson noir. Cependant, le Johnny qui venait désormais régulièrement dîner à la maison n'avait pas grand-chose de commun avec l'autre. Il était en particulier très intimidé par la présence de mon père, lui qui n'avait pas connu l'autorité d'un homme dans son enfance. Johnny a été élevé dans un milieu de femmes, par la sœur aînée de son père, sa tante Hélène Mar qui, devenue veuve, dut se débrouiller seule avec ses deux filles et ce petit neveu à l'abandon. Poli et intimidé, il semblait donc sur ses gardes, de sorte que papa finit par se détendre.

Maman non plus ne fut pas enthousiasmée par notre rencontre, mais, dès le premier dîner à la maison, elle changea d'opinion.

Maman : « Tu m'avais dit de faire un plat spécial pour lui, quelque chose de chez nous, et j'avais préparé un caviar d'aubergine. Je me demandais sur qui j'allais tomber — les journaux racontaient tellement d'histoires extravagantes sur ce garçon… Et je vois arriver un grand jeune homme parfaitement bien habillé, très beau, et qui ne paraissait pas savoir où se mettre. Ça n'était pas du tout un blouson noir.

« Nous passons à table, et là je m'aperçois qu'il ne touchait pas son assiette, comme s'il était paralysé.

« — Goûtez un petit peu, je lui dis, et si vous n'aimez pas, ça n'a pas d'importance.

« Alors il me regarde et, tout d'un coup, ses yeux bleus si lumineux s'embuent.

« Oh, mon Dieu ! Quelle gaffe est-ce que j'avais faite... J'ai dû bafouiller, j'étais désolée, mais à partir de ce moment-là je l'ai aimé. Beaucoup aimé. Et aujourd'hui, malgré tout, je l'aime encore. »

Au mois de mai de cette folle année 1963, Johnny et moi faisons pour la première fois ensemble la couverture de *Salut les copains*. Nous sommes assis sur une plage, au bord des vagues, et nous nous tenons à bonne distance l'un de l'autre. Johnny sourit à l'objectif, moi pas. La photo a sans doute été prise alors que je peinais à sortir de mon premier grand chagrin d'amour. Cependant, la rumeur de mes fiançailles avec Johnny court déjà à travers certains journaux, et lui qui sait ce qu'il en est la dément en pages intérieures : « Rendre un chanteur et une chanteuse antipathiques à force de nouer et dénouer à leur propos mille intrigues, c'est le côté taré des journalistes qui ne comprennent rien à notre génération. Comme l'a écrit La Bruyère (c'est Sylvie qui a trouvé dans *Les Caractères* cette pensée un peu vache) : “Il y a un goût dans la pure amitié où ne peuvent atteindre ceux qui sont nés médiocres.” »

Oui, préfigurant le rôle assez dévastateur qu'elle va désormais jouer à notre égard, la presse people nous a en effet précédés : elle a annoncé nos fiançailles alors que nous commençons tout juste à nous découvrir. Si nous avions été moins jeunes, plus avisés, nous aurions sans doute pressenti les raisons de cet empressement : quelle belle histoire, ô combien porteuse, que de réunir dans une même idylle les deux « idoles » de la génération montante ! Mais nous sommes extrêmement naïfs, pour ne pas dire ingénus, et tandis que la tempête enfle autour de notre vie privée, attisée par toutes sortes d'intérêts qui nous passent très largement au-dessus de la tête, nous nous rapprochons l'un de l'autre, émus, le cœur battant, comme tous les jeunes amoureux du monde.

En juin, je suis en Camargue auprès de Johnny. Je lui donne la réplique dans un film dont il est la vedette : *D'où viens-tu, Johnny ?* de Noel Howard. Nous rentrons d'une tournée ensemble et nous sommes très épris l'un de l'autre. Ce tournage, c'est surtout pour moi l'occasion de partager des moments avec lui, de souffler un peu aussi. Mais ça ne dure pas. Un jour, Daniel Filipacchi nous appelle — il vient d'avoir une idée extravagante : organiser un concert gratuit, place de la Nation, pour le premier anniversaire de *Salut les copains* (un million d'exemplaires vendus chaque mois), à la veille des grands départs en vacances. Il veut les idoles du moment : Johnny, Richard Anthony, les Chats sauvages, moi, et peut-être d'autres. Serait-on partants ? Nous disons oui l'un et l'autre.

Daniel Filipacchi attend au mieux cinquante mille personnes. Il n'y a pas eu d'affiches, aucune publicité, les seules annonces émanent de lui, au cours de son émission sur Europe n° 1 : « Venez tous à la Nation samedi soir à neuf heures. Il y aura Johnny, Sylvie et Richard. Ce sera formidable ! »

À sept heures du soir, le petit avion d'Europe n° 1 vient nous cueillir à l'aéroport de Nîmes. Il se pose deux heures plus tard à Orly. Là, une voiture nous attend. Curieusement, elle ne nous conduit pas à la Nation mais au commissariat de police. C'est en fourgon grillagé, sous protection, qu'on nous achemine jusqu'au podium.

— Mais pourquoi ? Que se passe-t-il ?

— Pourquoi ? Il y a plus de cent cinquante mille personnes, nous explique-t-on, la place et toutes les artères sont noires de monde, vous n'atteindrez jamais la scène sans la police !

Richard Anthony a déjà commencé à chanter quand nous arrivons. On nous porte littéralement jusqu'au podium.

Le lendemain, je confierai ma réaction à chaud à Pierre Bénichou, venu nous rejoindre en Camargue pour *Jours de France*, et je la retranscris ici car elle traduit bien ma stupéfaction du moment : « D'en bas, je ne me rendais pas compte de ce que représentait cette foule. C'est une fois sur le podium que j'ai réalisé, et alors j'ai eu peur. On ne peut pas savoir ce que c'est d'entendre scander son nom par deux cent mille personnes. Ça donne des frissons : on se sent atrocement seul... Johnny était tout à fait détendu et, quand mon tour de chanter est venu, il m'a encouragée en me hurlant à l'oreille — il y avait vraiment trop de bruit pour se murmurer des mots doux : "Vas-y, tu vas faire un malheur !" »

Nous faisons un malheur, en effet, et les premières plaintes sont enregistrées la nuit même : quelques vitrines brisées, des voitures cabossées, des arbres abîmés...

Le lundi matin, la presse s'empare du « scandale » : « Salut les voyous ! » s'écrie Pierre Charpy dans *Paris-Presse.* La nuit de la Nation du 22 juin 1963 devient en effet, pour beaucoup, « la nuit des voyous ». Plus sérieusement, les éditorialistes s'interrogent sur l'engouement soudain de cette jeunesse d'après-guerre pour une musique soupçonnée de porter « l'esprit de révolte » contre la génération de nos parents. Le sociologue Edgar Morin résume la situation dans *Le Monde*[1] : « Il peut y avoir dans le yéyé les ferments d'une non-adhésion à ce monde adulte d'où suintent l'ennui bureaucratique, la répétition, le mensonge, la mort ; monde profondément démoralisant au regard de toutes les aspirations d'un être jeune ; monde où la jeune lucidité ne voit de la vie des adultes que l'échec. »

Me voici consacrée égérie de la rébellion, moi qui suis certainement, de toutes les jeunes filles de France, celle qui nourrit le plus grand respect pour ses parents, celle qui ne voit de leur vie que la réussite, le courage, au contraire de ce qu'écrit Edgar Morin. Tous ces commentaires plus ou moins sentencieux me font hésiter entre perplexité et fou rire. Comment peuvent-ils nous prêter autant d'importance, à nous qui ne songeons qu'à nous amuser ? Les a-t-on effrayés sans le vouloir ? Nos petites chansons menacent-elles en quoi que ce soit leurs valeurs, leur confort ? Au fond de moi, j'ai un peu peur qu'ils ne soient finalement bien plus victimes de leurs propres outrances, et du ridicule finalement, que de nous.

S'ils savaient à quoi je pensais en chantant, place de la Nation ! Eh bien, tiens, je vais le leur dire. Je pensais à la surveillante générale du lycée Hélène-Boucher, dont je devinais les toits depuis la scène. Parfaitement, à la surveillante générale. Et en moi-même je me disais : j'espère bien qu'elle m'entend, qu'elle me voit, cette pauvre garde-chiourme au cœur sec qui chaque matin nous passait la main sur les mollets pour s'assurer qu'on ne portait

1. *Le Monde*, 6 juillet 1963.

ni bas ni collants… Ah ! ah ! ah ! maintenant je porte autant de collants que je veux sous ma petite robe bleu marine à pois blancs de chez Réal !… Voilà, ma rébellion s'arrêtait à peu près là, je ne menaçais en rien la démocratie, moi qui avais fui une dictature.

Cependant, mon image de rebelle sulfureuse se renforce, durant ce même été 63, avec l'affaire du Cannet. Au mois d'août, je suis en tournée et, le 20, on m'attend au théâtre du Cannet, dans les Alpes-Maritimes. Je note que Claude François, qui me précède sur scène, a de sérieux problèmes de sono. Quand vient mon tour, les jeunes crient : « Plus fort ! Plus fort ! » et je demande donc que l'on monte le son avant de chanter mon deuxième titre. On ne m'entend pas mieux, et cette fois la salle se met à taper des pieds en hurlant : « Remboursez ! Remboursez ! » À cet instant, je vois qu'une personne du service d'ordre frappe mon frère qui tentait d'entrer dans la cabine de sonorisation pour arranger les choses. Aussitôt, je quitte le micro en m'excusant, mais, quand je reviens sur scène pour expliquer l'incident, on me coupe définitivement le son. Alors une véritable émeute se déclenche. Les gens se lèvent et commencent à tout casser, pendant que Carlos, mon secrétaire, m'entraîne précipitamment vers la sortie…

Le lendemain, les images du saccage s'étalent dans tous les journaux, assorties d'un arrêté du préfct des Alpes-Maritimes m'interdisant de chanter dans son département sous le prétexte que je représenterais une menace pour la sécurité publique !

Deux mois après « la nuit des voyous » de la Nation, on dirait que le destin s'acharne décidément à faire de moi une sorte de Jeanne d'Arc de l'émeute. Que vont s'imaginer les Français ? La réalité, que je voudrais leur expliquer, tient en quelques mots : les responsables du spectacle, qui avaient à gérer ce soir-là trois galas, ont tout simplement divisé la sono par trois…

Là-dessus, le maire du Cannet porte plainte contre moi, et l'affaire rebondit. La télévision s'en mêle : accepterais-je d'être confrontée en direct à cet homme qui me traîne dans la boue ? Johnny Stark, mon imprésario, me presse d'y aller. Vais-je savoir me défendre face à un vieux routier de la politique ? J'en prends le risque. Et moi qui n'ai jamais cherché à être en quoi que ce soit le porte-drapeau de ma génération, je remporte ce jour-là ma première victoire « générationnelle ».

Le maire du Cannet me traite de haut. Non seulement il n'a pas le plus petit respect pour ce que je chante, et donc pour les milliers de jeunes qui viennent chaque soir m'écouter, mais il prétend que nous ne durerons pas plus longtemps qu'un feu de paille.

— Dans sept ans, on n'entendra plus parler de vous ! m'assène-t-il avec une moue de mépris.

Pourquoi sept ans ? Pourquoi pas cinq, pourquoi pas huit ? Je ne sais pas. Mais soudain la colère me prend et, devant cinq ou six millions de téléspectateurs, je lui lance, l'index pointé :

— Très bien, je vous donne rendez-vous sur ce plateau dans sept ans, on verra bien si je suis encore chanteuse et vous toujours maire du Cannet !

Ce genre d'invective était encore très inhabituelle à la télévision. À plus forte raison venant d'une gamine de dix-neuf ans à l'encontre d'un notable. Elle eut un impact considérable. La génération yéyé, comme l'avait baptisée Edgar Morin, savait donc faire autre chose que de casser et de hurler, elle savait parler, et en particulier moucher à bon escient la morgue de certains adultes ! On loua mon esprit de résistance, mon courage. Et au fond, je crois que nos parents furent rassurés de nous découvrir fiers et combatifs. Cela prouvait que, du moins, nous avions quelques principes...

Ces premières tournées ! Tous mes étés, je les passais sur scène, chaque soir dans un endroit différent. La scène demeurait mon grand plaisir, ce que je préférais dans ce drôle de métier. Nous nous entassions pour deux mois dans une 403 Peugeot même pas break, Gérard, mon batteur fou, Gong Gong le bassiste, Michel, le guitariste, Eddie, bien sûr, qui avait tout organisé, et on partait pour deux mois. La sono Sanprini suivait avec ses micros gros comme des pavés (si on l'avait eue au Cannet, la sono, l'émeute n'aurait pas eu lieu...). On voyageait comme des nomades et, comme au tout début on n'avait pas trop d'argent, on descendait dans des hôtels minuscules, plus ou moins bien tenus. En bonne fille de maman, j'emportais mon Ajax et mes éponges, je ne pouvais pas imaginer me plonger dans la baignoire avant d'avoir briqué moi-même toute la salle de bains. Je disais à Eddie, qui semblait consterné : « Les femmes de chambre, elles utilisent le même chiffon pour toutes les toilettes, c'est dégoûtant, non merci ! » J'ajustais mes gants de caoutchouc après avoir retiré ma robe de scène, et je passais tout à l'Ajax. Si les gens qui venaient de m'applaudir m'avaient vue, ils n'en auraient sûrement pas cru leurs yeux. Après ça, je m'immergeais avec bonheur dans un bain chaud...

Mais cet été 1963 fut déjà plus confortable. Nous avons échangé la 403 contre une Buick Invicta mordorée magnifique, et j'ai auprès de moi mon premier secrétaire, Carlos. Je crois me souvenir que c'est encore Eddie qui me l'a présenté. Carlos illumine mes tournées, il est gai, plein d'humour, toujours prêt à faire la fête, et il veille sur moi comme une nounou. Il conduit la voiture, repasse mes robes quand il ne les brûle pas, pense à tout et me sert accessoirement de garde du corps. Mais surtout il me fait beaucoup rire ! Nous descendons dans de meilleurs hôtels. Je n'ai pas renoncé à emporter mon Ajax, mais souvent je peux m'en dispenser. Claude François chante avant moi, on nous a associés pour cette tournée. Il est sans arrêt en mouvement, soucieux de tout, nerveux, entouré d'une équipe très organisée. Il me donne le vertige. Il voyage la nuit pour gagner du temps, dans une espèce de frénésie, et, comme il arrive dans toutes les villes très en avance sur moi, son équipe recouvre systématiquement mes affiches. C'est invraisemblable ! À part ça, nos rapports sont assez sympathiques ; parfois même, nous dînons ensemble. Au mois d'août, pour mon anniversaire qui tombe évidemment en pleine tournée, il m'offre un petit cocker blond. Avec ses grandes oreilles, on dirait qu'il porte une perruque et je le baptise donc Molière. Je vais le garder des années, mon Molière.

Johnny et moi ne pensons qu'à nous retrouver ici ou là, pour quelques heures, entre deux concerts. Le 15 août, pour mes dix-neuf ans que nous fêtons à l'hôtel Président de Genève — celui de la fameuse déclaration d'amour par Jean-Pierre Pierre-Bloch interposé —, Johnny m'offre ma première voiture, une Austin Cooper verte. Par la suite, aucune voiture ne me fera autant de plaisir que cette petite Austin. C'est un été fou, lumineux, où tout semble nous sourire, en dépit de l'effroi que nous inspirons à certains adultes, ce qui nous amuse beaucoup. Le référendum organisé par *Salut les copains* au mois d'août nous classe l'un et l'autre, comme par miracle, en tête de tous les chanteurs du moment. Johnny avec 54 468 voix, devant Claude François, Richard Anthony, Eddy Mitchell, Charles Aznavour, etc., et moi avec 52 833 voix, devant Sheila, Françoise Hardy, Petula Clark, Brigitte Bardot, Dalida...

Enfin, à la mi-septembre, nous nous envolons ensemble pour les États-Unis. C'est mon premier voyage en Amérique, mon premier voyage avec l'homme que j'aime, je crois que jamais je n'ai été si heureuse, si excitée.

De cet éblouissement, il reste cette photo de nous deux prise à New York, sur la Cinquième Avenue, et qui fera la couverture de *Salut les copains* en décembre : Johnny porte un costume vert amande magnifique, sur une chemise jaune, et moi une veste de madras bleu ciel à carreaux que j'adorais. Nous sommes seuls au monde dans l'Amérique mythique des années 60 et nous n'avons pas assez de nos deux yeux pour tout enregistrer, tout emporter : la splendeur sidérante de cette ville dressée, les petits orchestres au coin des rues, tel et tel building de légende, les restaurants, les cinémas, les enseignes démesurées, les mots tendres et le sourire cristallin de Johnny... La vie est devenue soudain rouge et or. Tous nos sentiments sont exacerbés, portés à l'extrême. Chaque jour est comme un grand soleil qui se lève rien que pour nous. Se peut-il que, désormais, et pour toujours, notre existence ressemble à cela? Nous sommes traversés d'élans de passion folle l'un pour l'autre, ivres de plaisir, de bonheur, de romantisme...

Oui, dans mon souvenir, nous sommes seuls dans les

rues de New York, comme deux enfants gâtés guidés et protégés par les bonnes fées de l'amour. En fait, il y a déjà longtemps que nous ne sommes plus jamais seuls. Des tas de gens nous suivent, les uns pour gérer « nos carrières », comme ils disent, dont les ressorts économiques nous échappent complètement, les autres pour enregistrer chacun de nos gestes (et cette photo sur la Cinquième Avenue en est bien la preuve !). Mais je crois que nous nous en fichons et que nous vivons notre histoire dans cette cohue permanente, dans cette espèce de cirque, comme si tous les autres étaient transparents.

Après New York, nous partons pour Nashville, la capitale mondiale du rock, dans le Tennessee. Johnny enregistre une vingtaine de titres dans l'ambiance unique des studios Bradley, et en particulier *Les Mauvais Garçons, Moi, cette fille-là* et *J'embrasse les filles* de notre ami Jean-Jacques Debout. De mon côté, j'enregistre *La plus belle pour aller danser* et *Si je chante* avec les musiciens d'Elvis Presley — j'en ai le vertige !

La plus belle pour aller danser m'a été offerte par Charles Aznavour. Bien sûr, j'ignore encore le succès international considérable que va rencontrer cette chanson — en particulier au Japon — mais, en attendant, elle me vaut, à Nashville, les premières crises de jalousie de Johnny.

Ce couplet, en particulier, le plonge dans une fureur sans nom :

Tu peux me donner le souffle qui manque à ma vie
Dans un premier cri
De bonheur
Si tu veux ce soir cueillir le printemps de mes jours
Et l'amour en mon cœur...

Il trouve que c'est d'une impudeur insupportable et, par-dessus tout, que cela revient à lancer un appel à le tromper.

Je découvre un Johnny enfantin et possessif. Extrêmement bagarreur aussi. Que le regard d'un homme s'attarde sur moi et il devient fou. Il est toujours prêt à se battre pour rappeler à l'un ou à l'autre que je lui appartiens, et moi je commence doucement à raser les murs pour n'exciter la convoitise de personne.

Enfin, nous nous envolons pour Acapulco. C'est notre véritable voyage de noces, mais personne ne le sait, seulement nous, qui construisons ensemble des projets d'éternité, mutuellement éblouis. Acapulco, ce n'est encore que trois hôtels d'un luxe inouï, posés entre la forêt tropicale et une plage battue par les rouleaux furieux du Pacifique, une plage où traînent encore des cochons et des feuilles de bananier. Nous sommes entourés de vieux couples richissimes et nous nous émerveillons, à vingt ans, de notre réussite, de tout ce que nous pouvons nous offrir. Pourtant, ce dont nous nous souvenons aujourd'hui, quarante ans plus tard, c'est d'un certain hamburger, grillé sur un feu de bois, sous un toit de tôle. Aucun autre hamburger ne nous avait semblé si délicieusement parfumé, si délicieusement romantique.

Nous mangeons aussi des papayes, nous nous promenons le soir, mais surtout nous nous aimons avec violence et passion. Johnny est souvent grave, il n'est pas du genre à raconter des blagues, à rire. Notre émerveillement se nourrit plutôt de mots, de projets. Nous parlons de notre avenir ensemble, de la vie que nous voulons, de notre travail. À ce moment-là, Johnny me donne le sentiment de partager ma foi en certaines choses essentielles à mes yeux : le mariage, les enfants, la vie de famille. Il n'est plus sous l'influence des gens qui gèrent sa carrière, peut-être même les a-t-il un peu oubliés, et il s'autorise à croire au bonheur.

De retour à Paris, c'est sur le plateau d'« Europe-midi », le 15 octobre, au détour d'une phrase, que Jacques Paoli nous arrache notre secret : eh bien, oui, nous sommes fiancés !

Stupeur de Jacques Paoli :

— Vous ne l'aviez jamais vraiment avoué !

Alors moi, imperceptiblement en colère :

— C'est-à-dire qu'on ne nous a pas laissé le temps...

Fallait-il « avouer » six mois plus tôt, quand la presse annonçait nos fiançailles et que nous en étions tout juste à nous toucher la main ?

Chapitre 8

Dans le tourbillon de l'année 1963, je réalise mon vœu d'écolière, de petite fille : j'achète un château à maman. En fait, ce n'est pas vraiment un château, mais ça lui ressemble : c'est une grande et belle maison de la fin du XIXe siècle, au milieu d'un parc, dans un petit village de l'Oise, Loconville. Voilà, je suis devenue une artiste, comme maman ne le voulait pas — « Arrête de rêver, ma chérie, et va vite te coucher ! » — mais comme je le demandais secrètement au ciel dans mes prières à l'église Saint-Eustache.

J'ai les moyens d'un autre rêve également : prendre en charge mes parents pour qu'ils puissent enfin se reposer. Dix années se sont écoulées depuis notre arrivée en France et l'embauche de papa chez les Cousin, aux Halles. Dix années… J'ai vu ses yeux se creuser au fil des hivers, je l'entends encore partir au milieu de la nuit sur sa mobylette. Papa a beaucoup vieilli, maintenant son charmant sourire est imperceptiblement voilé de gris. On lui a trouvé une maladie des articulations qui commence à le faire souffrir. Je ne veux plus le voir travailler, plus jamais. Je voudrais remonter le temps, lui rendre ses plus belles années que la guerre, puis le communisme, puis l'exil lui ont volées. Je voudrais l'entendre jouer du piano et le voir peindre toutes les heures du jour. Et maman serait là, à ses côtés, profitant de sa félicité, essuyant discrètement ses larmes, sans avoir le sentiment de chaparder du temps aux travaux ménagers ou à l'éducation de ses deux enfants.

Eddie aussi est devenu l'artiste qu'il voulait être. Nous nous associons pour convaincre nos parents d'arrêter de travailler. Ça n'est pas facile, pour des gens comme eux, d'accepter l'idée de se reposer sur leurs enfants. Papa est inflexible, maman droite et têtue, mais à têtue, têtue et demie, et l'affaire est entendue.

C'est papa qui découvre Loconville. Au début, il ne pense qu'à une chose : investir l'argent que je gagne pour que tout ne s'en aille pas en fumée et que je ne sombre pas dans la misère, une fois le succès envolé. Il voit bien dans quelle folie je vis et se dit, à juste titre, que je ne dois pas passer mes soirées à jouer au Monopoly avec mon banquier. D'ailleurs, je ne sais pas qui est mon banquier ni où passe précisément mon argent, tout ce que je sais, c'est qu'il me brûle les poches et que j'aime le dépenser. De toutes façons, je fais confiance aux gens qui m'entourent. Et donc papa découvre Loconville. Qu'est-ce qui me fait immédiatement songer que nous allons faire renaître ici le bonheur que j'ai connu, petite, dans la maison de mon grand-père ? Les arbres du jardin peut-être. Ou les rais de lumière à travers les volets du salon. Ou encore toutes ces chambres que j'imagine aussitôt pleines d'enfants…

Voilà, papa et maman s'installent à Loconville. Cette fois, nous prenons véritablement racine dans la terre de France, ce pays qu'ils n'évoquent jamais sans une bouffée d'émotion. Ils sont les futurs grands-parents des enfants que je pressens. Les vieux chênes indispensables à la naissance d'une vraie famille.

Papa ! Je n'avais pas prêté attention à sa fierté, à son bonheur discret, depuis que les journaux parlent de moi. Tandis que maman est au supplice, lui découpe et conserve précieusement chaque article. Quand je le croise en coup de vent entre deux concerts, deux avions, je vois son visage s'illuminer. Il veut me dire ce qu'il a lu à mon sujet, me montrer tout le travail d'archives qu'il fait, et moi, cela m'agace, je n'ai pas le temps de l'écouter. Je n'ai que dix-neuf ans, je ne comprends pas que c'est autre chose qu'il cherche à me dire. Qu'il aimerait sans doute me parler de lui. Quand je le comprendrai, il sera trop tard — papa n'a plus que sept années à vivre.

La fin de l'année 63 doit l'accabler car, sans que je sache pourquoi, beaucoup de journaux annoncent ma chute. On prédit la disparition des « idoles », on me reproche de n'avoir pas de voix et d'être l'esclave d'une sono, on dit que je chante faux et, pour couronner le tout, on écrit que mes débuts au cinéma, dans *D'où viens-tu, Johnny ?* où je fais deux ou trois apparitions, sont un échec.

Ma timidité, ma pudeur, mon incapacité à m'exprimer en public, à dire simplement qui je suis, d'où je viens, me font passer au mieux pour une enfant gâtée inculte, au pis pour une idiote.

Dans *Paris-Presse*, Juliette Boisriveaud dresse ce tableau de moi au tout début de janvier 1964, sous le titre « La petite idole froide de l'épopée du twist[1] » :

« Le regard à marée basse. La conversation au niveau

1. *Paris-Presse*, 5 janvier 1964.

de l'onomatopée. Un petit visage de sphinx translucide et anonyme. Un corps d'automate gracieux et ennuyé. Une voix d'aluminium. C'est le portrait-robot, vu par l'ennemi, de Sylvie Vartan.

« Et pourtant elle parle. Sans que rien se froisse au coin des lèvres. Mais quand on rencontre enfin ce regard lisse et brun, il y a au fond une lueur attentive. Elle se tient droite, non flexible, dans une robe duveteuse de colombine. Elle a un cou rond et enfantin.

« Elle évoque quelque animal replié, méfiant. Un coquillage, nacré et hermétique. Et puis elle parle de son grand frère Eddie et quelque chose se défait, s'apprivoise. On cherche les mots clés. »

Méfiante, je le suis. Et je parviens à expliquer pourquoi à Juliette Boisriveaud.

« On nous prend obligatoirement pour des imbéciles, lui dis-je. Totalement incultes. Quelquefois, c'est agaçant. Un jour, en province, il y a quatre journalistes qui m'ont demandé à la file si je connaissais Prévert. À croire qu'ils n'avaient jamais rien lu d'autre. J'ai fini par m'énerver. “Et Schiller, vous connaissez ?” leur ai-je demandé. »

Juliette Boisriveaud doit être bienveillante car, soudain, j'évoque vraiment ma vie au lieu de me dissimuler derrière mon masque « froid ». J'évoque notre arrivée de Bulgarie, de façon syncopée, comme si cela m'échappait : « J'avais dix ans. Je me souviens de ce wagon, et que j'avais peur. À Paris, nous avons habité tous les quatre dans une chambre d'hôtel. Mes parents et mon frère sortaient pour chercher du travail. Je restais des heures assise sur le lit et j'avais peur qu'on ouvre la porte, qu'on me parle. Je ne savais que le bulgare. Depuis, j'ai toujours un peu peur. »

C'est la première fois, et la dernière avant longtemps, que je me dévoile. Sans doute parce que c'est un secret trop douloureux, trop précieux, pour être partagé avec ces gens du showbiz qui parlent faux, qui ne sont que dans la représentation et les paillettes. Sans doute aussi parce que je ne veux pas pleurer devant eux. Deux ans plus tard, en décembre 1966, lorsque la télévision me posera la même question : « Et vous êtes venue en France… pourquoi ? », je répondrai : « Parce que mon père est français. Il avait envie de revenir en France. » Cela dit légèrement, distraitement, comme si papa avait été chef d'entreprise, banquier ou ambassadeur, et qu'il nous avait lancé un matin, au petit déjeuner : « Les enfants, nous allons vendre l'hôtel particulier et partir nous installer avenue Foch. J'ai envie de retrouver mes bonnes vieilles racines ! »

En janvier 1964, c'est de nouveau l'Olympia. Mais cette fois je partage l'affiche avec deux monstres sacrés : Trini Lopez d'un côté, déjà connu dans le monde entier, et les Beatles de l'autre, qui viennent de vendre 7 850 000 disques de leur dernier succès, *From me to you*…

« Malgré les petits copains, écrit *Le Journal du Dimanche*[1], qui prétendaient depuis plusieurs semaines que Sylvie Vartan était finie, Bruno Coquatrix n'a pas hésité à lui offrir ce tremplin de la seconde chance. » On voit dans quelle ambiance je suis attendue, et il n'est pas difficile de deviner qu'on parie déjà ici et là sur une déconfiture en direct qui signerait la fin du conte de fées. Cela d'autant plus que Trini Lopez et les Beatles drainent un public plus éclectique et plus âgé que le mien,

1. *Le Journal du Dimanche*, 8 décembre 1963.

essentiellement composé à l'époque de filles et de garçons de moins de vingt ans.

Bruno Coquatrix est à mes côtés pendant les répétitions. « Vas-y, me répète-t-il, tu vas devenir une grande artiste. Moi, j'ai confiance en toi, n'écoute pas les bêtises qu'on raconte ici ou là, ce sont des jaloux ! »

C'est formidable d'avoir son soutien. Une amitié éternelle, un véritable amour, naît à ce moment-là entre nous. J'aime son physique rond, fort — je crois qu'inconsciemment je l'associe à mon grand-père. Il est bienveillant, paternel, et, pendant qu'il me parle, je regarde avec ravissement les cendres de son cigare tomber sur le revers de son veston gris pâle. C'est comme un rituel dans lequel je tiendrais la place de l'enfant. Plus tard, quand nous nous connaîtrons mieux encore, après avoir tiré le dernier rideau, il m'invitera souvent après les spectacles à partager ses fameuses pâtes, avec sa femme Paulette et sa fille Patricia, dans l'appartement qu'ils occupent alors au-dessus de l'Olympia. Merveilleux Bruno !

La première n'en est pas moins épouvantable. Quand j'apparais sur scène, dans ma petite robe de mousseline bleue de chez Réal, je crois m'évanouir d'effroi. Quelques dizaines de personnes sifflent, crient, m'insultent, et les autres se taisent, fermées, comme pour me prouver leur indifférence. Trini Lopez vient de les abandonner, haletantes, sidérées, sur les dernières notes de *If I had a hammer*, et elles me font tout simplement sentir combien je ne fais pas le poids à leurs yeux.

Au premier couplet de *La plus belle pour aller danser*, un citron rebondit sur la scène à un mètre de moi. Il n'y en aura pas d'autres. Tendue, bouleversée, je donne ce soir-là tout ce que je peux donner. « On sifflera de moins en moins et on l'applaudira de plus en plus », écrit le lendemain Jean-Louis Quenessen, de *France-Soir*[1].

Dix jours plus tard, c'est gagné. « Sur trois cents spectateurs payants interrogés au hasard dans le hall de l'Olympia, raconte Yves Salgues, de *Jours de France*[2], cent soixante-seize répondent : "Nous venons pour Sylvie d'abord, pour les autres ensuite." »

Je découvre les Beatles au fil des représentations. Mon préféré est John Lennon, qui a un humour très britannique et que je trouve véritablement lumineux. Les Beatles, qui auraient pu m'accompagner s'ils n'avaient pas connu si vite la célébrité. Moins d'un an plus tôt, Eddie part en effet pour Londres en quête d'un orchestre pour moi. On lui parle d'un groupe qui me conviendrait et qui se produit pour quelques soirées à Hambourg. Eddie s'envole donc pour Hambourg. Il rencontre ledit groupe, qui décline très gentiment sa proposition — ils viennent de signer quelques engagements prometteurs. C'étaient les Beatles...

La réussite de cet Olympia en forme de piège m'ouvre de nouveaux horizons. *Variety*, le journal du show-business américain, m'élit première chanteuse française. *Time*, *Life* et d'autres magazines étrangers me consacrent pour la première fois des articles. Le 26 mai, je suis invitée au célèbre « Tonight Show », de Johnny Carson, sur la chaîne américaine CBS, et je chante *Sha la la*, *L'Homme en noir*, *Si je chante* et, bien sûr, *La plus belle pour aller danser*. Ce dernier titre, dont le 45 tours est sorti en mars, pulvérise des records de vente et occupe,

1. *France-Soir*, 18 janvier 1964.
2. *Jours de France*, 29 février 1964.

durant plusieurs semaines, la première place des hit-parades.

Au mois d'avril, le réalisateur Robert Thomas m'offre de tourner dans *Patate*, d'après la pièce de Marcel Achard. Cette fois, il s'agit d'un premier rôle aux côtés de Danielle Darrieux et Jean Marais, et je ne cache pas ma joie. J'espère secrètement que ma vocation de comédienne va enfin trouver de quoi s'accomplir.

Le tournage se révèle conflictuel avec Robert Thomas, et je n'ai pas le sentiment de faire du très bon travail. Certaines répliques, en particulier, me paraissent stupides, impossibles à dire, mais lui refuse absolument de changer quoi que ce soit aux dialogues. Les comédiens, en revanche, m'accueillent avec beaucoup de bienveillance, ce qui m'étonne, moi qui viens de la chanson où nous sommes systématiquement regardés de haut par les gens plus âgés. Pierre Dux, qui interprète mon père, est un grand acteur et une crème d'homme. Jean Marais est plein d'attentions, toujours un mot d'encouragement sur les lèvres. Danielle Darrieux, si talentueuse, piquante, joue avec générosité, attentive à me mettre en valeur.

Patate ne rencontrera pas le succès escompté, malheureusement, mais le film est l'occasion pour certains critiques de m'adresser quelques nouvelles cruautés.

« On se dit qu'elle a changé, qu'elle s'est mise à avoir des idées, qu'elle a peut-être trouvé le temps de lire, puisque c'était un de ses grands désirs insatisfaits, écrit une journaliste de *Paris-Presse*[1]. Mais non. Malgré les récitals répétés à l'Olympia, les millions de disques vendus,

1. *Paris-Presse*, 23 mai 1964.

et les capitaux investis dans l'immobilier, Sylvie Vartan n'a pas vieilli d'un jour.

« Le même regard où la lumière n'accroche pas ; et cette sorte d'impossibilité à s'exprimer. Lorsqu'elle sourit, elle montre des dents d'enfant, mais nulle gaieté qui vienne du cœur, et si elle se tait, le plus souvent c'est pour cacher une absence totale d'intérêt pour ce qui l'entoure. »

Que répondre à ça ? Que je suis trop pleine d'émotions, trop pudique, trop enfant encore pour ouvrir mon cœur au regard des autres ? Peut-être aussi que, croisant l'œil inquisiteur de cette dame sur le plateau du tournage, j'ai eu le sentiment de retomber sur la surveillante générale d'Hélène-Boucher, si étrangement dépourvue de générosité. Je ne sais pas. C'est une forme de procès qui se tient sans moi. Sur ma seule apparence. Délit de froideur, délit d'absence d'intérêt, délit d'inculture, délit de bêtise. Tout cela est clairement exprimé. J'en reste blessée. Et encore une fois muette.

C'est un certain Jean-Loup Dabadie qui, prenant la plume quatre jours après la parution de l'article de *Paris-Presse*, lui répond dans *Candide*, au fil d'un long papier d'une page entière : « Mais pourquoi haïssez-vous Sylvie Vartan ? [1] ».

« Une petite fille insultée qui lorgne son monde avec un air de dédain ; voici donc cette personne dont on m'a vanté la sottise et la méchanceté », commence-t-il.

À lui non plus je ne raconte rien de ma vie. Nous ne nous connaissons pas. Exemple de mes propos fidèlement retranscrits :

« De l'argent ? Oui, je pense que j'en gagne beaucoup,

1. *Candide*, 27 mai 1964.

je ne sais pas au juste, il faudrait demander à mon imprésario, il est formidable. Comment ? Ce que j'en fais ? Il faudrait demander à mon père, il s'en occupe ; moi, je suis heureuse de ne plus être pauvre parce que je peux m'acheter des habits. »

« J'aime Sylvie Vartan, conclut Jean-Loup Dabadie, parce qu'elle ne se donne pas le mal de tromper qui la passe en jugement ; parce qu'elle ne débite pas de phrases empruntées aux livres que lisent les autres ; parce qu'on peut la lapider dans tous les journaux du monde sans qu'elle se méfie jamais. »

Jean-Loup deviendra par la suite un ami, et il écrira certaines de mes plus belles chansons.

Le formidable imprésario dont je parle, c'est Johnny Stark. Stark nous avait pris sous son aile, Johnny et moi. C'était un seigneur, un homme magnifique, nettement plus âgé que nous, intelligent, élégant, et qui nous adorait. Pour Johnny, il était le père qu'il n'avait pas eu. Johnny écoutait Stark avec respect, affection, heureux d'être pris en main, soutenu, guidé.

Stark avait beaucoup d'ambition pour nous, une vision précise de nos carrières, et, au préalable, il voulait nous isoler des autres chanteurs. Quand on nous plaçait dans le même panier que les yéyés, il était furieux. Il veillait à ce qu'on se démarque des autres, à ce qu'on n'aille pas aux mêmes endroits. Par exemple, si Eddy Mitchell et les Chaussettes noires acceptaient de se produire sur telle ou telle scène, il disait à Johnny de ne pas y aller. Dans son esprit, nous devions sans cesse nous distinguer du peloton, nous tenir ailleurs et, de préférence, au-dessus. « Et pourquoi nous gagnerons ? nous répétait-il sans arrêt. Parce que nous sommes les plus forts ! » En fonction de quoi il nous remplissait nos agendas, nous étions en permanence surbookés, sur la brèche du matin au soir, sans une minute pour souffler. On travaillait, oui, on n'avait pas le loisir de se poser de questions. Et pourquoi s'en serait-on posé puisque, de fait, le succès était au rendez-vous, colossal, inespéré ? J'aimais l'enthousiasme et la force qui se dégageaient de sa personne ; pour lui non plus, rien ne semblait impossible.

En réalité, pour moi, ce système a un prix, mais je mets longtemps à en prendre conscience : dans l'esprit de Stark, Johnny doit être le premier et il est entendu que je dois me satisfaire de la seconde place. Je le découvre progressivement, et ce qui me met la puce à l'oreille, c'est ma rencontre avec le cinéaste Jacques Demy, lors d'un nouveau voyage à New York, à la fin de l'année 1964.

Demy et moi ne nous connaissons pas. C'est lui qui engage la conversation, de toute évidence soucieux d'éclaircir quelque chose qu'il n'a pas saisi :

— Dites-moi, puisque nous nous voyons enfin, pourquoi avez-vous refusé ma proposition ?

— Votre proposition ?... Ah, mais je ne suis pas au courant !

— J'avais pensé à vous pour *Les Parapluies de Cherbourg*, et votre agent, M. Stark, m'a répondu qu'il ne pouvait pas en être question...

— Non !

— Je vous assure. Sur le coup, cela m'a étonné, parce que vous vous disiez par ailleurs très attirée par le cinéma...

C'est un choc. Comment Johnny Stark a-t-il pu refuser en mon nom une telle offre sans en avoir discuté avec moi ? Le cinéma demeure dans mon esprit le rêve des rêves, et Stark, qui est tout de même censé exaucer mes vœux, aurait donc pris l'initiative de torpiller le plus cher d'entre eux ! J'apprendrai plus tard qu'il a, de la même façon, décliné l'offre de Jean-Luc Godard qui souhaitait me rencontrer pour *Pierrot le fou.* Comment est-ce possible ? Quand je lui en parlerai, Johnny Stark éludera mes questions en prétendant que je n'avais pas une journée de libre et que, de surcroît, il n'est jamais bon de se disperser…

La vérité est moins avouable. Elle tient à la susceptibilité de Johnny (Hallyday) qui a très mal vécu le tournage de *Patate* et qui, parfois, supporte assez mal mes succès, en dépit de notre amour. Johnny est ambivalent, en même temps fier et jaloux de ma réussite, comme un enfant peut l'être de la réussite d'une petite sœur, ou d'une amie, et en cette année 64 son désarroi est attisé par le fait qu'il se retrouve sous les drapeaux, loin des projecteurs et des studios d'enregistrement. Ainsi, en mai 1964, il fait bien la couverture de *Salut les copains* dans son uniforme de jeune conscrit, mais dans le hit-parade publié en pages intérieures, je suis numéro un avec *La plus belle pour aller danser,* tandis qu'il est rétrogradé en quatrième position avec *Les guitares jouent,* derrière Richard Anthony (*À présent tu peux t'en aller*) et Françoise Hardy (*Catch a falling star*).

Or Stark est aux petits soins pour Johnny. Il le place clairement au-dessus de moi, je l'ai dit, et si le prix à payer pour que son poulain conserve bon moral consiste à m'écarter du cinéma, eh bien, Stark n'hésite pas une seconde ! Curieusement, la chose ne me paraît pas extravagante. Elle me reste un peu sur le cœur, certes, mais au fond je l'accepte. Je me trouve déjà tellement privilégiée, tellement gâtée… Johnny doit être le premier

— cela passe par quelques sacrifices de ma part, dites-vous ? Bon, d'accord.

Je ne pose pas non plus de questions sur cette étrange jalousie fichée comme un coin dans notre belle histoire d'amour. Il me faudra rencontrer Tony, des années plus tard, pour découvrir que l'amour, c'est se réjouir du succès de l'autre, de sa réussite, de son bonheur, et non en être malheureux et agacé. Johnny est encore un enfant, dépassé par les sentiments violents et contraires qui le traversent. Bientôt, je vais comprendre que cette absence de maturité ne nuit pas seulement à mes projets cinématographiques, mais qu'elle condamne irrémédiablement mes aspirations de femme, mes rêves d'une grande famille dans une grande maison…

Si j'avais été moi-même moins jeune, plus avisée, j'aurais immédiatement perçu que notre vie privée serait soumise à la carrière de Johnny, à son image, et non le contraire. Qu'en gros nous n'aurions de vie privée qu'à condition que celle-ci n'écorne en rien le culte en perpétuelle édification de Johnny.

Dès l'automne 63, quand nos fiançailles sont officiellement révélées, les « managers » de Johnny ne se cachent pas d'avoir pesé le pour et le contre d'une telle nouvelle. Ainsi, à Raymond Mouly, de *Salut les copains*, qui l'interroge, Louis Hazan, le directeur de la production des disques Philips, rétorque : « L'annonce des fiançailles de Johnny a fait la preuve que le public français diffère sensiblement du public américain qui interdit presque à ses idoles de se fiancer ou de se marier. Le courrier reçu à ce propos confirme ce que nous savions déjà : les fans de Johnny admettent avec sympathie ses fiançailles en raison de la personnalité de Sylvie, et ils écrivent : “Avec elle, on est d'accord !” »

Ouf ! merci les fans ! Mais, s'ils avaient écrit le contraire, qu'auraient décidé MM. Hazan et Stark ? Et Johnny aurait-il accepté de m'épouser contre leur avis, contre sa carrière ?

Par bonheur, ces questions ne se posèrent pas avant notre mariage, mais elles surgirent après, avec une insupportable indécence, quand il apparut que Johnny allait être père.

Nous n'en sommes pas là, et malgré le service militaire, malgré la distance qui nous sépare — Johnny est à Offenburg, en Forêt-Noire —, nous nous retrouvons aussi souvent que possible dans une auberge, au milieu des bois, tenue par un homme que nous surnommons Herr Escalope (il ne cuisine rien d'autre, avec une passion qui frise l'obsession).

La réclusion, les règles de discipline mettent Johnny dans un tel état de nerfs que, un soir, nous frôlons le drame. Je l'attends dans la chambre que nous louons à l'année et, comme il n'arrive pas, je décide d'aller à sa rencontre sur la petite route forestière. C'est une nuit sans lune, impénétrable. Soudain, je reconnais le bruit de sa Porsche et ses phares illuminent les sous-bois. Aussitôt, je me place au milieu de la route et j'agite les bras. Il ne ralentit pas, ne me voit pas, et je comprends en un millième de seconde qu'il va me rouler sur le corps si je ne bondis pas dans le fossé. Ce que je fais. À cet instant, je sens le souffle de la Porsche contre ma hanche, comme le torero doit percevoir celui du taureau. Mon Dieu, mais il est complètement fou !

À peine remise du choc, je cours vers l'auberge. Il est hors de lui : « Mais où étais-tu ? Je te cherche partout.

Qu'est-ce que tu fichais dans les bois ? — Johnny, tu as failli m'écraser… » Il n'a rien vu, rien senti, et nous comprenons tous les deux, avec un sentiment d'horreur rétrospectif, que je ne dois la vie qu'à la sûreté de mes réflexes.

Le matin, c'est un déchirement de se séparer. Et, pour Johnny, cela se double du cauchemar de devoir repartir à la caserne.

Un soir, un de ses collègues de régiment frappe à la porte.

— Johnny, les manœuvres, vite, tu vas être en retard…

Nous sommes au lit. Alors Johnny me chuchote à l'oreille :

— Je ne veux pas y aller, dis-lui que je ne suis pas là.

— Tu es fou, c'est impossible voyons ! Ils te rattraperont de toute façon…

— Non, je n'y retournerai pas. Sylvie, dis-lui que je ne suis pas là.

Alors je le vois bondir dans le placard et s'y enfermer. Un véritable vaudeville…

C'était ça, et puis finalement il se résignait, recomptait les mois restants et partait, les yeux battus.

Pour moi, ce service militaire est une source d'angoisse permanente. Va-t-il tenir jusqu'au bout ? Que ne risque-t-il pas d'inventer pour s'y soustraire ? Je sais qu'avec lui je peux m'attendre au pire, et Stark aussi le sait, qui m'appelle régulièrement pour prendre des nouvelles de *mon* soldat. C'est durant ces mois difficiles que je me retrouve à chanter *Tous mes copains*, perchée sur un char, toute la caserne à mes pieds…

Johnny est encore sous les drapeaux quand je prépare mon premier tour du monde. J'ai remis la main sur mon agenda de l'époque, il y a de quoi avoir le vertige.

Cette première tournée mondiale s'ouvre en Turquie, au tout début de l'année 65. Deux spectacles par soirée à Istanbul, au Club X, un endroit très chic, et une prolongation de deux jours devant l'engouement du public. J'interprète *Si je chante*, *La plus belle pour aller danser*, *Dans tes bras*, en plus de succès anciens tels que *En écoutant la pluie*. Pour la première fois, je retrouve dans ce pays des goûts, des odeurs, des physionomies de la Bulgarie de mon enfance et cela me trouble, comme si une voix, soudain, m'invitait à regarder en arrière.

D'Istanbul, je rejoins le Portugal, où je donne quatre galas au Théâtre monumental de Lisbonne. Puis je m'envole pour les États-Unis. À New York, je suis l'invitée de « Hullabaloo » — soixante-quinze millions de téléspectateurs, l'émission *number one* du moment, animée par Paul Anka — où je présente mon dernier 33 tours, le premier en langue anglaise : *A gift wrapped from Paris*. À cette occasion, le *New York Herald Tribune* me rend un gentil hommage[1] : « Dans les journaux français, on parle presque autant d'une jeune fille blonde que du général de Gaulle. Elle a vingt ans. [...] C'est le troisième voyage de Sylvie aux États-Unis. »

Le lendemain de l'émission, je reprends l'avion pour Los Angeles où m'attend « Shindig », un autre grand show de la chaîne ABC. Sur le plateau, je suis en compagnie de Bobby Sherman, et surtout de Chuck Berry, brillant, magnifique, inoubliable.

Retour à New York, d'où je file pour une tournée des vingt-cinq plus grandes villes des USA : Philadelphie, Boston, Detroit, Washington, Baltimore, Denver, Dallas, etc. Dans pratiquement chacune, la télévision me

1. *New York Herald Tribune*, 17 mars 1965.

reçoit, et je termine par un second passage au « Tonight Show » de Johnny Carson sur CBS.

Ensuite, c'est le Canada : galas à Montréal, Québec, Ottawa, Toronto...

À peine rentrée à Paris, je repars pour Munich et Rome. Enfin je m'envole vers le Japon.

Le Japon ! J'étais folle de joie lorsque j'ai su que l'on me réclamait dans ce pays. Un million et demi de Japonais venaient d'acheter *La plus belle pour aller danser* ! C'était incroyable ! Inimaginable ! Le Japon m'attirait depuis l'enfance, il incarnait tous les mystères du lointain, de l'étrangeté, et puis j'avais l'intuition que le destin m'attendait là-bas, comme un bon présage, comme un souffle inexplicable qui me remplissait de curiosité et d'excitation.

À l'époque, on mettait dix-sept ou dix-huit heures pour aller au Japon à bord du stupéfiant Boeing 707 (premier grand jet à remplacer le Super Constellation à hélices qui, lui, devait mettre trois jours...). Avec une escale à Moscou. Ça n'en était pas moins interminable. Et les avions étaient vides — à part quelques hommes d'affaires, personne ne songeait encore à visiter le Japon. Du coup, on nous couvrait d'attentions, de cadeaux — kimonos, éventails, saké —, mes musiciens n'en revenaient pas.

Pour moi, ce premier long voyage est aussi l'accomplissement d'un rêve enfoui : faire le tour du monde. Tandis que nous survolons la Russie communiste, me reviennent ces images en noir et blanc d'Eddie et moi attablés autour d'une carte du monde, dans notre petite chambre de l'hôtel d'Angleterre, cherchant fiévreusement les bonnes réponses aux questions d'un concours organisé par les huiles Lesieur ou les pâtes alimentaires Trucmuche, et dont les lauréats gagneraient un billet pour un tour de planète. Mon Dieu, ces concours ! Ils nous transportaient dans le bleu du ciel des après-midi entiers, je pouvais m'imaginer m'envolant avec Eddie et, dans quelques-unes de ces villes aux noms incroyables, Bombay, Djakarta, Tokyo, Rio, écrivant à papa et maman des cartes postales enflammées. Combien d'années se sont écoulées depuis ces après-midi gris ? Sept ou huit, à peine, et me voici filant vers le soleil levant. Eddie somnole à ma droite. Oui, nous avons fini par le gagner, notre tour du monde, et pour nous, désormais, la vie est rouge et or…

Eddie est amoureux, il vient de rencontrer Doris, une jeune femme ravissante, Américaine d'origine polonaise, qu'il ne va pas tarder à épouser et qui lui donnera son premier fils, Michael. Doris est hôtesse de l'air mais ne le restera pas. Elle peint et dessine merveilleusement. Dans le futur, elle nous accompagnera souvent au Japon.

Micky Jones et Tommy Brown sont déjà de ce voyage, eux. Le premier est guitariste, le second batteur. L'un et l'autre d'un talent hors du commun. Eddie les a découverts après avoir dû renoncer aux Beatles. Ils seront de tous mes concerts durant une bonne décennie et m'écriront une vingtaine de chansons. Micky fondera le groupe Foreigner en 1976, et Tommy mourra tragiquement en 1978.

À l'aéroport de Tokyo, une foule impressionnante guette les atterrissages. Qu'est-ce qui me fait croire que tous ces gens attendent les Beatles ? Une idée comme ça, souvenir peut-être de cet Olympia, un an plus tôt, où les quatre garçons dans le vent ont failli m'écrabouiller de leur gloire immense. Mais non, c'est bien ma photo qu'ils brandissent et c'est bien mon nom qu'ils hurlent. Des teenagers en folie comme on n'en croise plus aujourd'hui.

Nous sommes reçus comme des rois, fleurs, cadeaux, limousines, palaces… En chemin, pourtant, je suis secrètement déçue : j'imaginais à des pagodes partout, des femmes en kimono dans les rues, un peu comme la Chine qui m'avait ravie, vue par Hergé, dans *Le Lotus bleu*. Or Tokyo ressemble plutôt à New York : des buildings, des voitures, des hommes pressés…

Mais l'enthousiasme des jeunes qui viennent m'écouter n'a rien à voir avec celui, plutôt timide, du public américain : ici, c'est un déchaînement inouï. À peine ai-je fini de chanter que la salle entière déferle sur la scène. Ils sont tous en uniforme de collégien, ils ont entre quatorze et dix-huit ans, et même dans l'exubérance ils restent courtois et organisés. Oui, incroyablement organisés : chacun dispose d'un petit carton encadré d'or, uniquement destiné à recevoir ma signature. Je donne des centaines d'autographes, je croise des milliers de regards éblouis, adorables. Dès le premier soir, leur dévotion, leurs gestes d'affection me touchent infiniment. Mon intuition ne m'a pas trompée : quelque chose de mystérieux et de très fort se noue immédiatement entre les Japonais et moi. Nous nous aimons au premier regard, nous avons une histoire à vivre ensemble et, très vite, dès mon troisième voyage au Japon, je me préoccuperai d'apprendre leur langue.

Je chante au Grand Théâtre nippon, à la télévision et, tard le soir, au Prince Hotel, l'un des clubs les plus sélects de la capitale. Puis nous partons pour la province par le premier train à grande vitesse — nous sommes sidérés, éblouis : Kyoto, Yokohama… Un soir, je dois me produire à Kanazawa, une petite ville de montagne, et nous attendons le train pour y aller. Sur le quai, à quelques mètres de nous, un vieux Japonais me regarde. Mais fasciné, comme on contemple une apparition. Alors, un de nos accompagnateurs vient me murmurer à l'oreille :

— Le monsieur, là-bas, avec la canne, demande s'il pourrait toucher vos cheveux...

Je me prête au jeu. Le vieil homme est émerveillé. Ému aussi. Comme beaucoup de collégiens de Tokyo, il n'avait sans doute jamais vu une jeune femme blonde.

Au retour, dans l'avion, je m'amuse à remplir un questionnaire : « Je déteste/J'adore », que m'a adressé *Salut les copains.* Je viens de le relire, près de quarante ans plus tard, et il me semble que je n'ai pas beaucoup changé.

Je déteste : les soirées mondaines, les climats froids et humides, voir corriger un enfant, faire et défaire mes valises, les gens qui se font remarquer, que l'on me prenne trop au sérieux...

J'adore : les petits enfants blonds, la mousse au chocolat, m'acheter des chaussures et des pull-overs, ranger mes armoires, parler et chanter en anglais, rentrer chez moi après un mois de tournée...

Chapitre 9

Mon mariage avec Johnny. Je l'avais rêvé confidentiel, intime, plein d'émotion, de gestes tendres, à l'image de notre amour qui se fichait bien des paillettes, du show-biz, même si à longueur de pages des journalistes glosaient sur nous. Il devait être célébré dans la petite église de Loconville, devenu le berceau des Vartan, en présence de mes parents, d'une poignée d'amis très proches et… de ma grand-mère paternelle ! Après des mois de démarches, la sachant seule depuis la mort de mon cher grand-père, papa était enfin parvenu à la faire sortir de Bulgarie. Sa présence à notre mariage était un événement qui nécessitait à lui seul que l'on se retrouvât entre nous.

Mes parents n'avaient pas épargné leur peine pour garder le secret. Ils avaient obtenu que les bans ne soient publiés qu'au tout dernier moment, exceptionnellement, et ils s'étaient arrangés pour s'adresser à des fournisseurs qui ne nous connaissaient pas suffisamment pour établir un lien quelconque avec Johnny et moi. Ils se faisaient une joie de cette fête familiale. Ils avaient petit à petit découvert Johnny, sa sensibilité, ses forces et ses faiblesses, et maintenant ils l'aimaient comme un second fils. Je crois qu'ils étaient sincèrement heureux de notre mariage, en dépit du tourbillon qu'ils pressentaient autour de nous, et qui leur faisait un peu peur, surtout à maman.

Oui, je l'avais rêvé comme un moment familial fondateur. Un de ces moments où l'on prend le temps de refaire le chemin parcouru depuis l'enfance, depuis Sofia, depuis la gare de Lyon le 24 décembre 1952, où l'on prend le temps de se dire enfin combien on s'aime, le temps aussi d'ébaucher l'avenir tel qu'on aimerait qu'il soit... À présent, papa ne pouvait plus marcher sans sa canne, et le sourire fragile qu'il arborait, comme pour nous persuader que tout allait bien, me serrait le cœur.

C'était le lundi 12 avril 1965, et voici la description qu'en firent le lendemain les envoyés spéciaux de *France-Soir* :

« À chaque fenêtre des maisons entourant l'église, un photographe montrait son nez. Des échelles avaient été louées. Un propriétaire avait enlevé les tuiles de son toit pour permettre aux reporters de travailler. La gouttière grimpant le long de l'église romane n'échappa pas à l'escalade. Les grilles entourant le cimetière non plus.

« À l'entrée du village, dans un champ, deux cents vélos et mobylettes jonchent l'herbe. Un peu plus loin, dans un autre champ, sont parquées presque autant de voitures. Les jeunes venus des villages sont endimanchés. Ceux de Paris en blue-jean. Un car a amené quarante-cinq jeunes filles d'Armentières. Annie, seize ans, a fait seule douze kilomètres à bicyclette pour venir de Gisors.

« Lorsque la voiture des jeunes mariés, sur le capot de laquelle étaient assis trois amis de Johnny transformés en gorilles, arriva devant l'église, elle fut littéralement poussée par une centaine de jeunes gens. Et, à leur descente de voiture, se produisit la plus grande bousculade de ce mariage. Les tombes du cimetière entourant l'église étaient impitoyablement escaladées, les enfants s'accrochaient aux croix de pierre, renversant et piétinant les pots de fleurs. Johnny, pour atteindre le parvis de l'église, dut protéger sa femme, souriante mais effrayée. »

Désespérée, plutôt. Depuis la veille — et l'annonce de notre mariage dans *Le Journal du Dimanche*! —, nous avions bien compris que quelqu'un avait trahi le secret, à la mairie, ou peut-être à l'église ? Des gendarmes avaient pris position devant les grilles de la maison, et nous avions repéré des photographes perchés dans les arbres. Maman était consternée, papa feignait de prendre ça avec flegme. Et moi, je faisais comme lui :

— Maman, on ne va pas les laisser nous gâcher notre fête, ne te fais pas de souci...

Ça, c'était le dimanche. Notre mariage était prévu le lundi matin à dix heures trente à la mairie, et une heure plus tard à l'église. Toutes les radios l'annonçaient, mais quelque chose me disait qu'il valait mieux ne pas les écouter et, comme prévu, je partis dormir chez mon amie Mercedes, rue de Berri, à Paris. Nous avions dit que je passerais chez elle ma dernière nuit de célibataire et je ne voulais pas y renoncer sous prétexte que les photographes nous assiégeaient.

Mercedes était l'une de mes deux meilleures amies, avec Luce Dijoux, dont j'ai déjà parlé. Je l'avais rencontrée deux ans et demi plus tôt, au journal *Music-Hall*, lors d'une interview. À l'époque, elle y était rédactrice de mode, et elle m'avait prêté son propre manteau, que je trouvais ravissant, pour une photo. Un manteau écossais, avec un col noir et des revers aux manches en faux astrakan. Mercedes incarnait tout ce que j'aimais chez une fille, elle était extrêmement douce, romantique, secrète, et en même temps je savais que je pouvais lui faire confiance — elle était solide, étonnamment mûre pour son âge. D'un milieu bourgeois, fille d'un général d'aviation, elle souffrait de la séparation de ses parents et se préoccupait de sa mère avec une attention et des sentiments que je partageais. Notre amitié avait été immédiate, évidente.

Le lendemain matin, lorsque nous rejoignons mes parents à Loconville, c'est déjà le cirque que décrit si bien *France-Soir*...

Mais, curieusement, ça n'entame pas mon émotion. Mercedes et moi avons parlé une grande partie de la nuit, je lui ai confié combien j'aime Johnny. Tout en lui me bouleverse, et j'ai eu cette phrase qui me revient à l'esprit au moment où nous entrons à la mairie : « C'est étrange, tu sais, je suis follement amoureuse, et pourtant je n'ai pas l'impression que je vais finir ma vie avec lui. » Qu'ai-je voulu dire ? Que mon amour est trop parfait pour durer ? Qu'il me cache des désaccords profonds dont j'ai déjà l'intuition ?

Johnny arrive de sa caserne d'Offenburg, où il lui reste encore deux mois de service à effectuer. Il porte l'habit, il n'a plus rien du rocker extravagant qui se roule sur scène, il est intimidé et très beau, et moi je suis éblouie, si heureuse, oui, d'être sa femme. Pour ce jour inoubliable, nous avons tout fait dans les traditions et je suis en blanc, dans une robe d'organdi à manches longues dont la cape, également en organdi, dispose d'une jolie capuche au fond de laquelle je peux cacher mes larmes...

C'est en sortant de la mairie, pour tenter de gagner l'église, que les choses se gâtent. Nos amis sont écrasés, bousculés, et moi je ne pense qu'au désarroi de ma grand-mère. Où est-elle ? Qui la protège de cette foule hystérique ? Que peut-elle comprendre de toute cette folie, elle qui m'a regardée partir en pleurant douze ans plus tôt sur un quai de gare lugubre, et qui me retrouve aujourd'hui traquée par les photographes et par une jeunesse qui lui est complètement étrangère ?

Par bonheur, le père Zupan est venu tout exprès de Bulgarie pour nous marier. C'est un ami de la famille, il m'a baptisée vingt ans plus tôt et il fait dans mon esprit le lien entre passé et présent, entre l'enfance et cette vie d'artiste dont je voudrais parfois m'échapper pour prendre un peu de recul. Ceux que nous avons réunis autour de nous représentent ces deux mondes : pour moi, les Krauss, mes parents, ma grand-mère, mon frère (les Brink, alors en poste au Maroc, n'ont pas pu faire le voyage) assis près de Carlos, Johnny Stark, Luce, Mercedes et Jean-Marie Périer ; pour Johnny, sa tante Hélène Mar, sa cousine Desta et son mari Lee, au côté de son ami Long Chris, de Jean-Pierre Pierre-Bloch et de quelques autres…

Après la messe, il y aura cette photo de famille sur le perron de Loconville. Ces photos, plutôt. Maman est radieuse, dans une robe rose — sur tous les clichés elle sourit. Eddie semble ailleurs, opportunément caché derrière d'énormes lunettes noires. Et moi, je suis hilare, un bras sous celui d'un Johnny figé, comme ces figurines qu'on plante au sommet des pièces montées, et l'autre sous celui de papa qui paraît terriblement âgé. Il n'a pourtant que cinquante-deux ans…

« Ils se sont mariés comme des enfants sages », écrit justement *Jours de France*[1]. Et à Yves Salgues qui m'interroge

1. *Jours de France*, 24 avril 1965.

sur la suite, je réponds du tac au tac : « Un couple sans enfant, c'est comme un ciel d'été sans soleil… »

Qu'en pense Johnny, de mon soleil ? Il ne le dit pas clairement, mais son entourage, et en particulier Johnny Stark, notre imprésario commun, le murmure à sa place. Bon, le mariage est bien passé, parce que Johnny et moi sommes de la même veine, deux « idoles », n'est-ce pas ? c'est un hasard et une chance inouïe. Mais l'enfant ? Eh bien, l'enfant ne passera pas, voilà. C'est l'avis de Stark. Des autres aussi. Et comme je feins de ne pas entendre, de ne pas comprendre, ils haussent le ton.

— Sylvie, tu vas briser ta carrière d'un seul coup, tu ne t'en relèveras pas.

— Qu'est-ce que vous en savez ?

— C'est une question d'image. En mère de famille, tu ne feras plus rêver personne…

— Jusqu'ici, j'ai mené ma vie exactement comme je l'entendais, et ça ne m'a pas trop mal réussi.

— Bon Dieu, tu ne comprends donc pas que la maternité est incompatible avec le métier d'idole ?

— Mais c'est grotesque ! Ça n'est pas un métier d'être une idole. Qu'est-ce que vous croyez, que je vais sacrifier ma vie de femme pour une carrière ?

— Comme tu voudras, mais on t'aura prévenue !

Comme je voudrai, oui, à ceci près que pour concevoir un enfant il faut être deux et que Johnny est soumis au même matraquage.

Or, à ce moment de sa vie — il n'a que vingt-deux ans —, Johnny n'est pas sûr de lui. Élevé par sa tante Hélène Mar, sans modèle paternel, il s'est longtemps reproché, à l'adolescence, de n'avoir pas l'air d'un homme. Et, de fait, il ressemble plutôt à un ange sur les photos de ses quinze ans. Chouchouté par ses deux cousines, Desta et Menen, les filles de Mme Mar, nettement plus âgées que lui, habillé avec délicatesse et coiffé comme un jeune homme de bonne famille, il ne se trouve pas assez viril et va même jusqu'à s'entailler les joues avec une lame de rasoir pour acquérir un peu de virilité à ses propres yeux. À seize et dix-sept ans, quand il commence à chanter, il porte encore de sages costumes et les cravates que lui offre sa tante. Et puis il devient rocker, le premier rocker français, et Stark n'a pas tort de parler d'image, car le Johnny que plébiscitent ses fans a troqué le costume contre le cuir, la cravate contre les chaînes, sur les conseils de Lee Hallyday, qui a épousé Desta, et, en fait de bonnes manières, il hurle et se roule sur la scène avec sa guitare électrique. Il s'est transformé en dur du jour au lendemain ou, plutôt, il a endossé une carapace de dur.

Le Johnny que j'apprends à connaître, et qui me séduit, est évidemment celui qui se cache sous ce déguisement : un garçon à fleur de peau, réservé, sensible, éternellement en quête d'un modèle masculin et qui, plutôt que de s'enorgueillir de son fulgurant succès, en semble le spectateur incrédule.

Oui, d'une certaine façon, le succès de Johnny tient en partie à un malentendu : il n'est pas celui qu'imaginent ses fans. Néanmoins il est là, le succès, phénoménal, prodigieux, et même si Johnny est un magnifique chanteur, son entourage estime que sa réussite est *aussi* une affaire d'image.

Un rocker est par essence un rebelle, un révolté, un cœur déchiré. Vous en connaissez, vous, des rockers qui vivent dans un pavillon de banlieue entre bobonne, les trois gosses et le chien Sultan ? C'est ce cauchemar épouvantable qui hante les nuits de Johnny Stark. Déjà, la pilule du mariage lui est restée en travers de la gorge... Mon désir d'enfants (avec un « s », oui, pour ne rien arranger), répété ici et là à qui veut l'entendre, lui donne carrément des poussées d'urticaire. Non seulement Sylvie est fichue, se dit-il, mais elle va ruiner mon Johnny.

Son Johnny, qui est aussi le mien, et qui imperceptiblement perd pied. Le voilà pris entre la menace d'une carrière brutalement interrompue et la tentation d'une famille. Puisqu'il faut choisir, puisque ce sera l'une ou l'autre, puisque les deux sont incompatibles. Or Johnny a pris goût aux deux. Son métier de chanteur, grisant, enivrant, lui a ouvert, comme à moi, les portes du monde. On le reconnaît, on l'aime, on le couvre d'éloges et de baisers, il est riche, il peut assouvir sa passion pour les belles voitures (toutes ses passions, à vrai dire), et il n'est sûrement pas agréable, dans un tel ciel, de s'entendre prédire qu'on va tout perdre, retourner au sombre anonymat, comme Rocky Volcano, tiens, qui fut un temps comparé à Johnny, en 1961, avec *Comme un volcan*, avant d'être lâché par sa maison de disques et de se recycler dans le commerce des pizzas...

Quant à ce que peut apporter une famille, Johnny l'a découvert chez moi et, en matière de famille, il nous fait confiance. Il ne lui est pas insensible d'être l'enfant chéri de maman, l'objet de l'estime de papa, de sa bienveillance aussi. Il ne lui est pas indifférent d'avoir enfin une place. Et quand Hélène Mar mourra, elle résumera tout cela avec émotion, en me soufflant à l'oreille : « Sylvie, vous êtes la seule à aimer vraiment mon Johnny, ne le laissez pas, ne l'abandonnez pas, jamais. Promettez-le-moi ! » Je lui ferai ce serment, touchée aux larmes par son angoisse et son désespoir.

Johnny perd pied, oui, et, comme souvent, la vie vient à son secours : à la fin de l'année 1965, j'attends un enfant !

J'écris alors ces quelques lignes dans un des innombrables carnets auxquels je confie tout ce qui me traverse l'esprit :

« Il n'est pas l'enfant du hasard, c'est un enfant voulu, désiré, rêvé, né d'un amour fou. En cette nuit particulière de novembre, nous l'avons voulu très fort, Johnny et moi. Et dès le lendemain, je me suis sentie différente, apaisée, habitée. Pour moi, il n'y a aucun doute, c'est la plus grande aventure de ma vie qui commence. On me dit qu'il va falloir attendre un mois pour en avoir le cœur net. Eh bien, j'attendrai, mais sans inquiétude.

« Trois semaines viennent de s'écouler quand j'entends enfin le docteur m'annoncer : "Vous êtes bien enceinte, madame." Il sourit timidement, et moi je suis si heureuse que je voudrais l'embrasser ! À la maison, tout le monde accueille la nouvelle avec une grande émotion. C'est une journée lumineuse, pleine d'espérance et d'amour. Depuis toujours, j'aime les enfants. Petite fille, déjà, je me rêvais flanquée d'une ribambelle de gosses, une famille nombreuse. Alors je ne touche plus terre. De nouveau, je vois la vie en bleu et jaune. Ce sera un garçon, je le sais. »

Ce Noël 65, notre premier Noël de jeunes mariés, nous le passons en famille à Loconville. Johnny et moi sommes heureux, comblés. Nous sommes parvenus à réunir sous notre toit tous ceux que nous aimons : mes parents, mon frère Eddie, ma grand-mère, nos amis les plus fidèles : Jean-Jacques Debout et sa fiancée Chantal Goya, Long Chris, le plus vieux confident de Johnny, Jean-Pierre

Pierre-Bloch, son secrétaire, et Carlos, bien sûr, mon infatigable compagnon de tournée.

Jean-Jacques Debout m'offre ce soir-là une chanson qu'il a écrite spécialement pour moi, et qui en un quatrain me résume assez bien :

Il y a deux filles en moi
Celle qui chante la joie
Il y a deux filles en moi
Celle qui pleure tout bas

De tous nos amis, Jean-Jacques est certainement celui qui me connaît le mieux, et il y a dans les strophes suivantes comme une prémonition de ce que va devenir notre vie, avec Johnny, dans les prochains mois :

L'une dit : J'ai de la chance
Et pour lui j'ai tant d'amour
Que mon cœur aura confiance
Attendons son retour

L'autre dit : Demain peut-être
Il ne me reviendra pas
La maison sera déserte
La vie s'arrêtera…

Ces quelques mois d'attente des premiers mouvements de notre enfant, Johnny ne veut pas les vivre. Je crois que son existence bascule secrètement, et la nôtre avec, le jour où il réalise qu'il va être père. Père ! Sans doute cette seule évocation provoque-t-elle en lui un vertige insupportable, lui qui a été abandonné par le sien. Et puis cela fait sûrement écho aux prédictions désastreuses de tout son entourage : le rocker enfin réconcilié avec la vie, rangé des voitures, retraité, fini. Et du coup, il s'en va. Il disparaît. Les tournées l'appellent, ses fans le réclament aux quatre coins du monde.

Jean-Jacques a raison, cependant, pour lui j'ai tant d'amour que mon cœur a confiance, et je guette son retour.

Dans mon carnet, je n'évoque d'ailleurs que le bonheur d'être bientôt maman :

« Je guette le moindre signe, le moindre changement de mon corps. Et ce jour arrive. À vrai dire, c'est une nuit. Pour la première fois, alors que je suis tranquillement allongée sur le dos, je sens la vie qui bouge en moi. Est-ce possible, déjà ? Non, ce doit être mon imagination. Alors, immobile, tous les sens en éveil, j'attends. Et soudain, le revoilà, ce petit coup sourd et timide, comme on frappe doucement à une porte. C'est lui, mon bébé, qui vient m'avertir qu'il est bien vivant et que désormais son cœur battra à l'unisson du mien, pour toujours, jusqu'à mon dernier souffle. Où que j'aille, quoi que je fasse, je ne serai plus jamais seule. Cette pensée me remplit de force et de confiance en l'avenir, malgré l'absence de Johnny avec qui j'aimerais tellement partager cet éblouissement.

« Plus les semaines passent, plus mon bébé grandit, et plus je le sens remuer. L'autre jour, pendant l'échographie, je l'ai vu pour la première fois. C'est inimaginable, impensable, et pour rien au monde je n'aurais voulu être un homme à ce moment-là. Chaque matin, je me réveille avec le sentiment d'être immortelle, de toucher à l'éternité. Entre lui et moi existe une communion parfaite. Il ressent tout ce que je ressens, entend tout ce que j'entends. S'il m'arrive de chanter, il se manifeste aussitôt. Je souris en pensant que peut-être, à force d'entendre de la musique, il deviendra lui aussi musicien. Mystère, mystère… D'après le médecin, il devrait naître aux environs du 15 août et je me dis que ce serait en effet mon plus beau cadeau d'anniversaire. »

Mais le temps passe, et Johnny ne revient pas.

Ou si peu.

Si mal.

C'est l'époque où je lance ma collection de prêt-à-porter. En mars de cette année 66, j'assiste au défilé. On commence à voir que je suis enceinte. Johnny est revenu exceptionnellement vers moi. Il cache son désarroi derrière des lunettes de soleil à la Mastroianni. Il est ailleurs, nerveux, fébrile, pressé d'en finir. Et il repart.

Il est en tournée en Pologne, en Tchécoslovaquie, dans différents pays de l'Est, et c'est Eddie, qui est à ses côtés, qui me donne de ses nouvelles.

En mai ou juin, j'ai tellement le désir de lui faire partager ce que je vis que je le rejoins pour deux ou trois concerts. Il chante *Le Pénitencier*, magnifiquement, mais, quand nous nous retrouvons, je mesure brusquement la distance qui nous sépare. Johnny est ailleurs, très loin de moi, de nous, et c'est un déchirement intime. En quelques heures, je comprends que mon idéal amoureux, mon rêve d'une famille ne sont que des illusions. Johnny, qui était avec moi au tout début de l'aventure, complètement avec moi, a quitté le navire au fil des mois. J'ai beau essayer de l'excuser, au nom de son enfance, au nom de toutes ses fragilités que je connais et que j'aime, je n'en ressens pas moins sa distance comme une trahison. Une impardonnable trahison dans ce moment si fondateur.

Les derniers mois, je les traverse donc également seule, en communion avec mon bébé, avec le souci, quand la rupture avec Johnny sera consommée, de me garder de trop souffrir pour ne pas affecter ma santé, mon enfant. Oui, je pense à lui surtout, et je me protège d'une douleur dont par instants la violence me transperce. Je passe une grande partie de mon temps à lui parler, à guetter ses mouvements, et cela me maintient malgré tout dans l'émerveillement. Depuis le premier jour, je sais que ce sera un garçon, exactement conforme à l'enfant dont je rêve. J'ai choisi de rester à Loconville, la maison familiale, plutôt que d'habiter notre appartement de Neuilly. Je me sens plus forte et sereine entourée des miens, ma mère, mon père, ma grand-mère, qui me manifestent discrètement leur affection sans jamais porter de jugement sur la désertion de Johnny. Ou alors pour l'excuser, me redire combien ils ont confiance en lui. « Il est si jeune ! » me répète inlassablement maman.

Cependant, plus le terme approche, plus les dégâts me paraissent irréparables.

Johnny, dans son livre[1] : « Très sagement et très sérieusement, Sylvie se prépare à son nouveau rôle de mère. Nous jouons de plus en plus souvent à Je t'aime, moi non plus.

« Elle est droite, hypersensible. Ange de patience, elle supporte tant bien que mal mes écarts de conduite. Je déterre régulièrement ma vie de garçon, rentrant à la maison au petit matin, dans de piteux états.

« Destroyé.

« Minable.

« Hagard.

« Déjà, nous avons frôlé la rupture.

« Conflits.

1. Johnny Hallyday, *Destroy*, éditions Michel Lafon, 1997.

« Brouilles.

« Chérie ! *It's only rock'n'roll...*

« Mais tu vas être père !

« La phrase qui tue. Comme si je ne le savais pas. Être père. Cette future responsabilité me fait peur, m'angoisse. Il faut que je sois à la hauteur. Ne surtout pas ressembler à Léon, mon propre père. Être digne. Rocker, mais digne. Assurer ! »

Non seulement Johnny n'assure pas, mais il faudrait être aveugle pour ne pas lire dans son comportement qu'il a décidé de tout détruire.

Notre enfant n'est pas né que déjà je prends contact avec un avocat pour envisager de divorcer. Maintenant que l'idée est là, elle m'apparaît au fil des jours de plus en plus évidente. Oui, à la veille de mon accouchement, ma décision est prise : je vais divorcer.

David vient au monde le 14 août 1966 à vingt-deux heures quarante. À deux heures près, nous naissions le même jour ! Il est le petit garçon blond aux yeux bleus que je voyais dans mes rêves. Un soleil, oui, mais un soleil dans un ciel parcouru de gros nuages.

Johnny n'est pas là pour la naissance. Cette nuit-là il chante, de l'autre côté des Alpes.

Et moi, j'écris ces quelques lignes, à chaud :

« Ce vendredi 12 août, je suis prise de contractions et je décide immédiatement de regagner Paris, notre appartement de la place Winston-Churchill. J'attends avec maman, et Carlos, mon cher Carlos, qui depuis un mois campe à la maison jour et nuit.

« Le dimanche 14 août, je me sens fatiguée. Il fait très chaud et, après le déjeuner, j'essaie de dormir un peu. Maman est sortie promener Molière. Carlos doit somnoler quelque part. Tout est calme dans l'appartement. Tout à coup, c'est comme un tremblement de terre. Nous partons en trombe, sans attendre maman, direction la clinique du Belvédère qui est, Dieu merci, à deux pas de chez nous. Prévenu aussitôt, le médecin est là pour m'accueillir. Les douleurs sont très violentes et une peur incontrôlable m'envahit. Puis tout se précipite, et dans la confusion je n'entends qu'un mot du médecin : "Il y a va de la vie de l'enfant !" C'est comme si le sol se dérobait sous moi, je ne comprends pas, je le cherche des yeux, mais déjà on m'emporte. Je pars vers la salle d'opération avec dans les yeux le sourire confiant de Carlos et, au moment de sombrer sous l'anesthésie, j'ai une dernière pensée pour Johnny.

« C'est la voix de la fiancée de Carlos qui berce mon réveil : "C'est un garçon, c'est un garçon, tu as un garçon, Sylvie !" Elle ne sait pas si je dors encore, si je suis consciente, et donc elle répète la bonne nouvelle inlassablement, à tout hasard. Et moi, je rétorque : "Je sais, je sais", mais sans qu'aucun mot sorte de ma bouche. Enfin, le 15 août au matin, pour mes vingt-deux ans, je découvre mon bébé, mon fils. Incrédule et émerveillée, je ne peux détacher mes yeux de ce petit visage lisse, si calme, si beau, fascinée, paralysée par ce miracle. Mais, au fait, à qui ressemble-t-il ? Des yeux bleus et étirés, comme dans mes rêves. Et il sourit aux anges…

« C'est curieux comme je suis à la fois folle de bonheur et dépitée, vide. Je m'étais habituée à cet état de grâce où nous ne faisions qu'un. Maintenant, on nous a séparés, on a coupé ce lien qui nous unissait si étroitement, si égoïstement, et voilà que son cœur ne m'appartient plus. Bien sûr, il va battre à mes côtés pour toujours, mais d'une autre façon, en dehors de moi. Ça y est, je suis redevenue une simple mortelle…

« Quelques coups à la porte me ramènent à la réalité : "Des fleurs pour vous !"

« Mon Dieu, je croule sous les fleurs et les télégrammes. Je suis touchée et émue par toutes ces marques d'affection venues des quatre coins du monde pour saluer la naissance de mon petit prince.

« Maman vient me murmurer à l'oreille que Johnny est là, rentré d'Italie dans la nuit. Les traits tirés, fatigués, le voilà. Il s'approche de nous, un peu embarrassé, mais visiblement ému. Spectateur incrédule, lui aussi, devant son enfant qui dort en dépit du vacarme des photographes derrière la porte. Un léger baiser sur la petite joue rose, un autre pour moi, et c'est tout pour notre intimité. Les photographes entrent aussitôt pour immortaliser l'image d'un bonheur qui nous montre enfin tous les trois réunis. Bonheur dont je suis la seule à savoir qu'il est condamné. Johnny repart aussitôt, sa tournée l'attend. Pendant les heures qui suivent, et durant toute la journée, parents et amis viennent fêter l'heureux événement avec moi. Ce n'est que tard le soir, ivre de bruit et d'émotion, que je retrouve le calme et la tranquillité pour serrer contre mon cœur le plus beau cadeau de ma vie, David ! Enfin seuls ! »

Johnny, dans son livre encore : « La tournée continue en Italie. Le 14 août, Sylvie entre en clinique. Ce soir-là, je chante à Milan. Carlos me téléphone juste avant le concert et m'annonce l'heureux événement :

« — Tu es papa, mon Jojo ! C'est un fils !

« La naissance du roi David est fêtée comme il se doit. Et même un peu plus. Nouvel hôtel saccagé…

« Le lendemain, à Paris, bloqué par l'émotion, totalement désemparé, je découvre mon fils. Je ne peux détacher mes yeux du bébé. J'éprouve une immense fierté. Sylvie vient de me faire le plus beau cadeau du monde.

« Mais cette naissance va accélérer le processus de déstabilisation. Depuis la fin du service militaire, j'avais entamé, inconsciemment, une lente mais irrésistible autodestruction. Je me dégoûtais, mais il fallait que j'aille au bout de mon sale trip.

« Toucher le fond.

« Vertiges de la descente[1] ! »

Johnny en tournée, David et moi regagnons Loconville.

J'ai tellement voulu cet enfant, je l'ai tellement attendu que, assez curieusement, l'absence de son père et la perspective de notre séparation n'entament pas vraiment mon bonheur. Je vis mes premiers jours de jeune maman, sous le ciel estival, dans une euphorie de chaque instant. Et puis quel réconfort d'avoir ma propre mère ! Comme à son habitude, maman se montre pleine de tact, et en même temps disponible, sans arrêt prête à partager mon plaisir… Loconville flotte en pleine extase, et chaque tétée, chaque change, est l'occasion de pâmoisons, et même parfois d'une petite larme de maman. Plus pudique, papa attend qu'on ait tourné le dos pour regarder dormir son petit-fils.

Que de chemin parcouru par mes parents depuis Sofia, l'espoir du visa et l'angoisse de l'arrestation… Les observer penchés sur le berceau de David est comme un second cadeau du destin, plus secret, plus enfoui, et dont je remercie silencieusement le ciel.

1. *Destroy*, *op. cit.*

Pendant ce temps-là, Johnny est à Londres, il a compris que je souhaite le quitter et il enregistre *Noir c'est noir.*

Il doit rentrer à Paris le 10 septembre, pour chanter le jour même à la Fête de *L'Humanité.* On l'y guettera en vain. Ce jour-là, il tente de se suicider.

Je le laisse relater dans quelles circonstances[1] : « Le matin du 10 septembre, dans la Caravelle qui me ramène à Orly, je ne suis pas au mieux de ma forme. Sylvie n'a toujours pas donné signe de vie. La veille, à Londres, je suis descendu très bas : drogues, alcool... Des pilules rouges circulaient dans le studio d'enregistrement. J'en ai pris une au passage. C'est la seule et unique fois de ma vie que j'ai touché à l'acide. En plein état dépressif, le trip a été monstrueux : visions, distorsions, la pièce rapetissait ; tout en restant à la même place, je me voyais sortir par la porte du studio... Hallucinations, serpents sur les murs...

« Mon avocat m'a cueilli à l'aéroport en pleine descente de LSD. Les nouvelles n'étaient pas mauvaises. Elles étaient abominables. Dans l'ordre, Sylvie demandait le divorce et le fisc me réclamait un arriéré de quatre millions de francs. [...]

« C'est un homme-enfant consumé, vidé, ravagé par les démons de sa jeunesse et les échecs de sa vie sentimentale, qui est arrivé chez lui.

« Il y avait trois personnes dans l'appartement : Gill Paquet, Jean Pons et mon secrétaire, Ticky Holgado. J'ai essayé de téléphoner à Sylvie pour la faire revenir sur sa décision. Pas de réponse. J'ai tourné, viré comme un lion en cage. Puis je me suis enfermé dans la salle de bains.

1. *Destroy, op. cit.*

Face au miroir, j'ai vu un mec qui ne me plaisait pas, avec une gueule ravagée par les drogues et l'alcool.

« Bilan…

« Tu voulais toucher le fond, mon pote. Le moment est arrivé. Tu ne peux pas descendre plus bas. Tu as tout foiré, tout perdu : ta femme, ton fils. Ta carrière se barre en couilles. Tu es comme ton père, un type immature qui fuit les responsabilités. Tu misais sur l'amitié et tes potes t'ont trahi. Alors…

« Alors comme dans un cauchemar, dans la lumière blafarde des néons, j'ouvre l'armoire à pharmacie… J'avale un tube entier de barbituriques que je fais passer avec des rasades d'éther. Et pour être certain de ne pas me rater, je prends mon rasoir. Éclairs de la lame qui tranche les veines du poignet à plusieurs reprises. »

Quand j'apprends la nouvelle, Johnny est à l'hôpital Lariboisière. C'est un choc terrifiant, comme un séisme en plein conte de fées. Johnny ! Le père de ce petit garçon qui apprend tout juste à sourire, mon grand amour hier encore…

À l'hôpital, on me rassure. C'est Ticky Holgado qui l'a découvert baignant dans son sang, après avoir enfoncé la porte de la salle de bains. Comme il y avait une foule de fans devant l'immeuble, ils ont dû cacher Johnny dans le coffre de la voiture pour pouvoir sortir sans éveiller l'attention. Décidément, le cirque ne nous épargne plus, même en plein drame…

À Loconville, c'est l'accablement après l'euphorie. Dans mon esprit, le geste de Johnny ne change rien à ma décision : il n'y a plus de place pour moi dans sa vie, il me l'a clairement signifié dans les mois qui ont précédé la naissance de David et, quoi qu'il fasse désormais, quelque chose est irrémédiablement cassé dans notre histoire. J'en parle longuement à maman, que le désespoir de son gendre plonge dans une grande souffrance. Elle est choquée, et surtout terriblement inquiète pour l'avenir de son petit-fils. Mais elle m'écoute. Elle comprend combien nous sommes différents, lui et moi. Lui avec sa bande de copains, ses voitures, ses nuits blanches, moi avec mes désirs de famille, mes exigences de loyauté, de sentiments vrais et forts.

— Nous nous rendons mutuellement malheureux, lui dis-je, et en dépit de ce suicide je crois qu'il vaut mieux désormais que chacun emprunte le chemin qui correspond à ses aspirations.

Maman comprend, oui, et à la fin seulement elle sort de sa longue méditation.

— Écoute, Sylvie, même si tu as le sentiment qu'il n'y a plus aucune chance pour que cela marche entre vous, tu te dois de lui offrir une ultime chance, pour votre fils, pour David. Et puis, tu sais, Johnny est si jeune encore, il n'a que vingt-trois ans, ce n'est pas beaucoup pour être père. Toi, tu n'as pas eu la même éducation, et puis tu as porté David, ça fait une énorme différence. Johnny n'est encore qu'un grand enfant. Laisse-lui le temps de grandir, d'approcher son fils, de l'aimer, et c'est peut-être toi, à la fin, qui reviendras vers lui…

La raison me dit qu'elle n'a pas tort, même si le cœur n'y est plus. Pour David. Oui, pour David, je n'ai pas le droit de claquer définitivement la porte. Je suis peut-être trop idéaliste, trop entière, je dois apprendre le compromis.

— Réfléchis, Sylvie, ne prends pas de décisions précipitées.

Venant de n'importe qui d'autre, le conseil aurait sans

doute fait long feu, mais venant de maman qui continue d'incarner à mes yeux l'intelligence, l'élégance, le courage, il ne me laisse pas indifférente. Reste que les dégâts sont effrayants. Tous ces sentiments qui nourrissent une relation amoureuse — la confiance, le respect, l'estime... — ont disparu. Je le constate avec effarement au fil d'une longue nuit sans sommeil. Reviendront-ils avec le temps ? Je ne sais pas. Et, en attendant, comment faire pour reprendre la vie commune sans eux ? Peut-on partager le quotidien d'un homme que l'on a cessé d'admirer, en qui l'on n'a plus confiance ? Non. Oui. Mais alors au nom d'idéaux qui n'ont plus rien à voir avec l'amour : le sens des responsabilités, la compassion, la charité... Oh ! là là ! dans quoi est-ce que je m'engage ? Je n'ai que vingt-deux ans et me voilà partie dans une réflexion de femme mûre, de femme de devoir...

Et c'est cette réflexion-là qui l'emporte, bien sûr. Le petit soldat qui sommeille en moi depuis l'enfance trouve soudain de quoi s'élancer. Je n'ai pas le droit d'abandonner Johnny, j'ai fait le serment à sa tante de demeurer à ses côtés. Sans l'équilibre que je lui apporte — même s'il feint de ne pas en vouloir —, sans l'affection que lui donne ma famille, il va sombrer, se perdre. C'est ce qu'il vient de faire, d'ailleurs. Nous sommes les seuls à l'aimer vraiment, d'un amour désintéressé, tous les autres l'utilisent, le manipulent. Il est entouré de faux amis, de flatteurs, d'aigrefins, de pauvres types, et il ne voit rien. Il est si jeune, en effet... Tous ces courtisans le dépouillent, et quand il se noie, eh bien, ils se mettent aux abonnés absents. Ça n'est pas notre style. Chez nous, la loyauté, la fidélité ne sont pas des mots en l'air.

Tant pis pour moi. Mon amour renaîtra, ou ne renaîtra pas. On verra bien. Mais ma décision est prise : je vais lui tendre la main. Non pas comme on se réconcilie avec un amant tumultueux, mais comme on tend la main à un enfant malheureux. Ai-je clairement conscience de la nuance au moment de le faire ? Je crois que oui. À partir de ce jour, ce jour où nous reprenons la vie ensemble, Johnny n'est plus tout à fait un mari dans mon esprit. Il est devenu mon second enfant. Déjà grand, certes, mais dont je me sens responsable autant que de David.

Chapitre 10

Six mois après être passés tout près de la rupture — et du drame —, Johnny et moi nous retrouvons ensemble à l'affiche de l'Olympia. C'est une première. L'idée est de Bruno Coquatrix, qui a su nous convaincre — ni Johnny ni moi ne le souhaitions. D'une façon générale nous faisions tout, depuis notre rencontre, pour ne pas incarner « le couple de la chanson », une vedette à deux têtes. Nous sommes sur la même affiche, oui, mais nous chantons chacun à tour de rôle, moi en première partie, Johnny en seconde, et je le retrouve à la fin seulement pour un duo. Je porte cette année-là un costume de torero que je me suis fait faire au retour d'une corrida en Espagne. Je l'adore. Il est noir, rehaussé d'une ceinture rouge et de galons dorés.

Initialement prévu du 15 mars au 4 avril 1967, le spectacle est prolongé jusqu'au 16 avril. C'est un succès.

Dans la vie privée, comme sur la scène, Johnny s'est rapproché de moi. Il fait des efforts pour être plus conforme à ce que j'attends d'un homme, d'un père, et il chante :

Si j'étais un charpentier
Si tu t'appelais Marie
Voudrais-tu alors m'épouser
Et porter notre enfant ?
Ma maison ne serait pas
La maison d'un roi
Je l'aurais construite pour toi
Seul avec mes mains…

« J'ai enregistré cette chanson pour montrer à ma femme combien je l'aime », confie-t-il alors. Si la musique est de Tim Hardin, les paroles ont été adaptées par Long Chris, qui sait tout de Johnny.

Quant à moi, j'interprète, en duo avec Carlos, *2'35 de bonheur,* et la très belle chanson de Jean Renard et Gilles Thibaut : *Par amour, par pitié.*

On ne rit pas d'un arbre brisé,
On arrose une terre brûlée
On ramasse un oiseau tombé
On recueille un chien sans collier
Par amour ou par pitié…

En dépit des attentions de Johnny, je ne suis plus dans l'amour. En convalescence, peut-être. Je compte sur le temps pour réparer petit à petit les choses, sans trop savoir si elles sont réparables. Désormais, je suis dans le devoir, dans la responsabilité, avec le sentiment têtu de porter toute seule tous les miens.

Du coup, la perspective des concerts, des tournées, m'apparaît comme une libération. Partir ! Me reposer sur maman pour mon David, oublier un peu Johnny et ses sautes d'humeur, son instabilité chronique. Oui, de l'air !

J'ai besoin d'air pour recouvrer mon indépendance et ma liberté chérie. Ces départs me consolent d'une vie privée qui a cessé de me combler. Mon épanouissement, je le connais sur scène. Plus que jamais la scène me permet d'échapper à mon propre personnage, à cette Sylvie morale, responsable, inflexible, qui me fatigue à la longue. Ma part de folie, de fièvre, ce n'est plus auprès de Johnny qu'elle se révèle, mais devant mon public, une fois le rideau levé. Petite, j'oubliais sur scène ma timidité, je me sentais capable de grandes choses et je priais secrètement pour qu'on m'offre le meilleur rôle (mais oui, je n'avais pas froid aux yeux, moi plutôt réservée, pour ne pas dire complexée par ailleurs). Devenue femme, et chanteuse plutôt que comédienne, le même scénario se reproduit : la scène m'emporte, me déborde, me transcende.

Les critiques ne vont pas tarder à percevoir le changement, tout en se demandant à qui, ou à quoi, attribuer cette métamorphose.

« Elle est irrésistible, écrira bientôt Claude Sarraute dans *Le Monde*[1], il n'y a pas d'autre mot, mince et musclée, blonde et dorée, avec quelque chose en plus, un côté "créature de rêve", héroïne de bandes dessinées. Quand elle entre en scène, moulée dans une sorte de pyjama lamé, on est tout étonné de la trouver si belle. Car, enfin, Sylvie Vartan n'est pas une découverte. On la savait jolie, capable de remplir la place de la Nation ; capable aussi de recevoir tomates fraîches et quolibets, sans se démonter ; capable de se faire oublier après son mariage — jugé scandaleux par leurs fans — avec Johnny Hallyday. On la disait courageuse, obstinée et intelligente

1. *Le Monde*, 5 décembre 1968.

avec cela, bonne femme d'affaires, bonne ménagère d'une carrière en dents de scie, bâtie ou plutôt rebâtie par de nombreuses, de prestigieuses tournées à l'étranger. Alors à quoi tient cet effet de surprise ? »

C'est que je suis en plein paradoxe. Moi qui avais répété à longueur d'interviews que jamais je ne sacrifierais ma vie de femme, ma vie de famille, à ce drôle de métier, voilà que je me retrouve piégée par le destin qui a sournoisement chamboulé mes cartes si bien ordonnées. Quelle vie de femme, quelle vie de famille, si Johnny et moi ne sommes plus un couple ?

Du coup, imperceptiblement, ce métier commencé par hasard (avec *Panne d'essence*), puis poursuivi sans y croire, se met à combler une vocation dont le point d'envol est la scène. Ah oui ! la scène m'apporte tout ce que la vie me refuse. J'aurais peut-être préféré y jouer Molière ou Shakespeare, mais le sort en a décidé autrement (au moins provisoirement, car je nourris encore dans ces années-là l'espoir de rejoindre un jour le théâtre ou le cinéma) et je chante. Mais chanter, c'est aussi jouer, interpréter, se consacrer corps et âme au public, et cela, je suis en train de le découvrir avec ravissement. Concert après concert, j'incarne avec de plus en plus d'assurance, de confiance en moi, ce rôle de chanteuse-comédienne qui m'éblouit, me transporte, et dont les variantes sont inépuisables.

L'été 67, je pars donc en tournée à travers la France, pleine d'envies et d'appétit. Carlos est avec moi, non plus seulement comme secrétaire et chauffeur, mais comme chanteur. En costume blanc, et coiffé d'un canotier, il me donne la réplique dans *2'35 de bonheur*, comme je donnais la réplique à Frankie Jordan, six ans plus tôt, dans *Panne d'essence.* Et le même phénomène se reproduit : devenu un tube, *2'35 de bonheur* lance Carlos.

« Notre rencontre, racontera-t-il plus tard, est celle de deux Slaves. Mon père est un Russe immigré ; Sylvie, elle, arrivait des Balkans. On riait beaucoup pour des choses formidables, on chantait, on dansait sur les tables et, après, on pleurait. »

Je crois que c'est à cette époque que je fredonne une de mes vieilles chansons, *Deux enfants,* qui me remplit de nostalgie quand je me remémore Johnny et moi à Acapulco, cette merveilleuse année 63 où nous rêvions notre vie ensemble comme si elle devait être éternelle.

Deux enfants allongés silencieux
Les yeux au fond des yeux
Croient être heureux
C'était comme ça pour nous aussi
T'en souviens-tu
Tout au début...

L'année 68 démarre dans la folie. En mars, je m'envole pour une tournée en Amérique latine tout en sachant qu'on m'attend en avril à l'Olympia pour un Musicorama exceptionnel dont je suis la vedette.

L'Amérique latine, je connais un peu, pour y avoir chanté avec Johnny trois ans plus tôt dans une ambiance d'hystérie totale (dans le cadre de mon premier tour du monde). Au Brésil, en particulier, nous devions donner trois concerts par soirée, le dernier démarrant à deux heures du matin, devant des foules qui trépignaient, qui hurlaient, et cela dans un climat amazonien et à travers le bourdonnement rapproché des moustiques. J'étais hagarde ! Un soir, je m'étais même endormie sur une caisse, entre deux passages sur scène, et quand un type était venue me secouer, sans la moindre délicatesse — « Eh, la blonde, c'est ton tour ! » —, je m'étais réellement perçue comme une prolétarienne de la chanson, une travailleuse de force.

Cette fois-ci, Carlos et tout mon orchestre, mené par Eddie, sont du voyage, c'est plutôt rassurant. Et puis je dois retrouver Johnny… À la lecture des notes que je prends alors, notre histoire est sur le point de connaître une première embellie :

« Dans l'avion. Je pense à Johnny, sera-t-il là ? Peut-être pas. Je n'ai pas eu de nouvelles depuis longtemps, peut-être qu'il ne sait même pas que j'arrive. Sept heures du matin. On ouvre les hublots, tout le monde se réveille. L'avion bouge énormément, j'ai très peur. Le ciel est chargé, même à haute altitude. Petit déjeuner. Ça se calme un peu, je vais me maquiller, je suis très excitée à l'idée qu'on va se retrouver.

« Rio. Il fait vingt-sept degrés, il est neuf heures trente du matin. C'est fou ce que ça a l'air joli ! Des palmiers immenses, des collines… Je demande si Johnny est là, on me dit que non. Eh bien, me voilà abandonnée.

« Ici, c'est déjà l'été. L'aéroport est tout blanc, comme à Acapulco, et les gens bronzés. Aux passeports, je redemande si Johnny est là. On me répond que oui. Pour une surprise, c'en est une… J'ai hâte de le revoir, plus rien ne compte, je me trouve toute drôle. Je sors, il est là ! Je n'en reviens pas de le voir. Il a beaucoup changé. Il me paraît très beau, comme un ange. Je l'avais vraiment oublié, ma parole. Il est encore plus mince, tout bronzé, il a une chemise bleu ciel qui fait ressortir le bleu de ses yeux. Il est élégant, magnifique, méconnaissable. On se jette dans les bras l'un de l'autre.

« Il est bien disposé, gentil, agréable, je n'en reviens pas. Était-il aussi gentil avant ? Non, il a changé. Enfin, il change tout le temps. Je ne trouve pas de mots pour le décrire. "Où sont les valises, mon ange ?" Quel amour ! Moi qui avais peur de retrouver un Johnny bougon, de mauvaise humeur, comme à l'habitude, je suis réellement sidérée. Après cet étonnement, c'est le bonheur le plus complet. Zut ! il me manque un sac. Mais non, bien qu'on soit obligés d'attendre, Johnny a l'air calme et heureux. Surprise. Je ne l'ai jamais vu comme ça. Que s'est-il passé ? Je sens que je vais retomber amoureuse de lui, comme je ne l'ai pas été depuis longtemps, depuis la Camargue…

« Nous voilà dans le taxi. Je suis tellement heureuse, c'est fou, j'ai l'impression d'étouffer de bonheur. On est là, l'un contre l'autre, détendus, heureux, loin de tout. Dehors, il fait un soleil de plomb, les palmiers défilent. On arrive à l'hôtel Copacabana, un véritable palace qui donne sur la plage. On va s'aimer comme des fous…

« Le téléphone nous réveille. On doit s'habiller pour partir à l'aéroport. C'est bête que l'on doive aller à São Paulo, la plage de Copacabana est si belle… J'enfile une chemise en satin et mon pantalon, et nous voilà partis, encore serrés l'un contre l'autre comme si nous ne nous étions pas détachés.

« Arrivée à São Paulo. Voiture du président. On s'installe à l'hôtel avant de partir pour l'île où Johnny doit chanter. Dans sa chambre, une photo de David et de moi dans un cadre, près de son lit. "Regarde ce que j'ai acheté pour David, j'ai hâte de le voir…" Et il me montre trois petits cadres adorables. Je n'ai jamais eu affaire à un Johnny comme ça. Il se change, met un polo rouge, il est encore plus beau comme ça. Me revoilà conquise ! Nous repartons. Une foule immense nous attend devant l'hôtel. Voiture, deux motards devant, deux derrière. La forêt défile derrière les vitres, Johnny s'endort, j'embrasse mon amour. On prend le bac et on arrive à l'hôtel.

« Johnny n'a pas eu tellement de succès, ce soir. Il est en rage. On rentre à l'hôtel pour dîner, mais il est deux heures et demie du matin et on ne peut rien nous servir. Pauvre Johnny, il doit encore chanter à quatre heures du matin de l'autre côté de la rivière. Je me couche toute seule, j'aurais voulu m'endormir près de lui.

« La porte s'ouvre, c'est lui qui revient. Il se glisse dans le lit en essayant de faire le moins de bruit possible.

« Aujourd'hui, ce n'est pas la même chose qu'hier : il n'a pas l'air drôle. Peut-être est-il fatigué, et peut-être que ça va changer aussi en cours de journée. Tout est possible. Nous sommes tous les deux sur la plage, il fait un soleil torride. Je vais manger mes crevettes. Johnny se déride, tant mieux.

« On traverse à nouveau la montagne sous une pluie diluvienne. Johnny a retrouvé sa bonne humeur. Nous passons à l'hôtel, puis nous partons pour son spectacle. Je vais dans sa loge. Il s'habille, toujours doucement. "J'ai tout le temps", dit-il. Enfin, il a fini. On le présente et il attaque sa première chanson, *Les Coups*. Je trouve qu'il la chante très bien. Il est formidable, très beau. Vraiment, il est assez impressionnant aujourd'hui. Je crois qu'il en veut. Dans sa deuxième chanson, *Maintenant ou jamais*, la coda m'a donné la chair de poule. Il la chante tout en douceur et, tout d'un coup, il reprend dans l'aigu, suivi par tout l'orchestre qui joue très fort. C'est réellement extraordinaire. Il a beaucoup de succès, ce soir. Je suis heureuse pour lui. Je suis en train de penser que, quand David sera plus grand, il sera fier d'avoir un père comme lui, si beau, si fort, et que quand il le verra sur scène pour la première fois, si impressionnant, ce sera un souvenir merveilleux pour lui. Je l'aime. »

Après ces deux ou trois jours ensemble, je dois à mon tour chanter. Les foules n'ont pas changé. Je retrouve le même enthousiasme débridé, la même hystérie, le même rythme aussi — jusqu'à trois concerts par soirée, malgré le décalage horaire, la chaleur, l'humidité. Je chante parfois devant vingt mille personnes, dans des stades, derrière des grilles surmontées de barbelés, car au plus fort de l'excitation les bouteilles volent bas et certains sont tentés de prendre la scène d'assaut. Il est vrai que nous sommes en plein carnaval...

À Rosario, en Argentine, j'entame le troisième concert de la soirée, je viens d'interpréter ma première chanson, et j'aspire une grande bouffée d'air tiède pour lancer la deuxième quand un moustique, de taille sûrement respectable, m'entre dans le larynx. Quinze mille personnes finissent d'applaudir et moi je suis là, devant elles, brusquement aphone, incapable même d'émettre un gémissement, et sidérée par l'imperceptible catastrophe qui vient de me frapper. Je n'ai que quelques secondes pour me ressaisir, il faut avaler ou cracher, faire quelque chose, mais chanter, chanter à tout prix ! Déjà l'orchestre reprend, les applaudissements se taisent, et puis... Et puis rien ! Plus un son ! J'étouffe, accrochée à mon micro comme une noyée. Alors les musiciens comprennent, une espèce de silence d'apocalypse s'abat sur la scène, on court vers moi, on m'emporte, pendant que s'élèvent les premiers hurlements d'un public incrédule, révolté. Mais oui, un simple moustique a eu raison de la petite Française — « El flequillo de Paris (la frange de Paris) », m'a-t-on baptisée —, la petite Française dont les journaux de Buenos Aires prétendaient pourtant qu'elle électrisait les foules et soulevait les stades…

De retour en France, ce ne sont plus les moustiques qui m'attendent au tournant, mais les critiques. Je ne suis pas apparue sur une scène parisienne depuis un an, depuis mon dernier Olympia avec Johnny, et le Musicorama qui m'est offert le 8 avril, sur les planches de l'Olympia de nouveau, a valeur de test. Chacun sent bien que l'époque yéyé s'essouffle, je ne peux plus prétendre au rôle d'idole des collégiennes, je vais avoir vingt-quatre ans, je suis mère, alors vais-je disparaître avec les yéyés ou m'inscrire dans la décennie qui s'annonce ?

Ce Musicorama est pour moi l'occasion d'explorer pour la première fois la richesse du music-hall. Ma fascination pour les planches, pour le spectacle, m'y pousse naturellement. Pourquoi ne pas mettre en scène mes chansons pour en faire des tableaux vivants, ce théâtre chanté et dansé qu'on appelle music-hall ? Oui, sortir de cette image figée : la chanteuse plantée devant son micro, déclinant imperturbablement son répertoire accompagnée de l'orchestre en toile de fond. Jean-Jacques Debout m'y encourage. Il est alors l'un des seuls à écrire des chansons qui se prêtent formidablement au music-hall, aux revues, aux costumes. Il vient de m'offrir *Comme un garçon*, qui, sorti en décembre 1967, est déjà un tube. Il a également composé *On a toutes besoin d'un homme*, taillé sur mesure pour la comédie musicale.

Pour la première fois, j'ai donc minutieusement travaillé mon spectacle avec le concours d'un chorégraphe, Arthur Plasschaert, grand garçon hollandais talentueux et discret, et toute une troupe de danseurs. Quel accueil vont nous réserver les critiques qui peuvent être assassins, comme ils me l'ont déjà prouvé ?

Nous faisons un triomphe ! « On avait quitté une fragile jeune chanteuse, on a découvert une meneuse de revue ! » s'écrie *France-Soir*[1].

« Une nouvelle étoile de music-hall est née », écrit Anne de Gasperi, dans *Combat*[2]. Et la critique qu'elle fait de mon Olympia marque le premier grand tournant de ma carrière, mon entrée dans un autre monde :

« La voix feutrée, le geste brisé, Sylvie évolue librement dans son spectacle, évoquant à la fois le charme particulier et sensuel d'une Marilyn Monroe et le talent d'une Marlène. [...] Il s'est passé pour elle un phénomène sérieux qui va la révéler bientôt au grand public, si les producteurs et metteurs en scène prennent conscience qu'ils possèdent, en Sylvie Vartan, le plus grand talent actuel qui peut donner à la comédie musicale toutes ses chances de revivre en France. »

Je ne suis pas habituée à tant d'éloges.

Vingt-quatre heures après la publication de ces lignes pleines de vie et d'espoir, ce ne sont pas les producteurs que je croise, mais la mort, sur une route départementale de Bois-d'Arcy, dans les Yvelines.

Ce 11 avril 1968, nous sommes à Grosrouvre, dans une propriété que Johnny a acquise avant notre mariage et qu'il a conservée. Ma mère, David, mon amie Mercedes et moi (Johnny, lui, est en tournée en Allemagne). Mercedes et moi devons nous rendre à Paris dans la matinée, pour différents problèmes liés, je crois, à mes collections

1. *France-Soir*, 10 avril 1968.
2. *Combat*, 10 avril 1968.

de prêt-à-porter dont s'occupe mon amie. La question est de savoir si nous emmenons David — qui a vingt mois. Mercedes est sa marraine, elle a envie de le voir, et moi aussi je suis tentée de le faire monter en voiture. Qu'est-ce qui me retient ? Je ne sais pas. Je le vois encore dans son petit manteau bleu, coiffé de la casquette assortie, et prêt à partir, radieux, adorable.

— Et puis non, mon amour, je préfère que tu restes avec Néné (ma mère) ! On t'emmènera un autre jour...

Sans doute est-ce ma bonne étoile, mon ange gardien, qui parle à travers moi. Car, sans ces quelques mots, David serait peut-être mort.

Un quart d'heure plus tard, comme nous grimpons la côte de Bois-d'Arcy, moi au volant de ma Ford Osi, Mercedes à ma droite, une voiture surgit en sens inverse de derrière un camion. Elle va très vite et, soudain, au lieu de maintenir sa trajectoire sur la file du milieu (nous sommes sur une route à trois voies), elle se rue droit sur nous. J'ai le temps de comprendre que son conducteur en a perdu le contrôle, mais, à l'instant où je veux nous jeter dans le fossé, il nous percute de plein fouet et à pleine vitesse.

On ne me révélera que deux jours plus tard la mort de Mercedes, survenue dans l'ambulance qui l'emmenait vers l'hôpital. Mercedes que j'aimais comme une sœur, qui n'avait que vingt-quatre ans...

Des instants qui suivent le choc, je me rappelle l'angoisse monumentale qui me broie le cœur : David ! Où est David ? La décision de ne pas l'emmener a été prise si rapidement, si inconsciemment sans doute, que couchée dans l'herbe, le visage en sang, j'ai la certitude qu'il était avec nous. Aux motards de la gendarmerie qui s'agenouillent près de moi, je crie :

— Mon enfant, où est-il ? Apportez-le-moi, je vous en supplie… Oh, David ! David !

Pendant un long moment, les gendarmes vont le chercher autour des carcasses des voitures.

Et puis je ne vois plus rien, je n'entends plus rien, et quand je reprends conscience, un prêtre est penché au-dessus de moi. La pièce où je me trouve est plongée dans la nuit, je devine à peine ses traits.

— Je vais mourir, mon père ?

— Non, vous êtes hors de danger, et votre petit David va bien, il n'était pas dans la voiture…

— Et Mercedes ?

— Ça va, ne vous faites pas de souci, restez calme.

Je m'en sors avec une plaie profonde au menton, un bras cassé, un traumatisme crânien et des contusions multiples. Ce n'est rien en comparaison du chagrin qui m'assaille en apprenant la mort de Mercedes. Sa famille la pleure, et moi je n'ai que mes larmes à lui offrir. Notre impuissance devant la mort, notre insupportable impuissance… Mercedes était un ange, une âme pure et romantique. Pourquoi n'a-t-elle pas eu le droit de vivre ? Je m'en veux d'être vivante, je m'en veux d'avoir entraîner Mercedes dans le tourbillon de mon existence, je m'en veux de n'avoir pas su éviter cette voiture lancée comme la foudre…

Un an et demi plus tard, je me retrouverai en face de son conducteur au tribunal de Versailles. Un jeune homme d'une vingtaine d'années, miraculeusement sauvé par les médecins, mais accablé par les remords.

Les événements de Mai 68 se déroulent pour moi en plein deuil. Je pleure Mercedes, ahurie de souffrance, et je ne perçois que des bribes du soulèvement des étudiants, des grandes grèves, de la disparition subite du général de Gaulle, puis de son retour... Je n'ai pas du tout l'intuition que cela annonce un changement radical d'époque. Je m'en fiche complètement. Je suis à l'hôpital, puis à Loconville, entre ma mère et mon père qui tentent avec délicatesse de me réconforter. Je n'ai que vingt-quatre ans, mais j'ai l'impression d'être terriblement vieille, terriblement fatiguée. L'impression d'avoir déjà vécu trois ou quatre vies. Et cependant, j'essaie encore de croire en l'avenir. David me montre le chemin du haut de ses petites jambes dorées et musclées. Je le regarde me prendre la main sous le bon soleil de mai, m'entraîner vers sa cabane, là-bas, sous les arbres, et je pense en moi-même que, si j'ai été sauvée, c'est pour lui. Pour qu'il ne reste pas seul. Pour qu'à mon tour je le guide.

Au mois de juillet, le bras gauche plâtré et une grosse cicatrice sous le menton, je pars pour Londres enregistrer un nouveau disque. Puisque la vie m'a été laissée, je continue à faire ce que je sais faire. Et je chante *Irrésistiblement.*

C'est à l'occasion de ce voyage que je rencontre Nicholas Ray. C'est lui qui m'aborde à l'aéroport de Londres. Un homme gigantesque, impressionnant. Son nom ne me dit rien. J'ignore qu'il est un remarquable réalisateur, l'auteur notamment de *La Fureur de vivre,* avec James Dean, le découvreur de Natalie Wood...

— Vous ne seriez pas actrice ? me demande-t-il.

— Non, je suis chanteuse.

Et en moi-même, je songe : « Il a quand même du toupet, ce type, de m'accoster comme ça... Encore un qui veut me draguer... » Mais il insiste, prétend être cinéaste, me donne sa carte et, finalement, me propose de dîner avec lui.

Arrivée à l'hôtel, je téléphone à Stark :

— Je ne sais pas si c'est du lard ou du cochon, ça me paraît tout de même un peu bizarre... Nicholas Ray, tu connais ?

— Sylvie, si c'est vraiment lui, c'est très sérieux.

Alors je commence à rêver. Nicholas Ray croit en mes talents de comédienne, me dis-je, c'est formidable. Désormais, nous sommes deux à y croire : il y a lui... et moi !

Nous dînons. J'ai conservé une photo de cette rencontre : je ne souris pas, je suis livide, j'ai l'air de sortir d'un sanatorium... Mais Nicholas Ray, lui, m'observe avec beaucoup de bienveillance et un sourire interrogateur. Est-ce que je me rends compte qu'il me propose un rôle magnifique dans son prochain film, au côté de son propre fils, Tim ? Pas sur le moment, je suis encore sous le choc de mon deuil, de mon accident.

Mais dans les semaines qui suivent, oui. Et mon vieux rêve caché me reprend. Mon Dieu, si seulement il pouvait se réaliser ! La perspective de faire du cinéma ravive mes plus vertigineux souvenirs d'enfant — quand je jouais une petite écolière, dans *Sous le joug*, en Bulgarie. Ainsi, il suffit qu'un rôle me soit proposé pour qu'aussitôt resurgisse ma vocation rentrée : comédienne ! Si ce que dit Nicholas Ray est vrai... Mais pourquoi me mentirait-il ? Inlassablement, je reconstitue notre rencontre. Sa proposition touche une corde si sensible que je n'ose en parler à personne. J'aurais honte d'avouer combien le cinéma me remplit de félicité, moi qui suis alors considérée comme l'une des chanteuses les plus prometteuses de ma génération...

Cependant, il faut croire que ma vocation est destinée

à demeurer enfouie, et mon histoire avec le cinéma un secret bien gardé entre moi et moi : Nicholas Ray mourra avant d'avoir pu réaliser le grand film qu'il projetait.

Ce triste été 68, je rencontre l'Italie où *Come un ragazzo* (*Comme un garçon*) fait un tabac et m'ouvre toutes les scènes. Je chante à Venise, Gênes, San Remo, Rome, Milan, Turin, Capri... Puis je poursuis mon périple en Espagne, d'abord à Madrid pour une télévision, puis à Barcelone et sur la Costa Brava.

Où est-ce que je trouve les ressources pour continuer de chanter, soir après soir, devant des publics heureux qui m'ovationnent, moi qui déborde de larmes, au fond ? C'est très étrange. Je crois que ce que les journaux appellent alors mon « courage », c'est plutôt la force désespérée de ceux qui se noient, la conscience de mon extrême fragilité : je m'accroche à la scène, à la chaleur du public, pour ne pas sombrer.

En France, je ne fais cet été-là qu'une tournée réduite : Deauville, Cannes, Nice... Carlos me conduit au volant de ma Rolls. Entre deux concerts, je dors sur la banquette arrière, la tête sur mon bras droit parce que le gauche est toujours dans le plâtre. J'assure, j'honore tous mes contrats, et je trouve même la force d'accorder des interviews, de refaire la genèse de mon « étonnante carrière ».

Pour *Jours de France*, notamment, qui note que mon succès s'internationalise[1] :

« J'ai été consacrée idole avant d'être artiste, dis-je, et vedette avant de connaître les éléments de base de cette profession. En 1963, un critique de *Variety*, aux États-Unis, écrivit sur nous, les têtes de file de la jeune vague,

1. *Jours de France*, 10 août 1968.

un article intitulé : “Les analphabètes célèbres du yéyé”. Il n'avait pas tort. Nous étions des amateurs adulés, stupéfaits (Johnny et moi, du moins) par les salaires inouïs qu'on nous offrait. La réaction d'un certain public — il nous a boudés, sifflés, chahutés — était inévitable. On nous couvrait d'or et nous ignorions la valeur de l'argent. Nous étions les premiers de la classe et nous avions à peine franchi le seuil de l'école. L'époque de cet amateurisme miraculeux est révolue. À présent, je me considère comme une vraie professionnelle. »

Voilà, je suis *une vraie professionnelle,* et en dépit du chagrin, de ce bras qui me pèse, je fais mon métier, mon devoir. Cela aussi, ça peut être une explication de mon « courage ». Je fais mon devoir, comme papa lorsqu'il filait pour les Halles, au milieu de la nuit, sur sa mobylette. Chez nous, on ne démissionne pas facilement.

Ce faisant, je suis devenue plus exigeante, en particulier sur les paroles de mes chansons. Elles m'étaient à peu près indifférentes, au début, et j'ai chanté beaucoup de bêtises. Elles ne le sont plus, et je m'entoure de nouveaux talents, en plus d'Eddie et de Jean-Jacques Debout qui me restent fidèles. Jean Renard, qui m'a déjà offert *Par amour, par pitié* (avec Gilles Thibaut), *2'35 de bonheur* et *Irrésistiblement,* me compose alors, avec Pierre Delanoë, une chanson qui pour la première fois s'inspire de ma vie, de mes origines : *La Maritza.*

La Maritza c'est ma rivière
Comme la Seine est la tienne
Mais il n'y a que mon père
Maintenant qui s'en souvienne
Quelquefois...

De mes dix premières années
Il ne me reste plus rien
Pas la plus pauvre poupée
Plus rien qu'un petit refrain
D'autrefois...

Tous les oiseaux de ma rivière
Nous chantaient la liberté
Moi je ne comprenais guère
Mais mon père, lui, savait
Écouter...

Quand l'horizon s'est fait trop noir
Tous les oiseaux sont partis
Sur les chemins de l'espoir
Et nous on les a suivis
À Paris...

Cette chanson m'arrive comme un tendre cadeau dans ces mois de deuil et je l'enregistre immédiatement.

J'étais à Loconville, avec David et mes parents, à ce moment-là. Un soir, je rentre à la maison avec le disque, et je dis à papa :

— Écoute, j'ai une surprise pour toi...

Il replie son journal et il se laisse aller dans son fauteuil, l'air de penser : « Bon, Sylvie va mieux si elle a envie de me faire une surprise... »

Il se laisse bercer par les violons et puis, soudain, il se fige : *La Maritza... ma rivière... mon père...* Et pour la première fois, je vois papa pleurer. Moi aussi, bien sûr, j'ai le cœur serré, mais je suis si heureuse qu'il sache que je n'ai rien oublié, que je porte tout cela en moi, malgré mes tournées incessantes, malgré ma réussite, mes paillettes, ma Rolls et tout le reste…

1968 se termine à l'Olympia — le succès de mon Musicorama n'y est pas étranger. Le grand public n'y a pas eu accès et Bruno Coquatrix, mon fidèle et délicieux Bruno, m'offre de nouveau sa scène pour dix galas, à compter du 3 décembre.

Je reprends mon spectacle d'avril, mis en scène par Arthur Plasschaert, en l'enrichissant de huit titres inédits, dont *La Maritza* et *Irrésistiblement*.

« Elle incarne notre nostalgie des années 30 et du style Chicago, écrit Claude Sarraute dans *Le Monde*[1]. […] Elle chante, elle danse, elle charme, elle se révèle, à l'égal de son mari, une “bête de scène”, et du cinéma probablement… »

Du cinéma, dites-vous ?

1. *Le Monde*, 5 décembre 1968.

Chapitre 11

Le 20 février 1970, la mort m'attend de nouveau au détour d'une petite route de campagne, et le ciel, pour la seconde fois, me gracie.

La veille, j'ai rejoint Johnny à Strasbourg. Il est en tournée dans l'est de la France et je viens passer quarante-huit heures auprès de lui avant de m'envoler pour l'Espagne où m'attend une série de concerts. Pourquoi ces quarante-huit heures ensemble ? Pourquoi ce soudain rapprochement ? Notre vie de couple, sans cesse traversée d'orages, connaît par moments de belles éclaircies, comme au Brésil deux ans plus tôt, durant lesquelles nous nous retrouvons avec la farouche envie de redorer notre histoire et le cœur plein de nostalgie pour nos rêves saccagés. Je ne me souviens plus, mais j'imagine que nous nous sommes longuement parlé au téléphone, qu'une fois de plus Johnny m'a touchée, sa solitude, ses incertitudes, et que, entendant ou devinant qu'il avait besoin de moi, je suis accourue.

À Strasbourg, il a magnifiquement chanté *Si j'étais un charpentier*, en pensant à moi peut-être qui le regarde et l'écoute au premier rang. Et puis *Que je t'aime*, l'une de ses plus belles chansons, écrite et composée par le tandem Gilles Thibaut-Jean Renard et qui m'était quelque part destinée.

Nous nous sommes couchés tard, vers quatre heures du matin sans doute, après avoir dîné avec toute la troupe — ces dîners, après la scène, ce sont les seuls véritables instants de détente en tournée —, et nous avons dû nous réveiller en début d'après-midi.

Ce vendredi 20 février, Johnny est attendu le soir à Besançon par trois mille personnes. Strasbourg-Besançon, c'est à peine plus de deux cent cinquante kilomètres, nous les ferons en fin d'après-midi après avoir déjeuné. Et nous nous retrouvons tous autour d'une table. Johnny s'est refermé sur lui-même, repris par la tension du métier, ou par ses vieux démons, je ne sais, le moment de grâce en tout cas est passé et je me sens le cœur un peu lourd. Ai-je bien fait de venir ? J'ai quitté David pour Johnny, et avec ma tournée en Espagne je ne vais pas revoir mon fils avant plusieurs jours... Il faudrait être partout à la fois.

Nous prenons la route vers dix-huit heures, il fait déjà nuit et l'eau des caniveaux est gelée par endroits. C'est Johnny qui conduit. Exceptionnellement, pour cette tournée, son manager l'a convaincu de choisir une DS, alors que nous préférons habituellement les grosses américaines, ou les Rolls, par souci de confort et de sécurité. La DS est peut-être plus maniable, mais elle n'a pas la réputation d'être très robuste, et elle est petite. Je suis assise devant, à côté de Johnny, derrière se sont entassés Jean Pons, notre manager commun, Sacha Rhoul, son secrétaire, et Micky Jones, mon formidable guitariste que Johnny m'a volé et que nous aimons beaucoup tous les deux.

Est-ce que Johnny conduit trop vite ? Peut-être. Dès la

sortie de Strasbourg, je me suis endormie, et je n'ai donc aucun souvenir des cent cinquante kilomètres que nous avons parcourus avant d'entrer dans le village de Roppe, entre Mulhouse et Belfort, peu après vingt heures. C'est là, dans un virage, que Johnny est surpris par une plaque de verglas et qu'il nous précipite dans le fossé.

Au contraire de mon premier accident, deux ans plus tôt, je ne vois pas venir le drame. C'est le choc de ma tête contre le pare-brise, quelque chose comme l'explosion d'une bombe sur le toit d'un immeuble, qui me tire violemment du sommeil. Mais, quand j'ouvre les yeux, je suis aveugle ou, plutôt, je ne vois plus que du rouge, de sorte que la première impression terrifiante qui me traverse l'esprit est que mes yeux sont sortis de mes orbites, et que tout ce rouge, ce sont mes cavités oculaires vides et sanguinolentes.

Où suis-je ? Toujours dans l'habitacle, je crois. Mon visage a traversé le pare-brise, et j'ai le sentiment de n'être plus qu'une plaie, mais le tableau de bord a dû retenir mon corps qui semble être à présent affalé en travers du siège.

— Mais c'est Sylvie Vartan !

Un cri de femme. Des gens accourent. Je les entends s'affoler, s'interpeller, mais je ne distingue rien.

J'ai infiniment de mal à reconstituer ce qui nous est arrivé, prise entre l'horreur d'avoir perdu la vue et la nécessité de réfléchir. Petit à petit s'impose l'idée que nous avons eu un accident. Pendant mon sommeil, oui. La bombe, ce que j'ai pris pour une bombe, c'était un accident.

— C'est Sylvie Vartan !

Le même cri, encore.

En moi-même, je pense : « Elle a l'air épouvanté, je

dois être complètement défigurée. Ou morte, car elle ne me parle pas. Non, je respire, mais aucun son ne sort plus de ma gorge. »

Ensuite, me voilà dans une maison, allongée. Je ne suis pas aveugle puisque la lumière me parvient, mais toute teintée de rouge. Ah, ce sont mes cheveux qui ruissellent de sang. Quelqu'un me les écarte délicatement et je devine des traits de femme.

Alors la mémoire me revient brutalement.

— Johnny ! Où est Johnny ?

— Il va bien, restez calme, on attend l'ambulance.

Ce ton-là, je le reconnais. On vous parle comme si vous étiez un petit enfant, tout doucement, tout gentiment, et on vous ment, on vous ment… Comme pour Mercedes…

Je crie :

— Non ! Non ! Où est Johnny ? Dites-moi où est Johnny !

— Voilà, voilà, il est là…

Oui, Johnny apparaît, le visage en sang, hagard.

— Ça va aller, Sylvie, on s'est foutus dans le décor, mais personne n'est mort.

Personne n'est mort. Ces trois petits mots-là cheminent lentement à travers ma conscience. *Personne n'est mort,* cette fois on ne me ment pas, je peux croire Johnny.

Bon, et maintenant, penser à moi. À moi.

— Dites, madame, est-ce que je suis très abîmée ?

— Je vous en supplie, ne parlez pas, restez calme, l'ambulance va être là dans une minute.

— Ah oui, l'ambulance… S'il vous plaît, donnez-moi un miroir, une petite glace.

— Non, attendez le médecin, vous saignez beaucoup, je ne peux pas…

Ils chuchotent, ils ont l'air mystérieux, consterné.

— Donnez-moi un miroir, je veux voir !

Elle fait non de la tête, elle s'en va. Et les autres aussi s'en vont, ou ils ne m'entendent plus, ne me répondent plus.

Une onde glacée me paralyse le cœur, et puis les quatre membres : je n'ai plus de visage, c'est ça, je suis défigurée, rayée du monde lumineux des vivants. Je n'ai plus d'avenir. Plus d'avenir.

Le lendemain matin, je retrouve à Paris le professeur Claude Nicoletis qui m'a recousu le menton deux ans plus tôt. Cette fois, il n'y a plus rien d'intact sur mon visage et je suis couverte de bandelettes, comme les grands brûlés. J'ai besoin d'être rassurée, et ce médecin merveilleux trouve le moyen de m'arracher un sourire.

— Encore vous ! s'écrie-t-il.

— Encore moi, oui.

Il me prend gentiment la main.

— Rien de cassé ailleurs, cette fois ?

— Je ne crois pas, non.

— Alors on va s'en sortir, n'ayez pas peur.

Le tourbillon s'est brusquement interrompu. Plus de tournée en Espagne, plus de télévisions, plus d'enregistrements, plus d'autographes dès que je mets le nez dehors. Plus rien de tout ça. Seulement le silence, derrière des persiennes qui filtrent la lumière grise et dure de l'hiver parisien. Je suis entrée dans le monde aseptisé des médecins, et j'ai tout le temps de méditer. Tout mon temps.

Micky Jones a eu la jambe cassée, et Johnny le nez.

Le premier jour, Johnny était dans une chambre voisine de la mienne. Et puis il est venu me saluer en coup de vent, réparé, rassuré, et il a aussitôt repris la route vers une nouvelle arène.

Ce mois de février, *Salut les copains* me consacre une dizaine de pages. Le reportage se termine par ces quelques phrases en forme d'hymne : « Sylvie éclate de vie, de santé, de grâce. À la tête des ballets d'Arthur Plasschaert, elle vient de donner une fois de plus une leçon de spectacle à tous ceux qui, il n'y a pas deux ans, prédisaient sa chute. Le music-hall, disais-je, est symbolisé par un grand escalier que les idoles descendent. Sylvie, le show fini, demeure au sommet. Elle y est pour longtemps... »

S'ils me voyaient ! Je referme *Salut les copains*, et je vais pieds nus jusqu'à la petite glace du cabinet de toilette. Mon Dieu ! On dirait ces gueules cassées de la Grande Guerre dans les livres de l'école communale : tout mon visage est couturé, grossièrement raccommodé, boursouflé de chairs violacées. Le front, le coin de l'œil, les lèvres, le menton... Je comprends pourquoi Johnny ne s'est pas attardé. « Sylvie éclate de grâce... Sylvie au sommet... pour longtemps... » Est-ce que ça ne tenait qu'à ça ? Je veux dire : à la lumière envolée de mon visage ? Non, mais tout de même en partie. C'est l'injustice, et la cruauté de la vie, de distribuer inégalement la beauté, l'éclat. Moi, j'avais été plutôt gâtée, malgré mes yeux châtaigne que j'aurais tellement voulu avoir bleus, ou verts, ou encore jaunes, comme ceux de maman. Eh bien, voilà, le ciel m'a laissé la vie, mais il m'a repris la lumière. Pour une chanteuse, la panne de lumière, c'est irrémédiable, n'est-ce pas ? Je suis devenue invisible, brusquement rejetée dans les ténèbres. Est-ce un signe ? Oui, peut-être, moi je crois aux signes du destin, je ne pense pas que les choses nous arrivent par hasard.

Les ténèbres me tombent dessus après une année éblouissante, une année presque entièrement consacrée à de grands shows télévisés. Il y a eu « Jolie poupée », avec Jean Yanne et Jacques Martin, produit par Maritie et Gilbert Carpentier, le seul couple de la télévision à se mettre complètement au service des artistes, et avec le sourire encore ! Une fois de plus, Michel Fresnay, mon costumier, a fait des merveilles. Puis il y a eu le « Sylvie-Sacha-Show », de nouveau produit par les Carpentier, avec Sacha Distel donc, qui retraçait cinquante années de music-hall, de 1920 à 1970, et à propos duquel *Salut les copains* écrit les louanges que je viens de rapporter. Entre ces deux spectacles, je suis partie pour l'Italie où j'ai animé pendant trois mois mon propre show sur la RAI, « Doppia Coppia ». Et j'ai encore pris le temps d'effectuer ma première grande tournée en Afrique à la tête d'une troupe de vingt-quatre personnes, entre musiciens et techniciens.

Comme un garçon moi j'ai ma moto
Comme un garçon j'fais du rodéo
C'est la terreur à 200 à l'heure
Comme un garçon
Comme un garçon je n'ai peur de rien
Comme un garçon moi j'ai des copains
Et dans la bande c'est moi qui commande
Comme un garçon

Pourtant, je ne suis qu'une fille…

Une toute petite fille même. Ah oui, j'oubliais, en plus des yeux bleus, ou jaunes, j'aurais tellement aimé avoir aussi trois ou quatre centimètres de plus ! Là, pieds nus devant la glace de la clinique, je ne me trouve franchement pas grande. Et recousue de partout. Le visage, mais aussi le cœur. Tiens, c'est comme si le destin avait voulu me montrer à quoi ressemble mon cœur en me le dessinant à gros traits sur le visage. Aussi blessé que cela, vraiment ? Alors, lentement, il me vient à l'esprit combien cet accident est symbolique : Johnny nous a balancés dans le fossé, comme on balance ce dont on ne veut plus. Nous deux, notre amour, nos rêves d'éternité, dans le fossé ! Et lui s'en sort avec une petite fracture de rien du tout, tandis que moi, je suis en lambeaux...

Non, je ne pense pas que les choses nous arrivent par hasard. Cet accident me force à devenir spectatrice de ce drôle de rodéo que je poursuis mois après mois, à deux cents à l'heure, et sans jamais me retourner. La course est suspendue, et je peux contempler l'essentiel : David, dans sa quatrième année, qui va avoir de plus en plus besoin de moi ; papa, dont les forces déclinent si vite ; et maman, qui fait front, comme toujours, la tête haute et sans une plainte. Ma vie d'artiste ? Si elle n'est pas définitivement compromise, il n'est pas mal qu'elle marque un peu le pas. J'ai choisi le music-hall par appétit du spectacle, par goût pour la scène, mais je n'ai aucune formation, j'ai appris au jour le jour, bien trop vite à mon goût.

Ma vie d'artiste n'est pas condamnée, on me conseille maintenant la chirurgie esthétique et, aux premiers jours du printemps, je m'envole pour New York avec mon ami Paul Belaiche, l'âme un peu vide, mais le visage à peu près réparé. J'aspire au grand air de New York, à la liberté surtout que me donnera l'anonymat. Là-bas, plus de photographes sur le trottoir d'en face, plus de demandes d'interviews ou d'autographes. Là-bas, on ne me connaît pas, ou si peu.

Paul Belaiche, qui est médecin et que j'ai connu cinq ou six ans plus tôt par Jean-Pierre Pierre-Bloch, son cousin, m'a obtenu un rendez-vous avec un chirurgien américain, le professeur Bernard Shimon, connu pour avoir reconstruit les visages d'enfants victimes de bombardements. Je n'oublierai jamais avec quelle gentillesse et quelle prévenance Paul s'est occupé de moi pendant ces moments difficiles. De là naîtra une belle et longue amitié, restée sans faille jusqu'à ce jour.

Nous nous installons à l'hôtel Regency, et très vite David et ma mère me rejoignent. Ils arrivent par le premier 747 à faire la liaison, celui de la Pan Am, et je vais les attendre à l'aéroport. Je suis heureuse, pleine d'un bonheur simple et évident comme je n'en ai pas ressenti depuis longtemps. Je les guette à la sortie de la douane, et ce sont les petits pieds de David que j'aperçois en premier, dans l'interstice, sous la cloison en verre dépoli. Je reconnais son pantalon de tricot vert et blanc, et les pattes de l'énorme Mickey que je lui ai offert et qu'il traîne partout derrière lui. Mon David !

Le New York de 1970, surtout dans le Village, est encore très gai, plein de musiciens au coin des rues, de gens excentriques et bienveillants. On s'y sent en sécurité. Nous passons des heures à nous promener, à goûter aux terrasses, à écouter des groupes de jazz et de rock. David est émerveillé, par les musiciens surtout, et moi je suis émerveillée par lui, tout simplement : l'éclat de ses yeux, du même bleu que ceux de son père, ses cheveux dorés de petit Viking, sa peau d'enfant si parfumée, si tendre à embrasser, son appétit de vivre…

Le professeur Shimon, que je rencontre donc avec

Paul, se montre extrêmement rassurant. Il estime que le chirurgien français m'a remarquablement opérée, et il souhaite attendre que la cicatrisation soit complète pour intervenir. Il n'a rien à reconstruire, seulement un travail minutieux pour effacer les stigmates les plus gênants. Rasséréné, « Palou » Belaiche repart pour Paris et me laisse entre David et maman.

C'est dans ce climat de sérénité, qui m'est si peu habituel, que je fais la connaissance du chorégraphe Jojo Smith. Je le vois danser, et je suis immédiatement séduite par ses mouvements, un style particulier que je n'ai jamais vu chez personne, et qui se prête formidablement au *rhythm and blues*. Est-ce qu'il accepterait de me donner des leçons ? Pourquoi pas ? Je me rends compte que je n'ai jamais pris de cours de danse, moi dont on écrit que je ressuscite le music-hall. Il est sûrement temps.

Ainsi s'engage entre Jojo Smith et moi une collaboration qui va nous mener jusqu'à mon spectacle de l'Olympia, à l'automne 1970, dont il sera le chorégraphe.

Mais pour l'heure, nous n'en sommes qu'à essayer de bouger de concert, et les cours de Jojo Smith ont une première vertu : ils me permettent petit à petit d'oublier l'horreur de l'accident ou, plutôt, d'en relativiser les séquelles. Mon visage est encore bien abîmé, mais mon corps danse, avec une facilité, et peut-être une grâce, oui, allez, qui me réconforte imperceptiblement. Quand, au fil de mes progrès, j'en viendrai à envisager de monter un nouveau spectacle, je mesurerai combien ma rencontre avec Jojo Smith fut salvatrice : ce projet me réconciliera définitivement avec la vie, avec la scène.

En marge de ses cours, sur Broadway, je sors beaucoup pour m'étourdir, curieuse aussi de mieux connaître cette

Amérique qui me fait toujours rêver. Jojo me fait découvrir l'ambiance survoltée de l'Apollo, à Harlem, dont le public est exclusivement noir. Il me présente les Costers, et surtout Jackie Wilson, qui déclenche des mouvements d'hystérie comme je n'en avais jamais vu, même dans les concerts les plus fous de Johnny. Les filles se jettent sur lui, l'embrassent sur la bouche, se roulent sur son corps, c'est un spectacle hallucinant !

Tout cela me permet aussi d'enfouir une blessure plus secrète : le silence assourdissant de Johnny pendant ces longs mois de convalescence. Les journaux lui prêtent deux ou trois idylles, et il ne m'adresse pas un signe...

Évoquant notre accident en quelques lignes, dans son autobiographie écrite trente ans plus tard, il a des mots d'adolescent pour excuser l'homme qu'il ne parvenait pas à être : « Il me reste le regret de n'avoir pas été assez près d'elle pendant cette longue épreuve. Mais j'étais attendu partout. Les tournées m'appelaient ailleurs. Le rock est sans pitié[1]. »

Je suis en France depuis quelques jours. Dans la fièvre des répétitions, dans cette folie que représente chaque fois la préparation d'un Olympia.

Papa vient d'être hospitalisé. Nous nous sommes à peine vus à mon retour de New York et, depuis, je n'ai plus une minute à moi.

Ce 17 juillet 1970, je ne pense qu'à lui. Comme un besoin animal d'être à son chevet, de lui prendre la main. Ou comme un pressentiment. Ce soir-là, j'ai un énième dîner de travail. Je vais l'annuler et courir à l'hôpital. Ne serait-ce qu'en formuler l'idée me soulage, comme par

1. *Destroy, op. cit.*

miracle, du poids qui m'écrase le cœur depuis le matin. Oui, je vais annuler ce dîner. Mais avant, j'appelle maman, et j'ai tort, je ferais mieux d'écouter ma petite voix intérieure.

— Maman, je vais me libérer ce soir pour aller voir papa.

— Tu ne devrais pas t'inquiéter, il va bien. Si tes rendez-vous sont importants, ne les annule pas.

— Je suis très angoissée, j'ai besoin d'être avec lui.

— Je comprends, ma chérie, mais je sors de l'hôpital, je t'assure qu'il est aussi bien qu'il peut l'être.

— Tu crois que je peux attendre demain ?

— Oui, vraiment ! Tu n'as pas de raison d'être bouleversée comme ça. Viens le voir demain.

Mais je ne me sens pas l'âme en paix après avoir raccroché, et je contacte l'hôpital.

— Tout va bien, me confirme l'infirmière. Il dort, il se repose. Vous pouvez tranquillement passer demain.

Papa est mort cette nuit-là, sans que nous ayons pu nous dire une dernière fois combien nous nous aimions.

Je me souviens de mon chagrin comme d'une vague phénoménale qui a soudainement enfoui tout le reste. Tout noyé, tout anéanti. Durant quelques jours, les êtres et les choses ont cessé d'exister. Il n'y a plus eu que cette souffrance, ahurissante, et rien autour auquel se raccrocher. Rien. Même pas un mur contre lequel me fracasser pour que tout cela cesse et que la nuit m'emporte. J'aurais voulu mourir pour partir avec lui, pour ce dernier moment ensemble que la mort nous a volé, pour remettre ma main d'enfant dans la sienne et ne plus rien sentir. M'éteindre.

Maman a demandé que son corps soit ramené à Loconville. Je le voulais aussi. C'était sa maison, Loconville. Je le voulais, mais quand je l'ai vu là, allongé dans son cercueil au milieu du salon, j'ai pensé que quelque chose allait se rompre en moi dans l'instant. Quelque chose de vital à l'intérieur de mon cœur, ou de ma raison. Papa figé dans la mort, au milieu de cette pièce, c'était impossible, tout à fait impossible, tout à fait au-delà de mes forces. Si rien ne cédait en moi, alors j'allais me mettre à hurler, ou me jeter la tête la première sur quelque chose de coupant. Les vitres, le coin de la cheminée. Mais non, je n'ai pas crié, je n'ai pas cherché à me tuer, je suis seulement restée près de lui, sidérée par la douleur.

Comment peut-on survivre à cela ? Je ne sais pas. La vie ne nous prépare pas à la mort des nôtres, ou peut-être refusons-nous obstinément de l'envisager jusqu'au dernier instant.

Je ne me rappelle ni maman ni Eddie, trop absorbée par mon propre chagrin. Mais David, oui. David, dont on allait bientôt fêter les quatre ans. Pour lui, je devais prendre une décision : le garder auprès de moi, ou l'éloigner. Mon père avait tenu une place considérable dans sa petite vie, ils s'adoraient, l'un donnant la main à l'autre dans les bois, sans qu'on sache jamais lequel des deux commandait. David devait-il maintenant assister à l'enterrement de son grand-père ? J'étais si désemparée que j'ai appelé la mère de Carlos, Françoise Dolto, une femme que j'estimais beaucoup.

« La meilleure chose à faire, m'a-t-elle dit, c'est qu'il voie son grand-père dans son cercueil, qu'il participe à la cérémonie au même titre que vous. »

Peut-être était-ce ce qu'il fallait faire, en effet, mais j'ai plutôt écouté mon cœur — je ne pouvais envisager de faire vivre à David ce que je venais de vivre, cette confrontation épouvantable avec la mort — et j'ai envoyé mon fils chez des amis. Je lui ai simplement dit que son grand-père était au ciel, mais que quelque chose de lui demeurerait en nous pour toujours.

Le jour de l'enterrement, je me suis rendue malade. Moi qui ne supporte pas l'alcool, j'ai bu de quoi anéantir un cheval. Je voulais me faire du mal et j'y suis parvenue. Pas assez, cependant, pour perdre conscience. Tout m'a semblé insupportable, jusqu'au sermon du prêtre qui a fait son métier, le pauvre, mais dont les mots m'ont paru tellement dérisoires pour exprimer vraiment qui était cet homme, mon père.

Lui et maman, ce sont nos racines d'exilés. Ils résument à eux deux toute notre histoire, toute notre mémoire. Ils sont, pour Eddie et moi, l'origine de la vie, de la liberté, de la lumière, puisqu'ils nous ont sortis de la nuit qui petit à petit a effacé tous les leurs. Le 24 décembre 1952, nous étions quatre naufragés abordant les côtes de France par la gare de Lyon, avec notre malle en osier et le passeport tout neuf de papa, *valable pour un seul voyage*. C'était son nom sur la couverture, Georges Robert Vartan, passeport n° 7, et nous, nous étions bien au chaud à l'intérieur, en pages deux et trois, sauvés par papa, protégés par cette couverture sur laquelle étaient imprimés ces deux mots inimaginables, miraculeux : République Française ! Dans le train, il le gardait dans la poche intérieure de sa veste, contre son cœur, et il somnolait avec la main dessus. Il était occupé à nous sauver, oui, et je n'en avais qu'une très vague conscience.

Sa mort fige d'un seul coup l'histoire de nos dix-huit

années en France, dix-sept et demie exactement. Et je me représente combien nous avons été solidaires, tous les quatre, combien nous avons fait corps pour ne pas sombrer dans ce Paris en pleine effervescence, en pleine fureur de vivre, de revivre plutôt, après les années de guerre. Solidaires et seuls, en dépit de la gentillesse des uns et des autres. Pas de famille autour de nous, à l'exception des Brink et des Krauss, rescapés de la nuit, comme nous. Juste notre petit clan, les quatre Vartan, bataillant jour après jour pour prendre racine. Papa nous aura conduits jusqu'au bout du voyage et nous ne sommes que trois à savoir le courage qu'il lui a fallu.

Non, les Brink et les Krauss, comme aux jours les plus douloureux, viennent partager notre chagrin. Tante Mia et tante Milka pleurent au côté de maman. Oncle André évoque, des sanglots dans la voix, leur dernière soirée à Loconville. « Georges, tu ne veux pas nous jouer un peu de piano, comme au bon vieux temps ? Ça nous ferait tellement plaisir... » Et voilà que papa se traîne jusqu'au piano avec sa canne, mais il lui est devenu trop pénible de s'asseoir, et c'est debout qu'il joue. « Quand il s'est retourné pour nous sourire, nous étions tous en train d'essuyer nos larmes. »

Et puis cela encore : un soir, au temps de l'hôtel d'Angleterre, papa et Eddie se présentent chez les Brink. Mais avec plus de cérémonie que d'habitude.

— André, dit papa, je viens avec Eddie te rembourser l'argent que je te dois, et te renouveler mes remerciements au nom des miens.

— Georges ! Mais tu ne me dois rien du tout, voyons...

— Si, l'argent du train. Tu te souviens, je t'avais promis, quand ma situation serait meilleure... Eh bien, voilà... voilà... la somme est là. Et fais-moi le plaisir de prendre cet argent, s'il te plaît, je veux qu'Eddie sache...

Eddie savait, nous savions tous, papa n'était pas bien haut de taille, mais il n'est pas besoin d'être un géant pour... N'est-ce pas ?... Mais il n'aimait pas non plus les grands mots.

Comme toujours, je soigne mon chagrin par le travail et, tout le mois d'août, je le passe à répéter sous les toits de l'Olympia avec Jojo Smith et son ballet, une dizaine de garçons et de filles, moitié noirs, moitié blancs.

Créer un spectacle, puis le répéter, l'affiner jusqu'à la perfection, ce sont pour moi des moments de passion inoubliables. Ou plutôt ça va le devenir, car j'inaugure, avec cet Olympia 1970, une série de grands spectacles, de plus en plus composés, de plus en plus « chorégraphiés », qui me mèneront jusqu'au Palais des Congrès cinq ans plus tard.

Je connais avec Jojo Smith le plaisir de pouvoir mettre en scène mes rêves d'enfant. Tout ce que je trouvais tellement merveilleux dans les spectacles bulgares, toutes les émotions qui me traversaient alors, je peux m'en inspirer. Jojo Smith a une large ouverture d'esprit, il m'écoute, et en même temps il est rigoureux comme j'aime qu'on le soit dans le travail, extrêmement professionnel.

Au début des années 70, ces mises en scène ne se pratiquent pas en France. Je les ai découvertes au fil des quatre mois que je viens de vivre à New York. Et de plus, en France, je suis alors une des seules chanteuses à aimer les planches. La plupart, à l'instar de mon amie Françoise Hardy avec laquelle nous échangeons nos impressions, font de la scène parce qu'il le faut bien, mais elles seraient ravies si elles pouvaient se contenter d'enregistrer des disques.

Les critiques, cependant, ne sont pas emballés par cet Olympia. *Combat* me reproche d'avoir « malheureusement conservé un beaucoup trop grand nombre de [mes] affreux tubes yéyé qui ont fait [mon] succès auprès des minets des années 60 ». *Le Figaro* a cru déceler en moi « une certaine vulnérabilité », et c'est assez bien vu. Seul *Salut les copains* me couvre d'éloges — « Abracadabra, Sylvie ensorcelle l'Olympia ! » —, mais je devine sous les mots d'Éric Vincent, qui me suit depuis mes débuts, qui sait tout ce que je viens de traverser, une chaleur et une sympathie qui nuisent peut-être à son objectivité.

Si imparfait soit-il, ce spectacle où j'ai mis toute mon énergie, toute la force que je pouvais rassembler entre deux passages en salle d'opération, a pour moi le mérite immense d'exister. Pour cela seulement il est un succès. Mais de ces succès dont on se félicite silencieusement, dans ce petit coin de l'âme où se construit pièce à pièce, comme un puzzle, l'image qu'on a de soi-même.

J'aurais aimé que mon père le voie, parce que papa appréciait que l'on soit fort, et c'est en pensant à lui, au chagrin de maman, à leur si bel amour, que je chanterai plus tard *Deux mains*, la chanson préférée de maman.

Deux mains
Ça peut trouver deux autres mains
Et les garder jusqu'au matin
Ça peut, pour une bague au doigt
Un jour trembler, trembler de joie
Ça peut aussi parler d'amour
Faire oublier la nuit, le jour
Ça peut montrer le ciel offert

Ou vous pousser jusqu'en enfer
Comme les aiguilles des pendules
Le temps les sépare sans scrupules
Deux mains
Quand il est trop tard, ça se tend
Et ça ne trouve que du vent…

Chapitre 12

Je me repasse le film de François Reichenbach, *Mon amie Sylvie,* tourné durant l'été 1971, et d'un seul coup tout me revient. Mon bonheur, mon plaisir de vivre cet été-là, un an seulement après le terrible été 70. Tout semble reparti avec Johnny comme aux plus beaux jours de l'année 63 — l'année de notre voyage en amoureux à Acapulco : nous sommes de nouveau éblouis l'un par l'autre, attirés comme deux aimants. Il n'y a qu'à nous voir rire ensemble, filer dans une décapotable ou sur une moto, pour comprendre tout ce qui nous rapproche comme tout ce qui peut nous déchirer. « Nous sommes deux bombes, Johnny et moi », dis-je comme en confidence à François Reichenbach, et cela, en effet, me saute aux yeux. Deux bombes, oui.

En juin 1971, nous décidons de partir ensemble pour les États-Unis. Je rentre d'une tournée au Japon avec Carlos, une tournée qui m'a remis le cœur à l'endroit, comme chaque voyage au Japon. L'affection du public japonais ! Après un deuil, il n'y a rien de plus fort pour vous redonner l'envie de rire. Johnny arrive de je ne sais où, électrifié des pieds à la tête, comme de juste, sauf que cette fois nos pendules marquent la même heure, nous sommes au même tempo. C'est un miracle, sûrement, mais il faut croire aux miracles.

Nous irons voir sa famille américaine à Tulsa, dans l'Oklahoma, et puis, de là, nous filerons sous le soleil de Californie. Voilà à peu près le projet, mais ç'aurait été la Sibérie que nous y serions partis avec le même appétit. La vie est de nouveau rouge et or, et même écarlate.

François Reichenbach est du voyage. Il veut tourner un film sur Johnny dont il a déjà le titre : *J'ai tout donné.* J'aime la façon dont il décrit Johnny, elle dit très exactement l'homme que je peux aimer avec passion une nuit, et ne plus reconnaître le lendemain matin. « À l'époque, écrit Reichenbach, Johnny était insupportable. Il jouait au cow-boy. Il se passionnait pour les grosses motos. Il était génial entre minuit et trois heures du matin. Là, il était lui-même. Il se racontait : "Je ne vaux plus rien. Je n'ai plus de valeur." Je trouvais cette remise en question super-intéressante et je filmais. Le lendemain, il me disait : "Bon, ce qu'on a fait cette nuit, tu le coupes." »

Johnny aurait peut-être voulu me dire la même chose, mais il n'a jamais osé.

À Tulsa, il ne fait que pleuvoir, et nous précipitons notre départ pour la Californie. Là-bas, le décor nous va comme un gant — les palmiers de Santa Monica, les plages de Venice, Sunset Boulevard en décapotable… Johnny me couvre d'attentions, de cadeaux, et moi je brûle la vie par les deux bouts. Je n'ai pas oublié les fêlures, les cicatrices, mais quoi, la folie de Johnny donne prise à ma propre folie, c'est mon côté hongrois. D'habitude, il n'y a que sur scène que je m'autorise tous les débordements. Le rideau tombé, je redeviens une Vartan pur sucre, le petit soldat qu'a fait de moi l'exil. Mais

Johnny est dévastateur, comme le public, comme la scène, il ne respecte rien, il bouleverse tous mes codes, et de cela aussi j'ai besoin. Je n'aurais pas pu partager la vie d'un employé de bureau, je n'aime pas la tiédeur.

Quand, vingt ans plus tard, Didier Barbelivien, qui me connaît bien, composera pour moi *C'est fatal* (avec Michel Cretu), je ne pourrai m'empêcher de revoir défiler en images ces années de passion, de folie et de drame avec Johnny. Toute notre histoire, si simplement et si magnifiquement mise en musique.

C'est fatal, animal
La guerre entre nous
Mais le premier qui fera du mal
Deviendra presque fou
C'est fatal, animal
L'amour entre nous
Mais celui qui voudra l'idéal
Aura faux jusqu'au bout...

Et puis Johnny me quitte pour sa tournée d'été en France, et je reste en Californie avec François Reichenbach et Jean-Marie Périer, photographe légendaire de *Salut les copains*, devenu un ami au fil des années. Jean-Marie et moi, nous nous sommes rencontrés sur les pentes d'une station de sports d'hiver, je ne sais plus trop laquelle, pour un cahier-photos commandé par Daniel Filipacchi. C'est comme ça que nous avons commencé à bavarder, d'autant plus facilement qu'il déteste le ski, et aujourd'hui encore il suffit d'un coup de fil pour que la conversation reprenne. Mais je reviens à notre séjour en Californie.

Je crois que c'est moi qui ai dit à Reichenbach :

— On étouffe, ici. Si on allait faire un tour au Mexique ?

— D'accord, mais c'est moi qui fais l'itinéraire.

Du Mexique, je n'avais vu qu'Acapulco, tandis que Reichenbach, lui, est un familier de ce pays. Il y a notamment tourné *Mexico, Mexico.*

Nous partons pour Oaxaca et, là, il nous emmène dans une pension de famille qui a appartenu à un couple d'ethnologues. Lui est mort, et sa femme, Trudie, tient seule à présent cette espèce d'hacienda pleine de charme qui ne compte qu'une dizaine de chambres. C'est peut-être là que François Reichenbach a l'idée de tourner *Mon amie Sylvie*... En tout cas, au Mexique, il ne me lâche plus du gros œil noir et luisant de sa caméra.

De cette pension, notre hôtesse nous conduit jusqu'à un village de montagne où les Indiens vivent entre eux, loin de la ville. Elle les connaît, et nous sommes bien reçus. J'assiste à la messe, célébrée dans une petite église blanche au sol de terre battue. Tous ces gens agenouillés chantant et priant avec ferveur ! Je suis étrangement bouleversée. J'ai le souvenir des Bulgares priant de la sorte sous le communisme. De ma mère, agenouillée comme ces femmes. Avoir une telle foi, me dis-je, c'est une force extraordinaire. Je les envie, je voudrais pouvoir m'associer à eux, me livrer moi aussi corps et âme aux saints qu'ils vénèrent. Suis-je si loin d'eux ? Non, je crois en Dieu. Il n'en faudrait pas beaucoup plus pour faire de moi l'une de ces femmes prosternées. Quelques jours plus tôt, je brûlais la vie avec Johnny à deux cents à l'heure et, ce matin, je rêverais que ma foi m'élève jusqu'au ciel...

Ce basculement incessant vers les extrêmes, alors que

dans le quotidien je semble si équilibrée, si mesurée, c'est ce qui intéresse Reichenbach. Il a dû le deviner depuis longtemps, ou en avoir simplement l'intuition au contact de Johnny. La femme de cet homme, s'est-il sans doute dit, doit cacher quelque chose, elle ne peut pas être seulement l'image qu'elle donne dans le quotidien. Eh bien, voilà, il est content, il a découvert le pot aux roses. Il m'avait vu avec Johnny sur une Harley Davidson à Los Angeles, et maintenant il me voit en dévote.

Nous passons aussi plusieurs jours à San Cristóbal de Las Casas. Des ruelles de terre battue, des maisons colorées et raccommodées comme des patchworks. Des ocre, des bleues, des vertes. Et encore des foules en prière dans les églises. Des cavaliers coiffés de sombreros, des enfants qui mendient, des femmes au regard orgueilleux. La beauté et la pauvreté étroitement mêlées. Et le marché ! C'est peut-être en sortant du marché, après une journée féerique entre les échoppes et les étalages, que Reichenbach tourne la scène la plus invraisemblable de ce film sans queue ni tête : moi en train d'énumérer tout ce que j'ai ingurgité depuis le matin — des poivrons farcis, de la viande grillée, des bananes, trois ou quatre tortillas, et puis encore de la viande grillée et des poivrons farcis, des galettes et des amandes — et, bien sûr, à la fin, comme on se demande où j'ai bien pu mettre tout ça, on est pris d'un irrépressible fou rire..

De retour en Europe, je me retrouve sous la caméra d'un autre cinéaste, Harry Kumel, qui tourne *Malpertuis*, un film d'épouvante. J'y joue une entraîneuse, entre Mathieu Carrière, Michel Bouquet et Orson Welles. Ce n'est pas encore le rôle dont je rêve, mais c'est un petit pas dans sa direction. Quelque mois plus tard, j'aurai le bonheur de jouer avec Paul Meurisse, que j'adorais, une scène extraite du *Pygmalion* de George-Bernard Shaw, dans le cadre d'un spectacle des Carpentier. J'avais une immense admiration pour Paul Meurisse, qui par chance m'aimait également et avait assisté à plusieurs de mes premières.

Pour l'instant, mon grand objectif pour l'année 72 est de nouveau l'Olympia — pour la septième fois ! On m'y attend en septembre et je m'attelle à l'élaboration de ce spectacle avec une passion intacte.

À Los Angeles, j'ai fait la connaissance du chorégraphe Howard Jeffrey, et c'est dans cette ville, à dix mille kilomètres de Paris, que nous nous mettons au travail, lui et moi. La création d'un spectacle, c'est comme la préparation d'un accouchement. L'enfant est là, quelque part au creux de mon ventre, ou de ma tête, minuscule, et nous allons le faire grandir ensemble, chorégraphe, danseurs, musiciens... et moi.

Je n'ai jamais été si seule qu'en cet hiver 1972 et je mesure, là, combien mon travail est salvateur. Les heures passées à danser jusqu'à l'épuisement, les tableaux à imaginer, à dessiner, à régler, les chansons à répéter inlassablement, le mouvement permanent autour de moi, l'angoisse sans cesse de ne pas atteindre la perfection, tout cela me détourne de mes blessures secrètes.

Oui, je n'ai jamais été si seule. Mon père me manque de plus en plus, comme si, en vieillissant, s'intensifiait en moi le besoin de l'interroger, de le faire parler. Je l'écoutais à peine quand je le voyais si heureux de ma réussite, et, durant ces années de vertige, jamais l'envie de l'approcher, de l'enregistrer, ne m'était venue. Maintenant qu'il est trop tard, j'y pense, et cela me brise le cœur.

Et puis Johnny, de nouveau, s'est éloigné. Il a rencontré une chanteuse et certains journaux, à Paris, se passionnent pour cette énième idylle.

« Moi, en 1972, écrira-t-il dans son autobiographie, je renoue avec mes vieux démons. Après la crise de 1966, je m'étais pourtant juré de ne plus toucher le fond. Mais les bonnes résolutions sont faites pour être oubliées. Six années plus tard, je replonge gravement : la rencontre destructrice avec Nanette Workman... La drogue... Les pulsions suicidaires... Une nouvelle crise sentimentale très grave avec Sylvie... Une année galère qui se termine avec la mort de ma tante Hélène Mar, celle que j'ai toujours appelée maman[1]. »

— Sylvie, vous êtes la seule qui aimez vraiment mon Johnny. Ne l'abandonnez pas ! Jamais ! Promettez-le-moi...

Que lui répondre ?

Et que répondre aux journalistes qui, bien évidemment, cherchent à comprendre comment je m'arrange de tout ça ?

Un matin, le téléphone sonne à la maison. C'est mon ami Daniel Filipacchi. Il dirige maintenant un groupe de presse considérable qui porte son nom.

— Sylvie, me dit-il, je viens de tomber par hasard sur la couverture du prochain numéro de *Mademoiselle Âge tendre,* on y voit Johnny et sa dernière conquête. Si tu veux, je peux faire sauter cette couverture. Si ça te touche, enfin, je veux dire, si ça te fait de la peine. Elle est sur les rotatives, mais je peux la supprimer...

J'ai dû réfléchir une seconde. Ce qui me touchait, surtout, c'était le geste de Daniel. J'ai songé qu'il y avait décidément dans ce métier des gens bien, fidèles,

1. *Destroy, op. cit.*

respectueux. Je l'ai remercié pour cela, et puis j'ai ajouté : « Non, ne touche à rien, laisse rouler. »

Pour les besoins de ce livre, je viens de relire l'entretien que je donne alors à Jean-Jacques Delacroix, de *Elle*[1]. J'y apparais tristement désenchantée, et rusant avec ma propre pudeur pour dire malgré tout mon chagrin.

— Vous avez parlé d'illusions perdues. Vous avez dit « amour » aussi...

— À dix-sept ans, on peut imaginer que tout est rose dans la vie, on idéalise.

— Qu'est-ce que vous idéalisiez ?

— Je pensais que rien ne pouvait être sali, qu'une fois qu'on a trouvé la personne avec qui on se sent bien et qu'on décide d'épouser, eh bien ! tout doit aller normalement sur des roulettes, sans aucun problème.

Et, un peu plus loin :

— Vous l'aimez encore ?

— Mon mari, en l'occurrence, je l'aimerai toujours. Je ne pourrais pas ne plus l'aimer. Je suis fidèle aux gens que j'aime.

— Vous le voyez comment ?

— C'est-à-dire que je ne le vois pas, surtout. C'est ça le problème !

— C'est incroyable, ce que vous dites !

— Je ne le vois pas. Il vit à part, moi je vis à part, comment voulez-vous que je le voie ? Il vit en tournée pour l'instant.

— Bon, reprend le journaliste, nous avons parlé des illusions perdues et des regrets. Mais le bilan n'est pas seulement négatif. À travers tout cela, vous avez acquis et conquis beaucoup de choses...

1. *Elle*, 18 septembre 1972.

— J'ai appris mon métier, je me connais mieux moi-même, je sais ce que j'aime, ce que je n'aime pas, quel genre de personnages je supporte, quel genre de personnes je déteste.

— Qui détestez-vous ?

— Je déteste les gens qui font beaucoup de bruit pour rien, qui croient tout savoir, qui étalent, qui parlent tout le temps, qui se font remarquer.

— Vous en connaissez ?

— Je ne connais que ça !

— Et quels sont les gens que vous supportez ?

— Tout le contraire, les gens sensibles, qui ont une certaine tendresse et qui n'ont pas de brutalité, qui sont délicats.

— Vous en connaissez ?

— Pas beaucoup, non !

Et ce passage, encore, qui traduit si bien le désarroi des deux enfants gâtés et amoureux de la décennie 60 :

— Vous aimez les belles voitures ?

— Oui.

— Vous avez une belle voiture ?

— J'ai une Ferrari Dino, et une Volkswagen décapotable qui est très belle aussi.

— Laquelle conduisez-vous le plus ?

— La Volkswagen.

— La Ferrari vous appartient ?

— Oui. C'est mon mari qui me l'a offerte.

— Et lui roule dans quoi ?

— Lui, je ne sais pas, en Rolls, je crois.

— Pourquoi dites-vous que vous ne savez pas ?

— Il a une Rolls, mais il paraît qu'il a une nouvelle voiture.

— Quand vous êtes séparés, comme ça, vous ne communiquez pas ?

— On ne communique pas, puisqu'on est séparés !

Tout cela ressemble à un paysage en ruine, ce qui peut aussi expliquer avec quelle passion, avec quel acharnement, je m'investis dans la préparation de mon Olympia.

J'aime cette recherche de la perfection à chaque étape. D'abord, je répète toute seule avec le chorégraphe. Puis avec la troupe. Puis avec la troupe et les musiciens. Puis démarrent les répétitions générales avec toute la technique, la lumière, le son, etc. Mais, jusqu'à la veille de la première, ça n'a qu'une existence virtuelle. C'est le public qui va donner la vie, accoucher l'enfant.

On l'a porté des mois durant, et, dans le quart d'heure qui précède la levée du rideau, l'angoisse devient pratiquement insupportable. On entend le bruit de la salle, et on a envie que le rideau s'ouvre, simplement pour éprouver le soulagement de respirer librement, comme on est tenté de sauter du haut d'une falaise pour en finir avec le vertige. Pour moi, c'est un quart d'heure de supplice, ce moment où je me repasse en accéléré tout le spectacle, tous les enchaînements. J'en connais chaque instant critique, je sais les points faibles de l'un ou de l'autre, je peux me figurer la catastrophe que ce sera si tel danseur oublie encore une fois de déposer au bon endroit, et à la seconde voulue, le tabouret dont j'ai besoin… Je peux me représenter tous les drames que nous allons frôler. Tous… Dans dix minutes… Dans cinq minutes…

Au début, je me tenais dans ma loge, et je marchais de long en large parce qu'à rester assise j'aurais pu me mettre à hurler, à me ronger les ongles… Et puis, au fil des années, j'ai abandonné la loge car ils y entrent tous, dans cet effroyable quart d'heure, pour vous demander si vous avez bien pensé à ceci et cela, comme si vous n'aviez pas assez à gérer votre propre angoisse, et c'est pour le coup que vous avez envie de hurler ! J'ai donc quitté ma loge pour les toilettes, dans lesquelles je m'enferme à double tour. Personne n'ose plus me déranger et j'ai suffisamment de place pour tourner en rond tout en ayant le sentiment de cheminer au bord du gouffre.

Enfin, c'est comme un voile qui se déchire. Et le public est là, soudain, comme toute une ville assise à vos pieds. J'entends son souffle, il a presque la force du vent. J'entends son pouls, il bat sourdement et fait écho au mien. Je sens s'il est froid, ou s'il m'aime un peu, beaucoup, passionnément. Moi, je n'ai plus ni froid ni chaud, je suis à ma place, j'ai envie d'y aller, de tout donner.

Éric Vincent, de *Salut les copains,* est de nouveau dans la salle ce soir du 18 septembre 1972 :

« Svelte et pâle, vêtue de perles bleues, portée par les riffs de l'orchestre, happée par des oriflammes rouges qui dansent sur l'avant-scène, elle descend le grand escalier qui va vers la lumière. Les danseurs s'enfuient, et Sylvie reste seule. C'est Sylvie à la mode 1925, pailletée et frangée… »

Et c'est Yves Saint Laurent, comme en 1968, comme en 1970, qui m'a habillée. Merveilleux Yves Saint Laurent qui allie le talent à la discrétion, l'intelligence à la délicatesse, et qui incarne à mes yeux ces gens sensibles, et si rares, que j'évoque plus haut, qui ont une certaine tendresse, une certaine élégance. Yves Saint Laurent a compris que mon rapport à la scène, au public, ainsi que mon plaisir, passent par une certaine emphase théâtrale. Je ne pourrais pas chanter dans un costume banal, comme j'aurais sûrement refusé, petite fille, d'apparaître sur scène dans mes habits de tous les jours. Pour que la recette magique prenne, pour que je sorte de moi-même, il me faut un « déguisement », une sorte de parure féerique. Les perles bleues, comme la robe fourreau dorée, comme la combinaison noire, sont de lui. Il m'écoute chanter pendant les répétitions, il observe la mise en scène, et il me dessine la robe de mes rêves. Comment a-t-il deviné ? Je crois qu'en lui il y a un peu de ce Dieu dont on dit qu'il voit tout dans le cœur des enfants.

Ce soir-là, je chante *Parle-moi de ta vie* :

Parle-moi de ta vie
Et raconte-moi tes jours
Parle-moi de ta vie
Où en sont tes amours
Mais surtout, je t'en prie
Ne parle pas d'amour...

Et pour la première fois, j'interprète sur scène *Mon père*, écrit et composé par Michel Mallory et Marc Benois. Mallory est un ami, il a acheté une maison tout près de Loconville, et il a connu et aimé papa. Je n'ai pas eu besoin de lui demander cette chanson, il me l'a apportée un jour, et immédiatement elle m'a touchée. Chaque soir, je dois prendre sur moi pour ne pas pleurer au premier vers.

Que la maison me paraît vide
Sans son désordre et sans sa voix
Ça me semble encore impossible
Pourtant il y a deux ans déjà

Ma mère a rangé tous ses livres
Et ses outils de jardinier
Tous ces objets qu'il faisait vivre
Qui eux aussi vont s'ennuyer

Il ne parlait pas de la guerre
Pourtant mon héros c'était lui
J'étais si fière qu'il soit mon père
Fière de m'appeler comme lui

Je sais bien que je lui ressemble
Je suis têtue comme il l'était
J'ai ses yeux et ses côtés tendres
Et j'aime tout ce qu'il aimait...

Quand, un peu plus tard, je reprends *Ne me quitte pas*, Éric Vincent voit, dit-il, « un grand garçon quitter la loge des machinistes où il était tapi : Johnny ».

L'émotion traverse le spectacle, mais elle s'interpose entre des chansons tableaux inspirées de la légende de Hollywood et des chorégraphies de Marlène Dietrich, Liza Minnelli, Barbra Streisand...

Quand le rideau retombe, j'ai le sentiment que nous avons gagné. Le public nous ovationne, Howard Jeffrey et ses danseurs, les musiciens, moi...

Maman est une des premières à venir m'embrasser, bientôt suivie par mon tendre et précieux Bruno Coquatrix.

Henry Chapier écrira le surlendemain dans *Combat*[1] une de ces critiques qui vous récompensent des mois de fièvre, des nuits d'angoisse, et vous consolent aussi des

1. *Combat*, 20 septembre 1972.

petites phrases assassines entendues ici et là après mon précédent Olympia.

« Dépassant désormais un simple rôle d'interprète, Sylvie Vartan devient le metteur en scène de ses engouements et de ses nostalgies. Ce qu'elle nous offre, c'est le plus secret et le meilleur d'elle-même : une confession mélancolique et tourmentée admirablement retranscrite en musique et paroles. [...] Sylvie chante la difficulté d'être deux, son mépris de la vie facile, sa tendresse pour celui qui la fait souffrir mais qu'elle refuse de quitter. À travers ces chansons, l'intonation compte plus que les paroles. Aucune des versions de *Ne me quitte pas* n'a une résonance aussi déchirante, et jamais désespoir n'a été aussi absolu qu'avec *Par amour, par pitié*...

« Contrepoint fulgurant immédiat : l'Amérique de Sylvie, celle des chansons texanes, celle des "blues", et l'éblouissante interprétation de *Roll along the river.*

« Autour de ces prouesses de rythme, Sylvie crée un univers de comédie musicale moderne : la chorégraphie de ces séquences, réglée avec brio, a la même fraîcheur que celle du décor et des costumes ; on ne cherche pas à en remontrer, mais plutôt à faire éclater la vieille routine d'un music-hall endormi. »

Le rideau est retombé sur la dernière, et pour quelques jours je reprends mon journal.

« Dimanche 15 octobre 1972, Loconville.

« Je suis seule, une fois de plus, mais aujourd'hui je me sens bien dans ma solitude. Je suis dans cette maison que j'aime. La lumière est belle dehors, j'entends le bruit du vent dans mes grands arbres et je regarde les derniers rayons du jour. J'entends aussi la voix de maman, son accent si particulier que j'aime tant. Elle aime s'affairer dans la cuisine. Je la sens heureuse ici, et je suis bien. Je crois que sans elle je ne serais plus rien, je n'aurais plus rien, ni force ni confiance en moi. C'est elle, ma force.

« Aujourd'hui, je suis heureuse dans ma solitude. Hier, c'était l'angoisse : Paris, l'appartement vide. Pour moi, cet appartement, c'est un hôtel de luxe, impersonnel et froid. Il aurait fallu qu'on y soit heureux tous les deux.

« J'ai envie d'avoir quelqu'un à mes côtés, quelqu'un à aimer. J'aimerais m'occuper de lui, lui donner le trop-plein d'amour que j'ai en moi. Et puis j'aimerais avoir un autre enfant, porter l'enfant d'un homme qui saurait m'aimer. Je ne le vois pas, celui-ci. Qui pourrait s'intéresser à moi, emprisonnée comme je le suis dans ma cage dorée ? Aucun homme intéressant n'y entrera jamais. Les autres, j'ai l'habitude de leurs regards, j'y suis complètement indifférente. Une cage, ça fait peur à tout le monde, et même à moi qui n'en possède pas la clé. Si j'avais la possibilité d'en sortir, la vie se chargerait de m'y remettre. Je me résous petit à petit à accepter cette idée.

« Je pense à tous les pièges qui m'attendent et que j'essaie d'éviter. Les amours de quelques jours qui ne vous laissent après qu'un goût amer et le cœur un peu plus meurtri. Parce qu'on a trop donné, sans calculer, sans se protéger. Non, merci, ça finit par vous user, vous entamer. Ne pas tomber dans la facilité. Il faut savoir résister !

« Si je parlais de nous à la troisième personne, je dirais : elle a essayé de tout lui donner, mais il n'a rien compris à elle. Ils ont vécu côte à côte, c'était son bonheur de la voir comme une chose, une belle plante qui bouge, qui vit. Il ne l'a jamais regardée, au fond. Il n'a jamais fait l'effort de la comprendre, trop préoccupé de sa personne. Elle a vécu ses déséquilibres, ses peines, ses passions, mais lui à l'inverse n'a rien fait pour elle. »

« Dimanche 22 octobre 1972.

« Une semaine vient de passer, et qu'est-il arrivé de plus ? Un voyage en Italie, des bousculades, les grèves, les bagages à porter toute seule. Évidemment, j'aurais pu me faire accompagner par quelqu'un, mais je préfère être toute seule et qu'on me fiche la paix. J'ai lu, lu, lu. Maintenant, ce sera comme ça : tu seras toi et ton livre, toi et ta chambre d'hôtel, toi et ton chien... Ce dimanche est gris et pluvieux, on sent la terre humide, l'odeur des champignons. C'est un de ces jours qui donnent envie d'être deux au coin du feu, avec un thé, des toasts et des confitures rouges. Ou peut-être un de ces jours qui invitent aux longues promenades avec des bottes...

« Il est six heures, et la nuit est déjà là. J'aurais préféré être dans le premier tableau, les bras de quelqu'un autour de moi, mais, puisque ça ne se peut pas, j'opte pour la promenade. Où est la laisse de Ringo ? Il m'attend, il sait que l'on va partir. Nous prenons le chemin du cimetière. Depuis longtemps, j'ai envie de me retrouver là-bas, un soir, près de la vieille église où papa repose.

« J'ai déjà dépassé la ferme où les chiens aboient. Au bout du chemin noir, je vais bientôt apercevoir la masse sombre de l'église. Voilà, je la vois, et malgré la nuit elle est baignée de soleil et il y a un monde fou. Ce sont les souvenirs de notre mariage qui me reviennent. "Ici Europe n° 1, la cérémonie vient de se terminer ; dans quelques instants, ils vont sortir de l'église où le prêtre les a unis pour la vie. Attention ! Attention ! Les voilà ! Les flashes crépitent, la foule les applaudit, tout leur sourit..." C'était il y a sept ans. Je me revois, toute tremblante d'émotion et de bonheur. Et la pluie qui s'était mise à tomber. Vite, la voiture, où est Johnny ? Mon Dieu, cette foule ! J'espère qu'ils n'ont pas écrasé papa, ma grand-mère… Mais, à peine à la maison, le soleil était là de nouveau. En moi-même, je m'étais dit : “La pluie, le beau temps-le beau temps, la pluie, ça sera comme ça, ce mariage, j'en suis sûre.”

« C'est ridicule de repenser à tout ça. La cloche de l'église vient de sonner sept heures, de gros nuages cachent la lune et je n'entends que les halètements de Ringo. Le marbre est glacé sous mes lèvres. Dire que papa repose sous cette dalle… Quel désespoir, ce jour-là, dans cette église ! Je ne m'en souviens qu'à travers un rideau de larmes.

« Au retour, je presse le pas. Il fait froid et humide, Ringo tire sur sa laisse. Nous repassons devant la ferme où les chiens aboient. Bientôt, j'aperçois les lumières de notre cuisine à travers les troènes, tout au fond du parc, et j'entends qu'on appelle : “David ! David ! Reviens, on va dîner !”

« Quel réconfort de retrouver ma cuisine tout illuminée ! La gaieté de maman : “Tu t'es bien promenée, ma chérie ? Il ne faisait pas trop froid ?” Et mon David, son sourire, ses yeux brillants ! Nous allons dîner avant de rentrer sur Paris ; comme ça, on évitera les embouteillages. »

Chapitre 13

David vient de fêter ses six ans. Pendant que je chante à l'Olympia, lui découvre l'école. Il apprend à lire et à écrire. Pourquoi n'aurait-il pas droit à entrer dans la vie normalement, comme les autres petits garçons de son âge ? Je l'ai donc inscrit à l'école communale du quartier, et j'espère secrètement qu'on va le laisser respirer, vivre sa vie d'écolier, comme la fille de la boulangère ou le fils du pharmacien.

Oui, je l'espère secrètement, mais rien ne m'encourage vraiment à le croire. Depuis que nous vivons ensemble, Johnny et moi, nous sommes assiégés. Pas un jour ne se lève sans qu'un attroupement se soit formé devant la porte d'entrée de notre immeuble. Au début, c'était à Neuilly ; maintenant, c'est avenue du Président-Wilson, dans le quartier du Trocadéro. Une cinquantaine de personnes sur le trottoir, de l'aube au crépuscule. Est-ce que l'on s'habitue ? Non, on ne s'habitue pas. On sait qu'on ne peut plus sortir de chez soi pour un oui ou pour un non, comme tout un chacun. On a intégré l'idée que cela est comparable à une petite affaire d'État qui mobilise deux ou trois personnes, à commencer par votre chauffeur qui doit être assez habile pour vous guetter depuis le coin de la rue sans se faire repérer...

Je ne peux me défendre d'un certain agacement, et cependant j'ai tort, puisque ces personnes, qui se donnent chaque jour rendez-vous sous nos fenêtres, ne nous veulent pour la plupart que du bien. Ce sont nos « fans », des inconditionnels dont l'existence bat au rythme de nos chansons, de nos concerts, de nos tournées... et de notre vie privée, malheureusement. Beaucoup en savent plus long que moi sur Johnny (ce qui n'est pas forcément très difficile), mais aussi souvent sur ma propre carrière. Ils connaissent mieux que moi, qui ai tendance à tout confondre, les dates de création de mes chansons, mes Olympia, mes accidents, les drames qui ont émaillé notre vie conjugale, etc., etc. D'ailleurs, l'un d'eux, Stéphane Caron, tiendra bientôt une place importante dans mes tournées. Un autre, jeune homme toujours courtois et extrêmement assidu, Jean-Luc Azoulay, à l'époque étudiant en médecine, devait devenir mon secrétaire par le biais d'un fan-club qu'il avait créé.

Jean-Luc m'avait énormément impressionnée. Il faisait partie de ces incontournables qui non seulement campaient sur notre trottoir, mais que je retrouvais généralement à Orly à chacun de mes retours. Un jour, je décide de leur échapper et, au dernier moment, je change mon billet d'avion. En débarquant, je souris toute seule du plaisir de ne pas être attendue. Enfin seule ! me dis-je. Or, qui voilà, à la tête d'une délégation qui s'illumine en m'apercevant ? Jean-Luc !

L'arrivée de David à la maison donne d'un seul coup un tour plus inquiétant à cette traque permanente. David est un enfant, un bébé, il n'a rien fait pour mériter ça. Il doit pouvoir être promené une ou deux fois par jour, à la belle saison en particulier, sans susciter une émeute à chacune de ses apparitions. J'ai certes fait prévenir photographes et journalistes que je poursuivrais devant les tribunaux quiconque publierait une photo de mon fils sans mon accord, mais les personnes qui sont là, sur le trottoir, ne représentent pas la presse. Elles viennent de tous les horizons, elles sont a priori bienveillantes et inoffensives ; pourtant, on ne sait jamais.

Au début, nous voulons croire que tout va bien se passer, et nous nous efforçons de vivre comme des parents normaux. Enfin, presque normaux. La jeune fille que nous avons embauchée pour David, ou ma mère, quand elle est là, tentent de le sortir. Et puis elles se découragent devant l'effort que représente chaque fois la traversée de cette foule plus ou moins hystérique. En ce qui me concerne, j'ai bien compris qu'il était illusoire d'espérer pousser tranquillement le landau de mon fils à travers les rues de Neuilly ou du XVIe arrondissement — la seule fois que j'ai essayé de le faire, les gens se sont figés sur mon passage comme à la vue d'une extraterrestre.

Enfin, des menaces de kidnapping nous parviennent, et nous renonçons immédiatement à nos rêves de normalité. David ne se déplace plus qu'avec un garde du corps, Sacha Rhoul, un garçon formidable qui deviendra par la suite le secrétaire de Johnny, en plus de sa nannie ou de ma mère. La police cherche en vain d'où proviennent les menaces, et moi je me mets à trembler à chaque promenade…

Il n'est un enfant comme les autres qu'à Loconville. C'est heureusement là qu'il habite le plus souvent — vu la vie que nous menons, Johnny et moi —, entre mon père et ma mère durant ses quatre premières années, puis auprès de ma mère seulement.

Loconville est un paradis protégé pour David. Quand papa n'est pas trop fatigué, ils partent ensemble faire le tour du parc, sa petite main dorée dans celle de son grand-père. Papa lui dit le nom des arbres, ils regardent ensemble les oiseaux, ou ils comptent les escargots les lendemains de pluie. Ils me rappellent mon grand-père et moi dans la maison de Sofia, bavardant sous le poirier, et penser à eux deux quand je suis loin me remplit d'une émotion brûlante. J'imagine que papa lui parle de sa propre enfance, de la mienne également, dans ce pays que David ne découvrira qu'en 1990 avec moi. « *Tu ne m'as pas laissé le temps, Toi qui m'as tout appris, Et m'as tant donné* », chantera-t-il plus tard en songeant à ce grand-père disparu un mois avant l'anniversaire de ses quatre ans.

Avec maman, en revanche, qu'il a baptisée Néné, David sent bien qu'il a l'éternité devant lui. Elle n'a qu'un peu plus de cinquante ans à sa naissance, et elle est en pleine santé, jolie, vive et dynamique. Pendant que je cours le monde, maman est là, solide comme le roc, et David peut compter sur elle pour lui faire l'apologie de son père qu'il ne voit guère (maman aime profondément Johnny, et nos drames intimes ne changeront jamais rien à cette affection) et lui rappeler aussi combien je l'aime.

Maman fait le lien entre David et nous, entre David et moi surtout. En 1969, quand je suis en Italie pour animer mon propre show sur la RAI durant trois mois, elle me rejoint à Rome avec David. Ces voyages — il y en aura beaucoup d'autres — font de leur relation une longue histoire pleine d'émotions fortes et de souvenirs. À

Rome, nous habitons une suite au Hilton. C'est suffisamment grand pour que David puisse y faire du tricycle en attendant que maman l'emmène se promener. Mais, un matin, il disparaît, et maman croit mourir. Nous avons déjà eu des menaces de kidnapping à Paris — se peut-il que le danger s'étende jusqu'en Italie où nous sommes, par ailleurs, persécutés par les paparazzis ?

Maman : « Je vois toutes les fenêtres ouvertes, et plus de David, plus de tricycle. Oh, mon Dieu ! Je commence à hurler : "Bambino ! Bambino ! Où est le bambino ?" La femme de chambre accourt. On le cherche dans toutes les pièces, dans les placards, on se penche par les fenêtres, il n'était nulle part. Mes jambes ne me portaient plus, je commençais à perdre la raison. Alors on prévient la direction, et aussitôt les détectives bouclent l'hôtel. Par malheur, il y avait un congrès ce jour-là, et les salons grouillaient de monde. Les détectives ont commencé à fouiller chaque étage, chaque chambre. Et moi, j'étais là, je ne respirais plus. S'ils ne retrouvaient pas mon petit dans la minute, j'allais mourir. J'entendais mon pauvre cœur cogner, cogner... Alors j'ai supplié ma Vierge : "Fais qu'ils le retrouvent, je te le demande à genoux, je t'en conjure !"

« Je pleurais, tu sais, comme quand tu avais disparu à Varna, sur la mer Noire, et que je t'avais découverte deux heures plus tard en train de laver tes petites socquettes à la fontaine... "Fais qu'ils le retrouvent !..." Et tout d'un coup, quelqu'un me crie : "Ça y est, on l'a repéré, il est à la cave !" On me fait descendre, et qu'est-ce que je vois ? Mon petit bonhomme à cheval sur son tricycle en train de discuter en italien avec le chef cuisinier. Je l'ai grondé, mais il ne comprenait pas ce qu'il avait fait de mal. Il était monté dans l'ascenseur de service dont il avait trouvé les portes ouvertes, et il avait appuyé sur le seul bouton qu'il pouvait atteindre en se dressant sur la pointe des pieds, le bouton le plus bas, c'est-à-dire celui des sous-sols… »

Un an plus tard, c'est encore avec maman que David me rejoint à New York où je passe quatre mois à suivre les cours de danse de Jojo Smith, en attendant que le professeur Shimon intervienne sur les cicatrices de mon visage.

Au retour de ces longs séjours à l'étranger, David retrouve avec bonheur Loconville. Et des enfants de son âge. Il ne peut pas fréquenter la maternelle, comme un enfant « normal », aussi ai-je décidé qu'il sera mieux à Loconville, entre mes parents qui lui enseigneront des choses essentielles que l'on n'apprend pas à l'école. Et puis la maison est assez grande pour accueillir une troupe d'enfants. Sur les photos que j'ai sous les yeux, je le vois à trois ou quatre ans dans son petit pull rayé marin, assis sur les marches du perron à l'heure du goûter, et entouré de six enfants. Je les reconnais tous, il y a le fils d'Anne-Marie Bloch, à gauche, il y a Jean-Luc dont le père était épicier à Gisors, et puis Jean-Paul Debout, le fils de Chantal et Jean-Jacques, Julie Mallory, la fille de Fabienne et Michel, Clarisse Debout et Michael Vartan, le fils d'Eddie et de Doris. Sur une autre photo, il y a Anne-Charlotte, qui fut le premier amour de David et qu'il baladera inlassablement sur sa mini-moto Honda à travers tout le parc.

C'est aussi là que je retrouve avec le plus de plaisir mon David, loin de la cohue parisienne et des menaces qui me glacent le sang. Il ne fréquente pas la maternelle, non, et donc il n'a pas une gentille maîtresse pour lui apprendre à dessiner et à frapper sur un tambour. Mais, pour ce qui est du tambour, il n'a besoin de personne !

Il a à peine plus de deux ans quand je le surprends pour la première fois en train de jouer le morceau de batterie qu'il vient d'entendre sur son mange-disque. Il est assis par terre, et il tape sur le plancher avec sa cuillère et sa fourchette. Est-ce que je rêve ou est-ce bien mon petit bonhomme qui me refait le morceau à l'identique ? Je ne dis rien, et j'attends de voir si le miracle va se reproduire. Mais oui ! Alors j'appelle maman. Nous l'observons à la dérobée et, en moi-même, je me dis : « C'est incroyable ! C'est génial ! » Émue de constater combien mon bébé est doué pour le rythme, la musique...

Je patiente un peu et, comme, arrivé à cinq ans, il continue de frapper en rythme sur tout ce qui rend un son, j'en parle à mon percussionniste, qui était également, à l'époque, professeur au Conservatoire de Paris : « Ça serait peut-être bien que tu donnes deux ou trois cours à David, juste pour voir ce qu'il vaut. J'ai l'impression qu'il a du talent... » Ensuite, naturellement, je regrette de m'être emballée, et je pense que toutes les jeunes mamans doivent lui faire le même coup : « Tu ne veux pas écouter mon fils ? Je l'entendais l'autre jour tambouriner sur le frigidaire avec les couverts à salade, je ne sais pas, mais je me demande s'il n'est pas exceptionnel... »

Mes vieux complexes ! Pourtant, en l'occurrence, ils sont mal placés : David est réellement très doué. Mon percussionniste me déconseille les cours — il est encore trop petit, et le Conservatoire, selon lui, risque de le dégoûter à jamais de la batterie. « Laisse-le jouer comme il en a envie, me dit-il. Il apprend tout seul, à l'oreille ; je ne suis même pas sûr qu'il aura besoin de cours. » Et David, en effet, se débrouillera seul. Sans une leçon.

Pour le Noël de ses neuf ans, Johnny et moi décidons de lui acheter sa première batterie. C'était à Los Angeles. Je ne peux pas oublier ce jour, le moment précisément où il l'a vue. On ne la lui a pas donnée tout de suite, on lui a d'abord offert ses autres cadeaux. Et, je ne sais pas, il devait espérer secrètement ou se douter de quelque chose, parce qu'il dissimulait péniblement sa déception. J'avais caché l'objet, une vraie batterie de professionnel d'un rouge étincelant, magnifique, dans la salle de bains. Alors, à la fin, je lui ai dit :

— Viens, il y a encore quelque chose pour toi…

Il a poussé la porte et, quand il l'a aperçue, il s'est figé et il est devenu d'un seul coup blanc comme un linge. Une émotion incroyable !

Et moi, je n'ai pas pu m'empêcher de pleurer en le voyant à ce point bouleversé…

Pour le piano et pour la guitare, ça s'est pratiquement passé de la même façon. Il a pris quelques cours, mais son professeur me disait : « C'est étonnant, il assimile en une heure ce que les autres mettent six mois à apprendre. »

Comme si on avait déposé une étoile au-dessus de sa tête, tel un cadeau du ciel. Ça n'a jamais cessé de m'émouvoir et, aujourd'hui encore, plus de trente ans après, je conserve toujours sa batterie rouge, à l'égal d'un trésor.

Mais revenons à cet automne 1972 où il découvre l'écriture et la lecture, où je tente d'oublier les menaces pour me persuader qu'il pouvait être un écolier « normal ».

Il a été discrètement inscrit sous le nom de Smet, mais quand il dit que son père s'appelle Johnny Hallyday et sa mère Sylvie Vartan, il déclenche un fou rire général et sa maîtresse menace de le mettre à la porte s'il recommence. Or David est très ingénu. Dans la bulle de Loconville, il n'a pas eu l'occasion de mesurer notre notoriété — nous n'avons pas l'habitude d'écouter nos propres chansons à la maison, et encore moins de nous regarder mutuellement à la télévision. Quant à maman, qui ne s'est jamais remise de mon premier Olympia, et qui demeure déçue que je ne sois pas plutôt bibliothécaire ou secrétaire d'ambassade, il ne lui viendrait pas à l'esprit d'allumer la télévision quand je suis sur un plateau.

David n'a donc pas conscience d'être l'enfant d'un couple particulier, et cette conscience, c'est à l'école qu'il va peu à peu l'acquérir. De la façon la plus douloureuse pour lui, qui, comme la plupart des enfants, ne souhaite surtout pas se singulariser : par le regard des autres, par des réflexions incessantes et, finalement, par un isolement au sein même de sa classe.

Puis très vite les choses se compliquent encore avec le tapage médiatique fait autour de la dernière idylle de Johnny. Elle et lui font la couverture de certains magazines, toute leur intimité y est dévoilée, et la mienne par la même occasion. Dans le style inimitable de la presse voyeuriste, on évalue les chances du nouveau couple et on me prête des propos que je n'ai pas tenus. L'horreur !

Or, pour la première fois, David est susceptible d'être touché par ce tapage. Les barrières de Loconville ne l'en protègent plus. Son regard peut à tout instant tomber sur les affiches de ces magazines placardées sur les kiosques à journaux, et si ce n'est pas lui qui les repère, il y a de fortes chances pour que ses camarades de classe n'y soient pas indifférents. Enfin, il sait pratiquement lire désormais et, avant la fin de l'année scolaire, il sera capable de déchiffrer ces tissus d'immondices...

C'est dans ce contexte que je prends la décision de l'éloigner de toute cette boue en l'emmenant, au moins pour quelques mois, à Los Angeles. Johnny a acheté une maison là-bas, ce qui tombe plutôt bien, et il est donc relativement facile de nous y installer. Ma mère est du voyage une fois de plus. Aussitôt arrivée, j'inscris David au lycée français et nous inaugurons ainsi notre premier exil aux États-Unis. Il y en aura beaucoup d'autres, suivant la tonalité de la presse à sensation, jusqu'à ce que je choisisse, en 1975, d'élever complètement David à Los Angeles. Il y fera ses études sous l'œil bienveillant de M. et Mme Kabbaz, les fondateurs du lycée français, et y obtiendra son baccalauréat, entouré à la maison par maman et un jeune couple portugais.

À partir de ce moment, je me sentirai complètement rassurée, et les frasques de Johnny me seront moins sensibles. Mais son attitude n'en a pas moins lourdement pesé sur ma relation avec David, et cela pratiquement depuis sa naissance. En tentant de se suicider un mois après l'arrivée de son fils, Johnny m'avait implicitement signifié qu'il n'était pas prêt à être père. À compter de ce jour, je l'ai dit, il m'apparaît bien plus comme un second enfant dont j'ai la responsabilité que comme un mari.

Il est certain que, si David n'avait pas été là, j'aurais rapidement pris la décision de divorcer. Mais je me sens alors seule garante de l'équilibre de notre enfant, et je me dis que si j'écoute mes désirs, si je refais ma vie, Johnny va s'éloigner encore plus et que la principale victime en sera David. Ma vie personnelle passe au second plan, je m'investis dans mon travail, dans mes concerts, et je me résous à supporter une relation sentimentale chaotique avec Johnny parce que je ne veux pas priver David de son père.

Père à éclipses, mais père malgré tout. Je ne pense pas qu'un petit garçon puisse grandir, se construire, sans l'image d'un homme pour lui montrer le chemin. Cependant, Johnny n'est pas rassurant pour un enfant et, très tôt, je perçois l'inquiétude sourde de David. Il observe son père avec un mélange d'adoration et de crainte. Je crois qu'au fond de lui il ressent l'instabilité de Johnny, son malaise, cette angoisse même qui le fait parfois aller et venir comme un fauve en cage. Oui mais, en même temps, Johnny est flamboyant, magnifique, intouchable, et dans un coin de son âme David est fasciné par cet ange blond, comme lui, qui traverse son existence avec la violence d'un orage d'été et que personne ne semble capable de retenir.

Sauf pendant les quelques jours de vacances que nous prenons tous les trois. Cela arrive parfois. Alors Johnny se détend, il oublie l'arène, la fureur permanente, et je remarque combien David à son tour laisse tomber ses défenses jusqu'à s'abandonner au plaisir simple et délicieux de prendre la main de son père et d'écouter avec ravissement ses commentaires sur les questions qui les interpellent brusquement tous les deux — l'amour, la mort, la musique, les voitures…

Bon, mais le plus souvent Johnny est ailleurs, et moi j'ai bien intégré l'idée que je dois donner à David cette image de force et de sérénité que son père ne lui transmet pas vraiment. Et, du coup, je réfrène mes débordements de tendresse. Quand je rentre de tournée, je n'ai qu'une envie, c'est de le couvrir de baisers, de le presser contre moi, de le garder toute la nuit dans mon lit. Mais je me l'interdis. Si Johnny était là, je le ferais. Un petit garçon dans le lit de ses deux parents, ça n'est pas choquant, mais un petit garçon câliné par sa seule maman, ça ne me paraît pas vraiment sain. Déjà qu'il se trouve privé de la présence de son père, si en plus je le prends dans mon lit, je vais en faire un de ces enfants exclusivement élevés par des femmes et qui, plus tard, souffrent d'hypersensibilité.

Je me blinde, donc, et de la même façon que je réprime mon trop-plein de tendresse, je ne témoigne d'aucun état d'âme en sa présence. Ce sont pourtant des années difficiles où les souffrances et les humiliations ne me sont pas épargnées, mais jamais je ne lui montre que je suis blessée. De sorte qu'il aura longtemps une image de moi en acier trempé, sur papier glacé, avant de me découvrir fragile, et sans cesse au bord des sanglots lorsque je l'emmènerai revisiter mon enfance à Sofia. Mais alors, il sera un homme et cela n'aura plus d'importance.

Paris-Los Angeles. Los Angeles-Paris. Tiens, David découvre l'exil dans sa septième année. Moi, c'était à huit ans, et maman à sept, comme lui. Maman avait cet âge-là quand son père, architecte, leur a fait quitter la Hongrie pour la Bulgarie, Budapest pour Sofia. Est-ce une fatalité, l'exil, chez nous ?

Le destin semble hésiter pour David. Nous faisons plusieurs aller-retour, je l'ai dit, en fonction des aventures de Johnny, des échos plus ou moins retentissants qu'en donne la presse, et de mes concerts que je répète à Los Angeles.

En 1973, Johnny et moi frisons même le ridicule avec une chanson que Jean Renard tient à tout prix à nous faire enregistrer en duo : *J'ai un problème, je crois bien que je t'aime...* Jean Renard est notre producteur commun et il a composé cette chanson avec mon ami Michel Mallory. Cela n'empêche pas qu'elle est particulièrement malvenue ! Quand ils me la présentent, tous les deux, je bondis comme un ressort : « Enfin, on ne va pas chanter ça, c'est ridicule ! Les paroles sont stupides, la musique est affreusement plan-plan. Et, en plus, je vais vous dire, Johnny chantant ça, c'est du dernier grotesque !... De toute façon, il n'y arrivera pas, c'est pas du tout son style. »

Je me trompais ! Nous nous retrouvons au studio d'enregistrement, à Londres. Johnny non plus ne sent pas la chanson, mais, au contraire de moi, il veut bien essayer, il est plein de bonne volonté ce jour-là. Moi, je suis tellement contrariée que je claque la porte du studio. Johnny, pendant ce temps-là, doit s'y reprendre à plusieurs fois pour réussir son enregistrement. Mais il y parvient, et alors on vient me chercher, me supplier.

— Allez, Sylvie, quoi ! Johnny s'est donné du mal, il l'a fait. On t'attend tous, tu vas voir, ça va être formidable !

— Formidablement ridicule, oui...

Enfin, je cède.

Deux mois plus tard, *J'ai un problème* est sur toutes les radios. Ce sera le tube de l'été 73. Un succès énorme, inimaginable ! Même les Italiens en raffolent...

À tel point qu'en 1993, pour les cinquante ans de Johnny au Parc des Princes, c'est cette chanson qu'on nous proposera d'interpréter. Mais, pour moi, ça sera encore impossible. On ne l'a jamais chantée sur scène et, aujourd'hui, je le regrette. En la plébiscitant, les gens nous ont dit d'une certaine façon combien ils nous aiment, combien ils nous ont aimés ensemble, amoureux, et au fond j'ai des remords de leur avoir refusé ce cadeau en retour.

D'ailleurs, *J'ai un problème* annonce une ultime embellie dans notre histoire en plein naufrage.

Mon journal en témoigne, entre fatigue du quotidien et espoir d'un second enfant :

« 15 septembre 1973. David a fait sa rentrée scolaire. Moi, j'ai très mal à la gorge, et Johnny n'est pas en forme, même le chien fait la gueule sous la table. Cet après-midi et demain, je reste avec mon David, car demain je m'en vais. Je ne vais plus le voir pendant un mois et ça me fiche le cafard. Tout ce qui m'attend est très éprouvant : l'Amérique, le Japon… C'est trop dur d'être loin de la maison tout le temps, et si longtemps !

« Maman doit être heureuse, c'est au moins ça, elle est à Loconville avec sa tribu, ses amis, oncle André et tante Mia, Milka et Boubi…

« J'aimerais être plus vieille d'un mois. J'espère de tout mon cœur qu'en rentrant je retrouverai Johnny en forme et que l'on pourra mettre en route le projet qui nous tient à cœur. Je suis contente qu'il aille se reposer à la montagne, tranquillement, car lui aussi est épuisé, à bout de nerfs. Demain, il chante encore à Cambrai. Et moi, demain, les valises. La barbe ! J'ai horreur des départs, c'est chaque fois comme une petite mort. Douze heures d'avion. Je me trouve presque mal au décollage tellement j'ai peur. Depuis la naissance de David, l'avion me terrorise. »

Plus vieille de trois mois, et revenue en France, je reprends mon journal pour l'anniversaire de maman.

« 9 décembre 1973. Aujourd'hui, maman a cinquante-neuf ans. Je ne voudrais pas qu'elle vieillisse. On organise un petit dîner à la maison. Eddie lui a apporté des violettes. Elle est heureuse. Et toujours si belle ! Elle porte sa jupe verte de Saint Laurent et un cache-cœur en soie marron. On n'a pas pu joindre Milka et Boubi, sans doute partis pour le week-end. On a fait une table pour les enfants autour de David. Ils sont tous ravis. Au menu : tarama, *banitza,* canard, et moi j'ai fait des choux à la crème. Pour elle.

« Le téléphone. C'est Johnny, il est à Londres en enregistrement. "Amuse-toi bien !" et il raccroche. Il est vraiment toujours aussi charmant... J'ai un peu le cafard. J'y pense et puis j'oublie, comme dit la chanson. »

Enfin, à la fin de l'année 73, je suis enceinte (d'un enfant que je vais perdre quatre mois plus tard). Ma joie profonde des premiers jours est très vite tempérée par l'éloignement de Johnny.

« Mars 1974. Johnny est complètement indifférent, perdu dans son univers qui n'est pas le mien. Il se soucie bien peu de ce qui se passe autour de lui. Il doit enregistrer de nouveau cet après-midi à cinq heures. On l'a accompagné avec David et on dîne tous les trois dans un bistrot près du studio. Jean Renard est en retard, on l'attend. Il est huit heures quand l'enregistrement peut commencer. Par chance, il y a une batterie installée là. David se précipite évidemment dessus. On lui donne un casque et le voilà parti. On l'enregistre. Il est tout ému. Il remplace Tommy Brown sur la piste libre de la chanson *Trop belle, trop jolie* de Johnny. Il est vraiment extraordinaire et tout le monde est bluffé. Même Johnny n'en revient pas. David est très fier et, la bande sous le bras, nous rentrons tous les deux en taxi jusqu'à la maison.

« Johnny ne m'a prêté aucune attention. Je suis triste de devoir rentrer seule. Il va encore rester là-bas toute la nuit.

«Je pleure, je pleure… Et je m'endors avec des idées noires plein la tête. Il est rentré à sept heures du matin et je lui ai laissé un merci écrit dans la salle de bains.

«Je vais chez le docteur, suis toujours fatiguée, un peu fiévreuse. Ensuite, je répète à quatre heures à la télévision pour "Domino", la nouvelle émission de Guy Lux dont Johnny est la vedette. Il n'est pas encore là. Jacqueline Duforest et Guy Lux commencent à faire la tête. Le voilà, toujours flanqué d'untel et d'untel. Je n'aime pas toute cette cour de laquais. Et il fume trop, c'est très mauvais. On répète *Je chante pour Swanee.*

«Ce soir, on dîne chez notre ami Brialy. On y rencontre Jean Poiret, Michel Serrault, à côté de Sophie Daumier et Guy Bedos. Je suis heureuse, on est tous les deux, je recommence à me sentir un peu plus à l'aise avec lui. On rentre, il me fait écouter sa nouvelle chanson, *Je t'aime, je t'aime, je t'aime.* Elle est très bien.

«Il est midi quand je me réveille. Je dois faire normalement des photos à Loconville. J'espère qu'ils ne viendront pas. Sans me presser, je pars vers une heure trente, j'arrive à trois heures, pas de photographes, quelle chance ! Maman tricote devant la fenêtre du salon. Elle est si belle, Milka aussi. Quelle ambiance paisible ! Elles ont fait deux robes, l'une bleue, l'autre blanche. En espérant que ce sera une fille. Tante Milka va me montrer un point de crochet, j'ai envie de faire une couverture pour ma fille, comme celle que j'avais faite pour David, sauf qu'elle sera rose. L'après-midi passe. Je téléphone à Johnny à Lyon. Il est assez aimable au téléphone. Je suis contente, il va rentrer demain.

«David aussi, je l'ai mis au monde entre des drames et des pleurs. Je rêvais que cette fois-ci ce serait différent. Eh bien, non, c'est le même genre. Je pense que Johnny

Ma part de folie, de fièvre, c'est sur scène qu'elle se révèle. Alors je me sens capable de grandes choses... (Arènes d'Orange, juin 1963).

Ces premières tournées ! On s'entassait pour deux mois dans une 403, on voyageait comme des romanichels, les hôtels étaient minables, mais la scène... j'adorais !

La dernière semaine, au lycée, je me suis inventé un autographe que j'ai gravé dans le bois de mon pupitre.

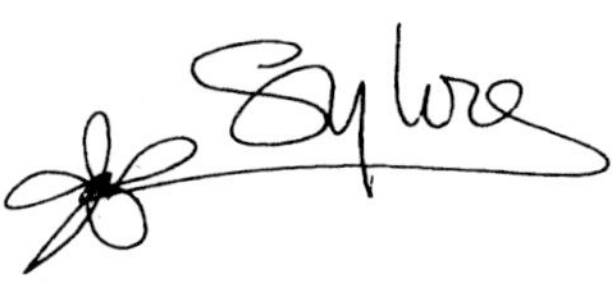

20 août 1963, Le Cannet. La sono ne marchait pas, le public casse tout.

Mon premier voyage dans l'Amérique mythique des années 60. Nous sommes seuls au monde dans les rues de New York. La vie est devenue soudain rouge et or.

David vient au monde le 14 août 1966 à 22 h 40. À deux heures près, nous naissions le même jour ! Il est le petit garçon blond aux yeux bleus que je voyais dans mes rêves. Un soleil ! Le plus beau cadeau de ma vie.

Ensemble, nous avons vécu des années lumière, chanté nos vingt ans, soudés par un même rêve, un même éblouissement. Puis, implacablement, ce qui nous réunissait nous a séparés. Mais Johnny fera toujours partie de mon ciel.

Premier voyage en famille à Los Angeles, qui deviendra ma ville d'adoption. Là, je suis enfin anonyme, tandis qu'à Paris je me sens traquée.

Mon petit Viking à Loconville, loin de l'agitation de Paris.

Maman a toujours pardonné à Johnny ses pires folies (ici, devant le perron de Loconville).

Eddie était un remarquable joueur d'échecs. Je n'ai jamais réussi à atteindre son niveau.

1964, Olympia historique avec les Beatles. Pour la première fois, la presse internationale me remarque. *Times* et *Life* m'élisent « première chanteuse française ».

1965, le Japon me réserve un accueil formidable. J'y retournerai régulièrement, jusqu'à y rencontrer Tony en 1981. (Ci-dessus, en concert en 1977).

La danse est une école de rigueur, d'humilité aussi. Elle m'apprend à contrôler mon corps, à le plier aux rythmes, à le soumettre à la musique (ici, dans la salle de répétition de l'Olympia).

Johnny et moi divorçons le 5 novembre 1980. Cet été 1980, nous nous retrouvons pour la dernière fois sur les planches à Orange. De cette soirée, il me reste cette photo ahurissante où, l'un et l'autre habillés de strass, hurlant dans nos micros contre le mistral, nous figurons deux fauves survivants d'un épuisant combat.

J'ai aimé tous mes secrétaires. Carlos me faisait pouffer de rire et Hubert Le Forestier, qui lui succéda, fut un ami précieux, délicat et prévenant.

La fameuse batterie rouge qu'on offrit à David pour le Noël de ses 9 ans. En la découvrant, l'émotion lui coupa le souffle (ici, sur les hauteurs de Los Angeles).

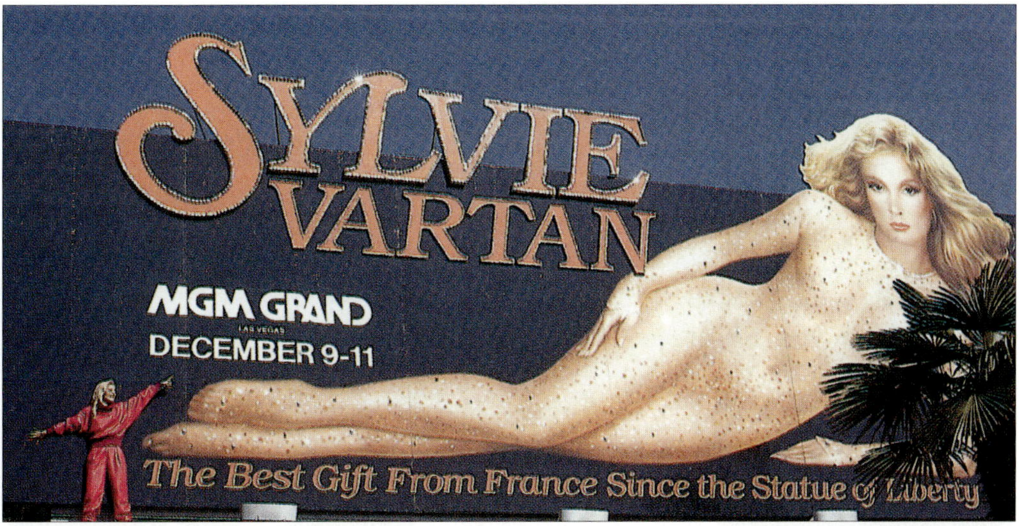

Las Vegas. Tony (ci-dessous, à droite) est entré dans ma vie, c'est lui qui a eu l'idée de cette affiche monumentale, et du slogan : « Sylvie Vartan, le plus beau cadeau de la France depuis la statue de la Liberté ! »

Tableau de famille après la première. Maman est heureuse, entourée de ses deux enfants et de son petit-fils.

Gene Kelly, mon parrain pour cette soirée inaugurale.

2 juin 1984. Mon mariage avec Tony, mon amour, l'homme de ma vie.

«Je le vis, je rougis, je pâlis à sa vue...» (*Phèdre*)

Tony découvre l'émotion d'entourer mon fils, de l'écouter, de l'épauler bientôt.

Tony : « Mon père dirigeait un syndicat de camionneurs du New Jersey. Il ramenait souvent à la maison des ouvriers. Ma mère préparait à manger pour tout le monde et moi je jouais de l'accordéon.

« Mon frère aîné Ben (à gauche) et moi sommes devenus footballeurs professionnels pour payer nos études. »

Les trois frères Scotti aujourd'hui (de g. à d.) : Fred, Tony et Ben. Tony : « S'il y a une chose que j'ai retenue de mon éducation c'est que tout est possible si on le veut vraiment. »

OCTOBRE 1990 :

RETOUR À SOFIA

Toute la salle est debout, comme tétanisée par la même émotion. Je revois papa avec son accordéon, oncle André en train de chanter, et je ne peux pas m'empêcher de pleurer....

Le profil de maman en Jeanne d'Arc. Cette œuvre de papa, oubliée à l'ambassade de France en 1952, a été retrouvée par miracle dans les combles et m'a été envoyée à Los Angeles.

La maison de mon grand-père. À l'instant où je l'ai revue, j'ai eu la sensation physique de perdre le souffle.

Sofia, 27 novembre 1997. Je découvre ma Darina. Elle a cinq semaines, un visage de porcelaine, et je la prends pour la première fois dans mes bras.

Los Angeles, 5 juillet 1998. Darina et Emma, la seconde fille de David, reçoivent ensemble le baptême dans le jardin de notre maison de Beverly Hills.

Eddie, Tony et moi avons créé, avec le concours de bénévoles, l'association « Sylvie Vartan pour la Bulgarie » en collaboration avec la Croix-Rouge.

Avec Michèle et Carole, la délicieuse femme de Ben, lors d'un séjour en France où nous avions visité les châteaux de la Loire.

Avec Michèle, mon amie, ma sœur, aux Seychelles.

Avec ma chère Maria, la fille de la sœur aînée de maman, retrouvée à Sofia en 1990.

À Moscou, entre mon précieux Charley Marouani et Tony.

Mon Viking est devenu un homme.

Une photo que j'aime de David avec son père.

Darina. Ma beauté ! Mon trésor !

Ilona (en haut) et Emma, les deux filles adorables de David et Estelle, qui illuminent notre existence.

Mes trois petites princesses réunies avec bonheur au gré des vacances.

24 novembre 1998. Darina entre à l'Élysée, pour ma Légion d'honneur...

Maman résume à elle seule toute notre histoire, toute notre mémoire. Elle nous permet de raccommoder les accrocs de la vie, de relier Budapest à Sofia, Sofia à Paris, Paris à Los Angeles. Maman est le cœur qui bat en chacun d'entre nous.

Entre le rire et les larmes,
entre l'ombre et la lumière.

ne comprend rien à tout ça. Il aurait très bien pu rentrer de Lyon, prendre l'avion comme je le fais quand je veux voir David. N'en parlons plus, c'est comme ça. Je suis encore trop naïve, pleine d'illusions. La campagne est belle, je me promène avec David et je pense à Johnny... Mon monde s'est écroulé aujourd'hui. Il ne s'en rend même pas compte, il ne se rend pas compte que pour moi c'est fini.

« Je n'ai même plus envie d'entendre sa voix au téléphone. David court en rigolant devant moi. Comme il est beau ! Ses cheveux ont la couleur de la paille ramassée dans les champs. Dire qu'il n'y a personne d'autre que moi à ses côtés. Il faut que je sois forte.

« Il est une heure et demie du matin quand le téléphone sonne. Il n'y a que lui pour appeler à une telle heure. Effectivement, il y a eu un incident à Lyon, il a reçu une bouteille sur le menton, mais ce n'est pas grave. Si j'entends quelque chose à la radio, il ne faut pas m'inquiéter. C'est au moins gentil de sa part. Bonsoir, ma chérie, bonsoir, à demain. Je raccroche. Demain, il rentrera peut-être. Je m'endors en faisant des plans déjà pour le lendemain. Classer mes anciennes chansons en prévision de l'Olympia. Mon bébé bouge ! Enfin, demain soir, ce sera la tranquillité, on se retrouvera au calme peut-être et on pourra sentir ensemble ce deuxième cœur battre sous ma peau. Je m'endors heureuse.

« Le téléphone sonne : "J'ai décidé de rester. Je ne rentre pas, je suis trop fatigué, tu comprends ?" Il est ailleurs certainement, tout ça était écrit. Je suis un peu ridicule avec mes tomates-crevettes préparées pour lui. Je monte dans ma chambre et je me mets au lit. De nouveau, la solitude me pèse. David joue de la batterie en bas. Je me sens si seule, si triste. Quand je pense au nombre de gens que j'ai derrière moi, et c'est lui que j'ai choisi... Je téléphone à Mallory. Il est complètement bouleversé à l'autre bout du fil. On parle pendant une heure. Il m'a remonté le moral. Je vais venir ce soir, me dit-il, et Johnny va venir aussi.

« Je sais qu'il n'en a pas envie, alors à quoi bon tout ce numéro ? Tout est fini ; d'ailleurs, je n'ai plus envie de le voir. »

« Mardi 12 mars. Je dois me préparer pour la télévision canadienne, qui est très bien payée. J'en ai besoin, je ne sais pas de quoi demain sera fait, alors j'ai accepté. David rentre de l'école tout désemparé. "En mathématiques, je ne pense pas avoir réussi, et en grammaire j'ai eu des problèmes avec le futur." (Moi aussi j'ai des problèmes avec le futur, si seulement il savait...) C'est parce que tu as été absent longtemps, mon chéri. Et c'est vrai. Tant pis, arrivera ce qui arrivera.

« Ce soir, je vais voir Barbara, c'est sa dernière. Chantal passe me prendre. Je suis très fatiguée, mais j'ai envie de la voir. Ses chansons sont si justes ! Elle est merveilleuse, émouvante.

« À peine rentrée, Johnny téléphone. Il a une sale voix, comme souvent. Très sèche, bonsoir, bonsoir. Ce coup de fil n'a aucun sens. Je me couche épuisée. »

« Mercredi 13 mars. Nous essayons malgré tout d'avoir une soirée un peu intime, un peu agréable. Cinéma, un film fantastique, une vraie bêtise. Tout d'un coup, je me sens mal. Le film se joue tout à côté de la clinique Marignan, Johnny m'y emmène aussitôt.

« Une chambre carrelée de rose, les instruments, la sage-femme... L'horreur ! Le docteur arrive en pleine nuit, il ne peut pas se prononcer. J'ai peur, j'ai peur, j'ai mal. "Voulez-vous dormir ici, monsieur Hallyday ? On peut vous mettre un lit. — Non, non, merci." Nicole, la femme de Johnny Stark, est près de moi. Je ne veux pas appeler maman, je crains de l'inquiéter.

« Je crois que je ne garderai pas mon enfant. On ne peut pas se prononcer avant vingt-quatre heures. L'angoisse toute la journée. Je passe mon temps à guetter les mouvements de mon bébé. Les sages-femmes, tout le monde autour de moi s'affairent. Mon espoir est entre les mains du médecin. Je vais appeler maman, j'ai l'impression que quelque chose de très grave va m'arriver. Johnny, lui, ne semble pas concerné. Il est parti.

« On va m'endormir. Maman est là. Heureusement que je l'ai. Je n'aime pas les anesthésies. Pourtant, celle-ci est très douce. Je me réveille agréablement. On me remonte. L'espoir renaît. Il faut attendre.

« C'est la nuit. On a fait revenir le docteur. Il est très inquiet. Maman arrive aussi. Johnny, ayant raté son train, ne donne pas signe de vie. On ne sait pas où le joindre.

« L'horreur commence, continue. Je me réveille, maman est là. Je pleure, je pleure. C'est fini. Tout est froid et figé. Nicole Stark est présente aussi, tellement gentille, elle essaie de me réconforter.

« Le jour se lève. Mon ventre plat me fait horreur. Je me déteste.

« Eddie passe en début d'après-midi. Il essaie de me consoler, mais tout est noir.

« Des fleurs, maintenant. Il m'en arrive de partout. Je les hais. Elles ne sont pas gaies, elles n'ont aucun sens.

« Johnny n'a toujours pas appelé. Enfin j'entends sa voix : "Je viens d'arriver, je n'ai pas pu te téléphoner." Ma gorge se serre. Que lui dire ?

« J'attends la visite du docteur Cohen. Je l'attends comme on attend un sauveur. Il est tellement humain. Il me parle longtemps, longtemps, et ça va un peu mieux. "Je ferai tout pour que vous ayez un bébé, me dit-il, je ne vous lâcherai pas."

« Ma petite maman, tante Milka, Eddie…, quel réconfort de sentir leur présence. Mais ma blessure, c'est lui. Tout ce qu'il trouve à me dire, ce sont des platitudes, je ne l'appellerai plus.

« Chaque jour, le docteur me donne un peu plus de force. Ses paroles me font un bien fou.

« Et puis la porte s'ouvre et qui vois-je ? mon David ! Je suis tout émue de le revoir. Johnny l'accompagne. Il a senti que tout était perdu, alors de nouveau il va essayer de me récupérer après ces trois semaines d'agonie.

« Demain je sors, et le monde me fait peur. Je suis trop fragile. Heureusement, aujourd'hui personne ne vient, ça me permet de lire et de me reposer. Johnny va certainement passer avant son gala. J'espère que ce soir on pourra parler. Je ne sais pas comment vont évoluer les choses. Que sera ma vie, demain ? Je ne sais pas, je ne sais plus rien. Je vais avoir trente ans. »

Un mois plus tard, Johnny nous emmène, David et moi, en vacances à Honolulu. Ce voyage, c'est une surprise, un cadeau ! Johnny espère encore une fois me faire oublier ses absences, ses désertions, dans les moments les plus essentiels, les plus douloureux. J'ai l'espoir, moi aussi, de dépasser ces blessures, et j'essaie de rassembler le peu d'enthousiasme qu'il me reste pour faire bonne figure. Mais la réalité est là, têtue, et je ne parviendrai pas à oublier son indifférence durant toute cette période. Aujourd'hui, je sais que notre histoire s'est achevée là, sur la perte de cet enfant qu'il m'a laissée pleurer toute seule. L'amour que je lui portais n'y a pas survécu, même si nous avons continué à vivre plus ou moins ensemble quelques années supplémentaires.

Oui, je tente de faire bonne figure, et les lettres que j'adresse à maman depuis les plages d'Honolulu témoignent de ce désir de préserver un timide bonheur familial :

10 mai 1974

… L'hôtel est très beau, sur une baie de sable blanc plantée de palmiers. Nous avons une suite présidentielle. C'est Stark qui a fait les réservations en disant que l'on était de très grandes vedettes en France, tu vois le genre… On n'a pas osé demander le prix, si bien qu'à la fin il nous faudra peut-être faire la vaisselle. Enfin, pour l'instant tout va bien, et on en profite. À midi, on déjeune sur la plage, il y a des oiseaux extraordinaires. Demain, nous allons sur un grand voilier qui fait une croisière de deux heures. David est très heureux. Je t'envoie un peu de soleil d'ici, Loconville est bien loin et tu nous manques.

14 mai 1974

… Il fait toujours aussi chaud et c'est bien agréable. David est toute la journée dans l'eau, il a pris des couleurs et il pèle. Moi aussi. Il n'y a que Johnny qui soit rouge comme un Indien. Aujourd'hui, avec David, nous avons fait une balade d'une heure au bord des grandes vagues. À part ça, tous les jours je le fais travailler, juste le temps de m'énerver un peu avec le futur… Johnny a loué un buggy, tu sais, ces voitures qui vont sur le sable. Tu verrais les yeux de ton David ! Maintenant, tout le monde fait la sieste, père et fils dorment, et moi je peux t'écrire tranquillement…

Chapitre 14

Cette idée d'abandonner l'Olympia pour le Palais des Congrès, c'est un coup de folie… Oui, complètement à l'inverse de mes atermoiements sur mon couple avec Johnny. Changer tout, prendre tous les risques, voir radicalement plus haut, plus loin. Passer d'une salle de deux mille places, qui n'a plus aucun secret pour moi, à une cathédrale de près du double. À part Serge Lama, personne ne s'était encore risqué à chanter depuis la scène du Palais des Congrès.

La première fois que je la foule des pieds, cette scène, la salle est vide et me paraît glaciale. Une lumière terne me laisse à peine deviner les derniers rangs, à l'horizon d'une mer de velours atone et figée. Et pourtant je la sens bien, cette salle ! Et plus je m'attarde, plus je vais et viens, plus je reçois de bons échos. Je ne saurais pas expliquer ce qui fait que mes propres vibrations se retrouvent à un moment en communion, ou en sympathie, avec le pouls d'une salle. C'est assez mystérieux. Parfois, la salle me rejette, comme le Zénith que j'aurai l'occasion de visiter, plus tard, et où jamais je ne me plairai à chanter. Parfois, je ne ressens rien de particulier. Mais, au Palais des Congrès, le courant passe. Je me surprends à rêver d'un show monumental, de décors mobiles et démesurés, d'une débauche de lumière, de paillettes... et la salle ne me contredit pas. Au fil de notre dialogue silencieux, ce serait plutôt elle qui m'encouragerait à voir grand. Je la colore, je l'invente, je la regarde vivre et s'animer. Je m'y vois, tout simplement.

Ça n'est pas le cas de mon entourage. De l'avis général, je cours à la catastrophe. Même les gens les mieux intentionnés me prédisent un échec retentissant : mon public n'est pas celui du Palais des Congrès, et puis cette salle ne se prête pas du tout au music-hall, et puis il faut être un phénomène pour attirer chaque soir quatre mille personnes, et puis je ne trouverai jamais un producteur pour financer une telle démence, et puis ceci et puis cela...

Pourtant ma petite voix intérieure, celle en qui j'ai le plus confiance, me dit de ne pas les écouter. Elle me dit aussi de ne pas trop réfléchir, qu'à trop peser le pour et le contre on renonce toujours à s'éloigner des sentiers battus. Pourquoi prendre des risques nouveaux quand je pourrais tranquillement retrouver mes fidèles à l'Olympia ? Hein, pourquoi ? La réponse, c'est que je ne suis plus raisonnable quand j'ai envie de quelque chose. Plus raisonnable du tout ! C'est du désir, un goût du risque certain, de la folie, je ne sais pas exactement, mais c'est un de mes ressorts les plus puissants. Et puis l'Olympia ne m'inspire plus, j'ai l'impression d'en avoir fait le tour. La seule ombre au tableau, c'est Bruno Coquatrix. Il m'est douloureux de le lâcher, je ressens cela comme une trahison. Or, une fois de plus, Bruno est à la hauteur. Non seulement il ne me décourage pas de viser haut, mais il me promet de venir me voir répéter. Et il tiendra sa promesse.

Alors je m'envole de nouveau pour Los Angeles.

L'homme qu'il me faut habite là-bas, c'est le chorégraphe Walter Painter. Je sais que lui saura maîtriser le spectacle dont je rêve, sa démesure, son gigantisme, et aussi rassembler la troupe qui m'accompagnera. Je sais surtout qu'aux États-Unis, ça n'est pas dans la culture du pays de vous décourager, de vous rétorquer, à peine les premiers mots lancés : « Mais c'est impossible, c'est beaucoup trop cher ! », ou : « C'est irréalisable techniquement », ou encore : « Jamais on ne trouvera les danseurs adéquats. » J'aime profondément la France, à qui je dois tant, mais, au milieu des années 70, je commence à me rendre compte que je n'en peux plus d'être sans cesse confrontée à des professionnels que tout effraie, que la nouveauté rebute, et qui baissent les bras avant d'avoir essayé.

Je ne connais pas Walter Painter. La première fois qu'il m'ouvre sa porte, il reste un instant en arrêt, puis il me dit : « Venez ! Venez ! Il faut que je vous montre quelque chose d'incroyable. » Je le suis jusqu'à son bureau, nous nous plantons devant une photo encadrée suspendue au mur, et il attend de voir ce que je vais dire. Or, qui est-ce que je découvre sur la photo, entre Mama Cass, une des figures emblématiques de la chanson aux États-Unis, et un des Marx Brothers ? Moi !

— Oh, dis-je, ça c'est incroyable en effet !

— N'est-ce pas ? Ça fait des années que j'ai cette photo, et des années que je me demande qui est cette blonde...

Au contraire de ses collègues français, Walter Painter est enthousiasmé par mon projet, lui, et nous nous mettons immédiatement à travailler ensemble.

Dans le même temps, je découvre un nouveau professeur de danse, Claude Thompson, qui deviendra mon chorégraphe par la suite.

Depuis 1970, et les premières leçons de Jojo Smith à New York, la danse a pris une place grandissante dans mes spectacles, et dans ma vie. Je veux la travailler comme je continue de travailler ma voix. La danse est une école de rigueur, d'humilité aussi. De toutes les disciplines artistiques, c'est certainement la plus difficile, celle qui demande le plus de sacrifices, un véritable sacerdoce. La danse m'apprend à contrôler mon corps, à le plier aux rythmes, à le soumettre à la musique. Pour moi qui ai commencé relativement tard, il s'agit de mettre les bouchées doubles, mais j'aime ça et je m'y attelle avec plaisir. Cela fera dire à certains critiques que je suis « entêtée » et « courageuse ».

Entêtée, je le suis, c'est exact, mais courageuse, le compliment m'a toujours paru très exagéré et me fait sourire. Est-ce que c'est courageux de se donner corps et âme à un projet personnel ? Dans mon esprit, ce mot est intimement lié à mon père, qui a passé dix-huit années de sa vie à travailler aux Halles pour nous élever, quand il aurait pu être pianiste, ou sculpteur. À mes yeux, le courage va de pair avec l'abnégation. J'ai la chance de ne faire que ce qui me plaît, en quoi est-ce héroïque ?

En préparant ce premier Palais des Congrès, je découvre le bonheur de vivre et de travailler à Los Angeles. David et maman sont là, je les retrouve chaque soir, épanouis, détendus. Plus d'attroupement sur le trottoir, plus de scandales dans les journaux, plus de menaces. Ici, nous sommes loin et nous n'intéressons personne, c'est le paradis. Je m'habitue à me dispenser de chauffeur et de garde du corps, à filer à mes répétitions en survêtement et baskets au volant de ma voiture, ou même au guidon de mon vélo si l'envie m'en prend. J'imagine en souriant le cirque que ç'aurait été si j'étais apparue sur une bicyclette avenue du Président-Wilson... Je peux faire mon marché sans sentir le poids des regards. Los Angeles, c'est la liberté, la légèreté.

Et puis je trouve tout dans cette ville avec une facilité déconcertante... et le carnet d'adresses de Walter. Nous voulons un danseur qui maîtrise aussi bien les claquettes que la samba ? Le voici ! À propos de danseurs, je fais à cette occasion la connaissance de deux étoiles qui vont m'accompagner jusqu'au Palais des Congrès, Gary Chapman et Peter Newton. Nous voulons un artiste assez singulier et dément pour habiller toute la troupe ? On me présente Bob Mackie, le costumier de la chanteuse américaine Cher.

Paris-Match, 1er novembre 1975 : « En se lançant dans ce spectacle, elle a voulu effacer l'image de la jeune chanteuse qui susurrait des mélodies naïves et rythmées. C'est pourquoi elle a frété sur la scène du Palais des Congrès une coûteuse armada. Côté effectifs : trente musiciens, douze machinistes, cinq électriciens, quatre "poursuiteurs" aux projecteurs, seize danseurs (trois Américains, cinq Britanniques, un Mexicain, un Allemand, six Français), trois mimes, un chorégraphe, Walter Painter, assisté de son épouse Charlene, un coiffeur, Loïc, une maquilleuse, Dominique, un secrétaire, Jean-Luc Azoulay, etc. Côté matériel : douze robes pour la nouvelle star, cent cinquante uniformes pour la troupe, un matraquage intensif dans la presse, à la radio, à la télévision, une salle pour trois mille huit cents spectateurs dont le prix quotidien de location — ouvreuses et caissières incluses — est de un million cinq cent mille francs anciens. Côté financier : un businessman de vingt-quatre ans, Alain-Philippe Malagnac, fils spirituel de Roger Peyrefitte, qui a investi trois millions lourds. Une somme énorme que le mois de représentations parisiennes ne lui remboursera pas mais qu'il compte faire fructifier avec les reventes du spectacle aux télévisions étrangères. Un branle-bas que Sylvie a jugé indispensable, qui a nécessité huit mois de répétitions et de mises au point, afin qu'elle réussisse son *one-woman-show.* »

Afin que *nous* réussissions, oui, Malagnac, Painter, moi, et tous les autres. Et le pari est largement gagné, puisque nous devons prolonger et jouons durant cinq semaines à guichets fermés devant plus de cent mille personnes au total.

Ce spectacle, il s'ouvre par une adaptation d'une chanson américaine inédite en France, *Toute ma vie.* Puis c'est un tableau écrit par Jean-Jacques Debout et Roger Dumas, *Merci, merci, monsieur l'agent,* prétexte à un ballet. J'enchaîne avec *Tu ne me parles plus d'amour,* suivi d'un *medley* de mes hits des sixties : *Tous mes copains, La plus belle pour aller danser, Si je chante, Comme un garçon…*

Ensuite, c'est un tableau étourdissant d'un quart d'heure, « La divine Lady Veine », inspiré du grand Las Vegas et adapté par Gilles Thibaut, qui fait alterner tous les genres, french cancan, soul et rythmes disco.

Dans la seconde partie, qui s'ouvre aussi par un *medley,* je reprends *Je chante pour Swanee,* une comédie musicale écrite également par Debout et Dumas, et que j'avais présentée à la télévision un an plus tôt. Puis c'est un moment plus classique où je chante en particulier *Deux mains.* Vient alors la création sur scène, version tango rétro, de *La Drôle de Fin,* que le public adore. Je termine avec *Mon père,* et *La Maritza,* deux chansons intimes.

Le Figaro qui, je crois, ne m'a jamais pardonné la nuit de la Nation (22 juin 1963) et qui a cent fois prédit ma disparition avec « la génération inculte des yéyés », me consent ce compliment teinté d'amertume : « Si elle n'est pas encore la star qu'elle rêve secrètement de devenir, Sylvie Vartan tient de mieux en mieux le rôle du personnage mythique qu'elle incarne [1]. »

Nous jouons donc à guichets fermés et, n'en déplaise aux mauvaises langues, nous reprendrons le spectacle en février 1976.

Deux ans plus tard, en octobre 1977, je suis de retour au Palais des Congrès avec, cette fois, un spectacle mis en scène par Claude Thompson. Il me semble que la première est un triomphe, mais que vont en penser les critiques, et en particulier celui du *Figaro* ? Eh bien, nous l'avons conquis, enfin, et il a l'élégance de l'avouer sans détour.

« Le show de Sylvie Vartan est un fort beau spectacle, écrit-il, bien imaginé, bien rythmé, pour lequel on n'a ménagé ni les éclairages ni les fumigènes, où l'on a recours à des effets de miroirs et des projections en tous sens qui meublent aisément l'espace entre les interventions des danseurs. La chorégraphie, elle aussi, a été fort bien pensée. Elle s'éloigne ostensiblement des poncifs du genre et sert, tout comme l'orchestre, à accompagner les tubes de l'idole, les tangos comme *Georges* ou *Le Temps du swing*. Il y a dans ce show quelque chose d'entraînant auquel on ne résiste pas [2]. »

Merci, monsieur !

France-Soir non plus ne résiste pas, qui s'écrie : « Enfin nous l'avons notre étoile pour l'exportation, produit fini, fignolé, label de qualité. Dans un show-écrin, un bijou de

1. *Le Figaro*, 11 octobre 1975.
2. *Le Figaro*, 14 octobre 1977.

music-hall : Sylvie Vartan. Ce n'est pas du toc, le travail est là, comme de l'or en barre, solide et pur[1]. »

Ce Palais des Congrès, je l'ai préparé étape par étape, comme on prépare une campagne militaire. Et depuis Los Angeles, qui réunit décidément toutes les conditions pour réfléchir et travailler sereinement. Mon frère Eddie m'y a rejointe et nous avons fait ensemble la programmation. Parallèlement, nous avons commencé à composer nos tableaux avec Claude Thompson. L'idée est de tourner autour des années 40, du temps du swing.

Cet été 1977, je donne une cinquantaine de galas à travers la France, au fil desquels je répète de nouveau certaines séquences, et mes chansons, bien entendu.

Dès septembre, toute la troupe se retrouve autour de Claude Thompson dans un vaste studio des Buttes-Chaumont, à Paris. Douze heures de répétition par jour, avant de tout mettre en place en trois jours et trois nuits sur l'immense scène du Palais des Congrès.

« Il lui suffit de franchir dix-huit mètres de plancher blanc, écrit René Bernard, de *L'Express*, des coulisses au micro, pour devenir Sylvie Vartan. À vingt et une heures elle entre en scène, dans le tumulte de ses vingt-cinq musiciens chauffés à blanc. Pendant plus de deux heures elle va, avec application, chanter, faire des claquettes, et danser le swing et le tango. *Petit Rainbow, Arrête de rire, Ne pars pas comme ça*… les chansons ont quatre notes et des titres rose bonbon. Elle les croque au ras du micro, avec une hardiesse consciencieuse, déshabillée juste ce qu'il faut de peau de panthère, et les cheveux blonds dépeignés avec art[2]. »

1. *France-Soir*, 14 octobre 1977.
2. *L'Express*, 10 octobre 1977.

Je chante mes succès du moment : *Qu'est-ce qui fait pleurer les blondes ?*, *Irrésistiblement*, *L'amour, c'est comme les bateaux*...

Deux cent mille personnes viennent nous applaudir. Le succès est tel que, cette fois encore, nous reprenons le spectacle pour deux semaines à la fin de l'hiver 1978. Je peux bien l'avouer maintenant : si ça n'avait pas marché, j'étais ruinée. Ce second Palais des Congrès — un gouffre financier —, c'est moi qui l'ai produit, toute seule, en empruntant un peu partout et en y engageant, bien sûr, toutes mes réserves...

Ma vie d'artiste n'a jamais été si flamboyante, mais ma vie sentimentale, elle, ressemble de plus en plus à un lendemain de fête. Elle est loin, la belle année 63 où les deux allaient de pair, où nous volions de succès en succès avec Johnny, ne songeant qu'à nous retrouver seuls une fois les projecteurs éteints.

Je tombe par hasard sur ces quelques phrases nostalgiques de Johnny dans son autobiographie[1] :

« 1978 est également l'année d'un blues intense. Le ton général est donné par l'une de mes chansons : *Revoilà ma solitude.* Un titre introspectif...

« Sylvie et moi ne faisons que nous croiser. Le 15 juin à Tokyo — où Sylvie est en tournée — nous fêtons mes trente-cinq ans. Nous nous retrouvons en août aux arènes de Béziers pour célébrer sur scène l'anniversaire de Sylvie. »

Oui, nous ne faisons plus que nous croiser, nous menons désormais deux vies séparées, mais tout se passe comme si nos noces continuaient d'être célébrées sur

1. *Destroy, op. cit.*

scène par un public qui nous veut et nous aime ensemble, tandis qu'en coulisses il n'y a plus que des souvenirs et de la souffrance entre nous.

Mon existence avec David et ma mère est maintenant ancrée à Los Angeles. Les grandes réunions familiales à Loconville, les goûters d'enfants ne sont, eux aussi, plus que de beaux souvenirs. Mais j'ai conservé Loconville, qui demeure attaché aux premières années de David, aux dernières années de mon père, et j'ai convaincu Eddie de s'y installer avec sa famille.

En février 1979, nous partons en famille, mais sans Johnny, découvrir l'Égypte. Maman, David, moi et Hubert Le Forestier, mon secrétaire. Quelques jours de bonheur partagé. Des grandes pyramides au Sphinx de Guizeh, du temple de Louxor à Abou Simbel, on reste confondus, éblouis, par tant de grandeur et de beauté... Hubert est formidable, il s'arrange pour aplanir les difficultés, prévenir les désirs de David et de maman, faire de ce séjour une parenthèse de rêve. Comme ses prédécesseurs, Carlos et Jean-Luc, il est devenu un ami précieux, un confident. Tous les secrétaires qui m'ont accompagnée — jusqu'à Didier Terron qui tient aujourd'hui le rôle avec talent et humour — ont partagé une grande partie de ma vie, coiffant sans rechigner les casquettes les plus variées — chauffeur, garde du corps et du cœur, scribe, animateur, confident, et j'en passe...

Professionnellement aussi, j'ai pris mes distances avec Johnny. Pendant des années, nous avons eu les mêmes managers et j'ai supporté que ce système ne soit pas toujours à mon avantage, pour le cinéma en particulier. Maintenant, je ne vois plus aucune raison d'être victime d'agents qui privilégient Johnny par rapport à moi, et j'entreprends donc de renouveler mon entourage. L'arrivée de Charley Marouani dans mon premier cercle marque ce tournant. Je le connais de réputation, il a été l'agent de Brel, qui l'adorait, il est alors celui de Barbara, de Reggiani, de Julien Clerc... C'est Patricia Coquatrix qui me le fait rencontrer et il devient mon agent à partir de février 1976, pour la reprise du spectacle de l'automne 75 au Palais des Congrès. Charley est un homme d'honneur, qui allie toutes les qualités dont j'ai besoin pour travailler sereinement : l'intelligence, la sagesse, l'écoute, l'humanité. Savoir ma carrière artistique entre ses mains me décharge du jour au lendemain d'un poids considérable. Je sais que je peux lui faire confiance, comme je faisais confiance à mon père.

Et puis, en 1977, j'achète une maison à Paris. Je la veux chaleureuse, familiale, à l'opposé sans doute de cet appartement de l'avenue du Président-Wilson qui m'a toujours paru manquer d'âme. Rien ne me plaît dans tout ce qu'on me présente. Et, finalement, la dame de l'agence immobilière me dit : « J'ai peut-être ce qu'il vous faut, une petite maison un peu campagnarde, avec un jardin. Je ne pense pas qu'elle vous conviendra parce qu'il n'y a pas de salon de réception, mais il y a quelque chose qui ressemble à ce que vous décrivez. » Je l'ai vue, et elle m'a plu d'emblée, sur un coup de cœur. Elle n'avait pas de véranda, mais j'en ai fait construire une. Ces maisons anciennes dont on peut entendre chuchoter l'âme, il n'y a que dans la vieille Europe qu'on les rencontre.

L'achat de celle-ci m'apporte un autre coup de cœur : Michèle ! Elle aussi, je l'ai vue, et je l'ai aimée dans la minute. Mon amie Michèle ! Dix ans après la mort de

Mercedes, Michèle est entrée dans ma vie pour y prendre la place de la sœur que je n'ai pas eue.

Elle était l'assistante du décorateur Jacques Grange, que j'avais sollicité pour les travaux. Elle n'était donc pas issue du showbiz, où souvent l'on se tutoie à tout va tandis qu'on prépare en coulisses quelques médisances. Avant de rencontrer Michèle, c'était donc un peu le Sahel autour de moi : tous ces gens qui avaient prétendu m'adorer — on n'est jamais avare de superlatifs dans notre milieu — avaient pour beaucoup fini par me trahir, et ma seule véritable alliée restait maman.

Avec Michèle s'engage la relation profonde, complice, dont j'ai tellement besoin à la fin de la décennie 70. Je vais fêter mes trente-cinq ans et, sur le plan sentimental, la vie ne me paraît pas très prometteuse. Juchée là-haut, sur mon piédestal de « star », je ne vois pas bien quel homme je pourrais rencontrer, à part mon double, c'est-à-dire un autre artiste traversé par les mêmes folies, les mêmes fêlures. Et là, merci, j'ai déjà largement donné. Il me semble que je ne peux que faire fuir les autres hommes. Lequel d'entre eux accepterait de vivre, par la force des choses, dans mon ombre, et de me partager avec le public ? Or je ne suis prête à faire aucun compromis : ni avec ma vie d'artiste ni avec ma vie familiale entre David et ma mère. Alors, avec Michèle, qui est divorcée, mère de deux garçons, Christophe et Frédéric, qui ont à peu près le même âge que David, nous échangeons nos impressions, et nous nous apprêtons à vieillir ensemble.

Nous rions beaucoup aussi et très vite nous partons en vacances de concert avec nos fils. Nos vacances d'été à Wengen, en Suisse, dans l'un des plus beaux panoramas du monde, ponctuées de longues marches, sac au dos, avec nos garçons figurent parmi mes plus tendres souvenirs. Et j'ai découvert récemment avec plaisir que, pour David également, Wengen demeure un des lieux lumineux de son enfance.

C'est l'époque où Michel Mallory me compose *Seule sur mon île*, qui me ressemble à s'y méprendre :

Je ne suis pas qu'une litho sur les murs d'une ville
Je ne suis pas qu'une photo papier glacé qui brille
Je ne suis pas qu'une chanson
Un sourire de télévision
J'ai les rires et puis les larmes d'une femme...

Philippe Bouvard, qui avait écrit le 6 avril 1963 dans *Le Figaro* qu'il me reverrait avec plaisir vers ma vingt-cinquième année, quand je me serais remise à mes chères études, vient finalement me voir pour mes trente-cinq ans. Il dresse alors de moi, dans *Paris-Match*[1], ce portrait dans lequel je me retrouve en effet, à ce moment charnière de mon existence, solitaire, austère, plutôt réfléchie. Un peu trop réfléchie, sans doute, pour une femme qui se prétend plutôt bien dans sa peau.

« Elle affiche la belle sérénité que donnent quelques certitudes élémentaires, dont celle d'être la seule personne qui ait vraiment le droit de ressembler à Sylvie Vartan. Voici quinze ans, elle avait le tournis dès qu'elle mettait un pied dehors : des milliers de Sylvie, coiffées comme elle et qui portaient une mode à sa griffe, déambulaient à la recherche de jeunes gens qui ressemblaient à Johnny. Elle a compris très vite le danger qu'il y avait

1. *Paris-Match*, 4 juillet 1980.

à se regarder dans les yeux des autres : “Si l'on est qu'une image, on tombe dans un gouffre.”

« Elle est une femme du réveil jusqu'à dix-huit heures, une vedette de dix-huit heures à minuit, et un modèle d'introspection tranquille sur rendez-vous : “On ne peut faire mon métier et se montrer insensible à tout le reste. Je crois qu'on ne devient une artiste complète que si l'on a aimé quelqu'un et si l'on a été mère.” Quand elle chante, l'attente du rendez-vous avec le public lui impose une telle tension nerveuse qu'elle est incapable de lever le petit doigt de toute la journée. Après la dernière chanson, elle demeure prostrée pendant de longues minutes.

« À trente-cinq ans, apparemment et miraculeusement intacte, elle ne se ressent pas d'avoir déjà consacré plus de la moitié de sa vie à une carrière qui, compte tenu de ses vraies ambitions, ne fait que commencer. “J'ai appris à me connaître. Je crois que je serai beaucoup plus complète dans dix ans. Je suis la seule à savoir vraiment ce qui cloche parfois, ce que je n'aurais pas dû faire, ce qui aurait pu être mieux. Je suis la seule aussi à connaître mes limites.” »

Le 5 novembre 1980, Johnny et moi divorçons. Cette fois, ça n'est plus une rumeur, c'est un jugement. Un jugement qui rompt bel et bien notre mariage officiellement célébré à Loconville quinze ans plus tôt.

Pourtant, durant cet été 80, nous chantons encore à deux reprises en duo, la première fois, le 20 juillet, dans le théâtre antique d'Orange, la seconde, le 23 août, dans les arènes de Béziers.

Mais le cœur n'y est plus, et Jean-Michel Gravier, du *Matin de Paris,* qui vient nous écouter à Orange, en témoigne le lendemain à travers ces quelques lignes qui me replongent dans mon émotion du moment :

« Ce soir-là, écrit-il, Johnny fut égal à lui-même : Dieu désabusé, hyperpro et statue figée dans l'image du vieux rock'n'roller 62. Ce soir-là, Sylvie fut meilleure que jamais. Sûre d'elle, somptueuse et décontractée, elle donnait l'impression de vouloir, encore plus ce soir que d'habitude, prouver qu'elle était une grande. Elle l'a quasiment fait.

« Aussi quand, vers une heure trente du matin, elle apparut habillée et déshabillée par le mistral pour chanter trois rocks avec son mari, ça nous a fait un petit quelque chose dans l'oreillette gauche du cœur. Surtout que, à côté de Sylvie qui prenait la chose en souriant, Johnny, pas emballé, faisait carrément la gueule, et c'est du bout des doigts qu'il a enfin pris la main de celle à qui il chantait il n'y a pas si longtemps : *J'ai un problème, je crois bien que je t'aime...* »

De cette soirée d'Orange, il me reste cette photo ahurissante où, l'un et l'autre habillés de strass, surgissant d'un nuage de fumée ocre et hurlant dans nos micros contre le mistral, nous figurons deux fauves, survivants l'un comme l'autre d'un épuisant combat.

C'est fatal, animal
D'être encore debout
C'est fatal, animal
L'amour entre nous
Mais celui qui voudra l'idéal
Aura faux jusqu'au bout...

J'avais tenu dix-sept ans et, après chaque coup, chaque blessure, redonné une chance à notre histoire. Maman m'y encourageait, mais je crois bien que, même sans elle, je l'aurais fait. Nous ne sommes pas des démolisseuses, elle et moi. Je l'ai fait pour David, pour notre couple qui m'était précieux malgré tout, et pour Johnny que je ne me résolvais pas à abandonner.

Et soudain, je n'ai plus eu envie de nous repêcher, fatiguée de cette relation en dents de scie. Non, soudain il m'a paru que nous n'avions plus rien à espérer ensemble. Chacun avait tracé son chemin au fil des années et, au lieu de se rapprocher, ils s'étaient éloignés. Chacun s'était radicalisé. J'étais devenue une étrangère dans l'univers tempétueux et imprévisible de Johnny, un objet dépareillé, et il était évident que rien ne changerait plus. Dès lors, c'est moi qui ai pris l'initiative de la rupture.

Mais sans animosité, sans cette violence destructrice qu'on trouve souvent chez celui ou celle qui rompt. Ensemble, nous avons chanté nos vingt ans, vécu nos années de lumière, soudés par un même rêve, un même éblouissement. Puis, trop sensibles, trop passionnés, trop jeunes, trop émotifs… implacablement, tout ce qui nous réunissait nous a séparés. Néanmoins, Johnny conservera toujours dans mon cœur une place à part, il fera toujours partie de mon ciel.

Chapitre 15

J'ai toujours su que le Japon, le pays du Soleil-Levant, illuminerait un jour mon destin. Su, ou deviné, que ma vie connaîtrait là-bas un bouleversement. De quel ordre ? J'aurais été bien en peine de le dire. Mais déjà, au retour de mon premier voyage à Tokyo, en 1965, j'avais confié à mon imprésario : « S'il y a un pays au monde où je veux pouvoir revenir chanter, c'est le Japon. Je suis prête à faire ce qu'il faut pour ça... »

Le Japon n'avait pas cessé de m'enthousiasmer depuis. J'y étais retournée en moyenne tous les deux ans et, de chaque voyage, j'étais rentrée heureuse, singulièrement touchée par l'affection d'un peuple dont je commençais à comprendre quelques expressions. Cependant, aucune de ces visites n'avait réellement chamboulé mon existence.

Cet hiver 1981, je suis à Los Angeles, et je me remets doucement de mon divorce, quand m'arrive une invitation à participer au Festival international de la chanson de Tokyo. Non pas pour m'y produire, mais pour siéger dans le jury. Bof !... Pour la première fois, j'hésite. Il y a les dix heures d'avion, les valises à boucler, mais surtout la tristesse d'abandonner encore une fois David et ma mère. Et pourquoi ce sacrifice ? Pour juger d'autres chanteurs...

Plus j'y réfléchis, plus je trouve le moment mal choisi, alors que j'ai devant moi quelques semaines de tranquillité et que, en dépit du choc qu'a été mon divorce pour nous tous, nous sommes parvenus à reconstituer cette bulle familiale qui m'est si chère, loin de l'agitation. David fait une bonne année scolaire, maman nous cuisine des petits plats, et moi j'ai soudain le sentiment de traverser une mer d'huile. En novembre de cette année 81, je dois me lancer pour la première fois au Palais des Sports, à Paris. Énormément de travail en perspective, et une bonne dose de tension nerveuse...

— Je crois que je ne vais pas aller au Japon, dis-je à mon imprésario américain, je suis fatiguée et la vie familiale me fait beaucoup de bien.

Le pauvre n'en croit pas ses oreilles. Je ne l'ai pas habitué à rechigner, surtout quand il s'agit de partir au Japon. Il m'explique que c'est le plus beau festival du monde, celui où l'on est accueilli avec le plus de chaleur et de faste, et il insiste tant et tant que je finis par céder.

L'arrivée à Tokyo est à la mesure de ses prédictions — tapis rouge, chauffeur, palace. Et cette chose étonnante lorsque l'on est juré : des cadeaux, plus somptueux les uns que les autres, de la part des maisons de disques qui espèrent ainsi, je suppose, un petit coup de pouce lorsque le moment viendra de noter leur(s) poulain(s)...

Le président du jury où je siège me fait immédiatement une forte impression. Il émane de lui une autorité tranquille, sereine, mais aussi une rigueur qui me plaît. Et puis il est beau, il a des yeux d'un brun profond, un regard étonnamment chaleureux, et, en l'observant à la dérobée, je me fais une fois encore le reproche d'être trop sensible à l'apparence des gens...

Mais qu'est-ce qui se passe en moi ? Voyons, je ne sais rien de lui, je n'ai même pas été capable de retenir son nom lorsqu'on me l'a présenté, et je suis là à me faire déjà tout un cinéma. D'abord, qu'est-ce qui me permet de croire qu'il est fort, loyal, courageux ? Rien du tout. Je le connais depuis… disons vingt minutes, il faut avouer que c'est un peu court pour commencer à écrire un roman. Oui, mais, tout de même, il a une certaine façon de se tenir, une certaine allure, une manière de regarder son interlocuteur droit au fond des yeux qui ne trompe pas. On peut parfaitement, en vingt minutes, entrevoir l'âme d'un être ! La sienne n'est pas celle d'un homme fragile…

Enfin je suis là, comme une ingénue, à l'idéaliser, et c'est un peu plus tard seulement, quand on se retrouve tous autour d'un buffet, que je parviens à mettre des mots sur cette espèce de folie qui s'est emparée de moi et ne me lâche plus : je suis foudroyée, complètement bouleversée par cette rencontre, à tel point que les vers immortels de *Phèdre* me semblent seuls capables de rendre ma stupéfaction :

Je le vis, je rougis, je pâlis à sa vue ;
Un trouble s'éleva dans mon âme éperdue ;
Mes yeux ne voyaient plus, je ne pouvais parler ;
Je sentis tout mon corps et transir et brûler.

Oui, aujourd'hui, vingt-quatre ans plus tard, je peux bien l'avouer : à la minute où j'ai vu Tony, j'ai su qu'il était l'homme de ma vie. Celui dont je rêvais secrètement sans croire une seconde que je le connaîtrais un jour. C'était exactement comme ça que je l'imaginais.

Bon, mais pour le moment, nous sommes encore deux

étrangers parmi des centaines d'autres qui se sourient sans se voir. Moi, je suis incapable de lui sourire, et simplement de le chercher des yeux me remplit d'une émotion insoutenable. De sorte que je dois apparaître étonnamment figée, glacée, au milieu de cette foule en tenue de soirée. C'est dans ces instants-là, où je suis à fleur de peau, que je suis aussi la plus réceptive à tout ce qui se passe autour de moi. Or j'ai la certitude que son regard vient de se poser sur moi. Quand je me retourne, l'air de rien, nos yeux se croisent en effet, et un dixième de seconde ils s'immobilisent, comme aimantés. Alors son visage s'illumine et il me sourit, mais sans l'ombre d'un embarras, très naturellement.

Et nous marchons l'un vers l'autre.

— Pardonnez-moi, mais je n'ai pas bien entendu votre nom tout à l'heure...

— Tony Scotti... C'est un endroit magnifique, n'est-ce pas ?

— Oui, vous aimez aussi le Japon ?

Est-il ému, lui ? Il ne le montre pas. Il semble avoir l'éternité pour lui, une confiance en la vie qui le fait s'amuser des petites choses. Il rit, et j'aime aussitôt son rire, sa gaieté. Il est américain, mais sûrement d'origine italienne. Scotti ! C'est un joli nom, plein de soleil.

Et puis ça me dit quelque chose, Scotti !

Oui, voilà, le soir dans mon lit, tout me revient. Avec un de ses frères, Tony a créé une compagnie de disques, Scotti-Brothers, et ils produisent aussi des émissions de télévision. Ce sont eux qui ont assuré notamment la promotion d'artistes comme Barbra Streisand, Olivia Newton-John, Bob Dylan, le groupe Abba, etc. Mais qui m'a parlé de Tony à plusieurs reprises ? Ah, j'y suis, Pierre, un ami français de Los Angeles, maître d'hôtel au restaurant Ma maison. Je venais de sortir un album américain, *I don't want the night to end* chez RCA. Un album qui végétait.

— Tu devrais aller voir un garçon qui a inventé la promotion indépendante, m'avait dit Pierre. Il a une compagnie qui s'appelle Scotti-Brothers et, pour ne rien gâcher, il est très beau !

S'il ne m'avait pas dit qu'il était beau, j'y serais peut-être allée, et encore, pas sûr. Moi qui déteste demander, solliciter, je ne me voyais pas entrant dans le bureau de cet inconnu avec mes cheveux blonds et mon petit disque sous le bras : « Monsieur, ça ne vous dirait pas de me représenter ? » À mon avis, j'aurais eu l'air d'une gourde.

Et puis mes expériences américaines m'avaient échaudée. Au milieu des années 70, en quête d'un nouveau chorégraphe, je m'étais mis en tête de travailler avec Bob Fosse. J'avais vu *Chicago* à Broadway, et j'avais adoré *Cabaret*, tourné en 1972. Nous nous rencontrons, nous dînons ensemble, et il m'invite ensuite à prendre un verre chez lui. Alors, dans l'agréable pénombre de son appartement new-yorkais, il me glisse avec beaucoup de naturel et de sympathie cette information à saisir immédiatement : « *I don't work with girls that I'm not emotionally involved with...* » (« Je ne peux travailler avec une fille qu'à condition de sortir avec elle... ») Que répondre, sans être blessante, si l'on n'est pas preneuse ? Je crois l'avoir remercié pour le vif intérêt qu'il me portait et nous en sommes restés là, malheureusement.

Quelque temps plus tard, autre rendez-vous prometteur, cette fois à Los Angeles, avec le plus grand producteur du moment. Cet homme m'intéressait parce qu'il était très talentueux, et que toutes ses productions occupaient invariablement les premières places dans les classements.

Tout ce qu'il touchait se transformait en or. Si je voulais un jour atteindre le public américain, il était l'homme de la situation. Là encore, nous déjeunons, et sans doute lui parais-je un peu frileuse car, au bout d'un moment, il m'explique que j'aurais tout intérêt à me décontracter si je veux réussir en Amérique et, tiens, commencer par prendre une petite ligne de coke, hein, pourquoi pas ?

— Non, merci, dis-je.

Alors lui :

— Ça ne va pas marcher si vous réagissez comme ça ! Ici, vous savez, c'est un peu comme dans un club...

— Ah bon ! Vous voulez dire que si... Eh bien, alors, je crois que vous avez raison, ça ne va certainement pas marcher pour moi.

Donc, pas de visite chez M. Tony Scotti.

Et deux ans plus tard, le destin s'arrange pour que nos routes se croisent. Vraiment, cette fois. Inévitablement. Et au Japon, alors qu'à Beverly Hills — nous le découvrirons par la suite — nous avons habité la même rue, Doheny Drive, à quelques centaines de mètres l'un de l'autre, et fréquenté le même marché... Le destin, décidément, est étrangement têtu !

Le lendemain de notre première conversation, un irrésistible élan me pousse vers lui. Le monde a déjà cessé d'exister autour de moi. Je n'ai d'yeux que pour lui, et tout ce qu'il dit, tout ce que je devine de lui, me conforte dans ma première impression. Il est exactement celui dont je rêvais en songeant tristement qu'un tel homme ne voudrait jamais entrer dans ma cage dorée. J'ai suffisamment de distance pour me juger ridicule — à trente-sept ans, n'est-ce pas ? m'enflammer comme une midinette... Mais, au fond, je sens bien qu'il s'agit d'autre chose. Par bonheur, nous nous retrouvons partout côte à côte, aux réunions du jury, au restaurant, dans la rue, et les gens qui nous entourent sont extrêmement vivants et drôles, de sorte que nous passons une grande partie de notre temps à rire, ce qui ne m'était pas arrivé depuis longtemps.

Quand je regagne ma chambre, le soir, c'est pour y découvrir les nouveaux cadeaux des maisons de disques : la dernière télévision portable, le premier walkman, des trucs insensés... Et comme dans *Cendrillon*, je songe que tout ça n'est qu'illusions, qu'à minuit la dure réalité va brusquement nous saisir et que je vais retourner dans ma citrouille !

Trois jours, quatre jours passent dans cette ambiance irréelle. Je suis en même temps euphorique, illuminée, comme ivre de ma découverte, et tendue à l'extrême car sans cesse je me répète : « C'est lui ! C'est lui et personne d'autre ! Mon Dieu, faites qu'on ne se rate pas, faites que la vie ne nous éloigne plus l'un de l'autre. C'est en même temps si fort et si fragile... » Le festival ne dure qu'une semaine, je vois filer les heures, les jours, à une allure vertigineuse, et déjà la séance de clôture, suivie du branle-bas vers l'aéroport, m'apparaît comme une déchirure insupportable. Se peut-il vraiment que tout se termine si stupidement ?

Ce que j'apprends de l'existence de Tony ne devrait pas m'inciter à l'optimisme : il est marié, sa femme est présente à Tokyo, et elle le rejoint parfois entre nos séances de travail. Si elle l'a accompagné, c'est qu'ils sont heureux ensemble. Et cependant, je vois bien que petit à petit Tony est intéressé par ma présence. Il ne dissimule pas le plaisir qu'il éprouve à me retrouver chaque matin, à bavarder, à rire, à m'entraîner pour déjeuner. Oui mais, de là à bouleverser sa vie, il y a un pas de géant que peu d'hommes, ou de femmes, sont prêts à franchir ! Je mesure combien nos situations sont différentes : moi je suis absolument libre, je n'ai rien à perdre, rien à rompre, tandis que lui est exactement à l'opposé, engagé dans une histoire qui a tout l'air de le satisfaire.

Et pourtant je crois fermement en mon étoile. Je me dis qu'une telle rencontre va forcément transcender tout le reste. Qu'on n'échappe pas à son destin, et que, quelle que soit la qualité de sa vie présente, Tony va immanquablement me rejoindre parce que nous nous sommes reconnus, parce que nous sommes faits l'un pour l'autre, et que rien ni personne ne peut contrarier cet élan, cette évidence. Pourtant, à certains moments mon emballement, ma propre folie me donnent le vertige : « S'il savait ce que je suis en train d'échafauder, me dis-je, alors qu'il y a une semaine encore nous étions des étrangers l'un pour l'autre… S'il savait, il prendrait peut-être ses jambes à son cou… »

Une autre question m'intrigue : par quel miracle un homme de sa qualité s'intéresse-t-il à moi ? Lorsque l'on est célèbre, on n'a la plupart du temps le choix qu'entre deux types d'individus : l'inconditionnel transi, pour qui tout ce que je dis et fais mérite d'être consigné dans un livre d'or, ou le séducteur, visiblement passionné par mon train de vie. Ceux de la trempe de Tony ne m'approchaient pas, ne se dévoilaient même pas, estimant sans doute qu'il leur serait impossible de continuer d'exister à mes côtés sans rien abdiquer de leur personnalité. Alors pourquoi lui ? Eh bien, parce qu'il n'avait jamais entendu parler de Sylvie Vartan ! Non, Tony ne me connaissait pas, et ce fut probablement la chance de ma vie.

Le festival s'achève, et chacun repart de son côté. Mais, pour moi, la révolution est accomplie — ce sera Tony ou rien, vivre ou mourir. J'ai le cœur comme un volcan, je ne dors plus, je ne pense qu'à cet événement considérable qui vient de télescoper ma vie, cet accident merveilleux, phénoménal, à partir duquel il me faut maintenant construire l'avenir.

Maman m'écoute, et plus j'avance dans mon récit, plus l'effarement et la stupéfaction se lisent sur son visage.

— Tu es complètement folle ! me répète-t-elle. Tout ça va encore se terminer par un drame…

Mais maman ne comprendra jamais rien à mes histoires de cœur… Je garde en mémoire cet après-midi à Loconville où je tente malgré tout, et pour la énième fois, de la convaincre que Tony est l'homme de mes rêves. Mon amie Michèle est là aussi. Nous sommes toutes les trois dans la cuisine, et je me suis emparée machinalement de la tapette à mouches, car depuis l'ouverture d'une porcherie dans une ferme voisine, nous en sommes infestés. Alors je prends Michèle à témoin, et plus je m'enflamme, plus j'abats de mouches. C'est une véritable hécatombe !

Maman : « Tu étais comme possédée ! Tu parlais, tu parlais, tu n'entendais plus personne. Il fallait qu'on t'écoute, toi, qu'on approuve, qu'on applaudisse, et tous les trois mots, pan ! pan ! une mouche y passait… Je crois que tu en as abattu plus de cent cinquante. Après ça, pendant une semaine, plus une n'a osé entrer. »

Maman aussi prend Michèle à témoin :

— Elle me fait peur quand elle se met dans cet état ! Les hommes, vous savez comment ils sont, Michèle… Il ne va pas quitter sa femme, semer la désolation autour de lui du jour au lendemain, tout perdre, comme ça, sur un simple coup de tête...

Et moi, de plus en plus remontée :

— Mais lui n'est pas un homme comme les autres ! Un jour, vous le connaîtrez, et vous comprendrez...

Et pan ! pan ! encore trois ou quatre d'écrasées.

— Je sais, c'est affolant quand ça vous tombe dessus. Surtout que sa femme est quelqu'un de très bien ! Mais personne ne vole personne, c'est la vie qui est comme ça !

Non, maman n'aime pas me voir dans cet état d'exaltation car elle me sait capable de tout. Je pense aussi que cela lui rappelle ma première grande passion, à dix-sept ans, pour cet homme qui en avait quinze de plus que moi. À cette époque, déjà, je croyais que ça serait pour l'éternité, et elle m'avait prévenue que l'histoire se terminerait par des larmes.

Pour Tony s'ouvre au retour du Japon une longue période de réflexion. Sans doute l'une des plus difficiles de sa vie d'homme. Il se sent déchiré entre son amour naissant pour moi d'un côté et, de l'autre, tous ceux qui ont fait jusqu'ici son bonheur : sa femme, sa mère, et plus largement sa famille, qui est très soudée. Il n'a pas d'enfant, c'est un cas de conscience en moins...

Au début, il se demande s'il n'est pas victime d'un simple coup de tête, et c'est pourquoi il ne précipite rien. Il n'a pas, comme moi, une certitude chevillée au cœur. Puis il prend, presque malgré lui, la mesure de ses sentiments à mon égard et, simultanément, du chagrin qu'il va causer à sa femme, puis à tous les siens.

Tony : « Je n'avais pas la moindre intention d'avoir une relation avec toi ni, à plus forte raison, de divorcer. En fait, je crois que la foudre m'a frappé à plusieurs reprises. Comment est-ce que ça a démarré ? Eh bien, le premier soir, à Tokyo. Ma femme, qui a fait ses études à Bordeaux, m'a dit : "Regarde, c'est Sylvie Vartan ! — Excuse-moi, mais je ne sais pas qui est Sylvie Vartan… — Une chanteuse française très connue." Alors je me suis retourné et je t'ai vue…

« Je ne sais pas si la foudre m'est tombée dessus à ce moment-là, ou seulement le lendemain. Nous avons eu tout le temps de faire connaissance dans les trois ou quatre jours qui ont suivi, et c'était confortable, je n'avais pas encore à me poser de questions. Mais ensuite, je t'ai revue à Los Angeles et nous avons dîné en tête à tête. Puis je t'ai revue à Paris… Là, j'ai commencé à trouver difficile de nier l'effet qu'avaient sur moi ces coups de tonnerre successifs. Je me suis dit que je ne pouvais plus faire semblant de ne rien entendre, de ne rien ressentir. D'autant plus que ça ne me ressemble pas de faire semblant… »

Ce lent travail intérieur lui prend une année. Malgré mon inquiétude constante, j'admire sa droiture, ce souci qu'il a d'être sans cesse honnête avec lui-même et avec ceux qui l'entourent. Je crois que l'on juge aussi la qualité d'une personne à la façon dont elle se comporte dans une telle situation. Or, même au plus noir de ses tourments, Tony reste élégant.

Je devine le désarroi de sa femme, et je comprends, bien sûr, qu'il en soit profondément touché. Elle aussi se montrera, tout au long de ces mois pénibles, d'une grande élégance. Je ressens également la détresse de sa mère, qui voyait son fils si bien marié et qui ne parvient pas à admettre qu'il puisse envisager de tout casser. Pour qui ? Pour quoi ? Et en mon for intérieur, je songe : si mon fils me ramenait quelqu'un qui ressemble à celle que je suis sur les photos qu'a Tony dans son portefeuille, ces photos de scène où je suis à moitié déshabillée, eh bien moi aussi je serais catastrophée et je me dirais : il perd la tête, il n'y a pas d'autre explication.

Sa détresse me touche doublement parce qu'à présent je sais d'où viennent les Scotti, et qu'au fond nos deux familles se ressemblent. Ce sont les grands-parents de Tony qui ont quitté l'Italie pour la côte est des États-Unis dans les années 1890. Arrivé seul à seize ans sur les quais de New York, son grand-père maternel a commencé par nettoyer des chaudières pour huit cents par jour. Puis il a appris l'anglais, est entré dans le bâtiment et a épousé une Italienne qui lui a donné onze enfants, dont Ann, la maman de Tony.

Débarqué à peu près à la même époque, son grand-père paternel est très vite devenu un leader syndical. À quatorze ans, après le krach boursier de 1929 et la terrible dépression qui a suivi, le père de Tony a dû arrêter l'école pour nourrir sa famille. Devenu chauffeur de camion, il a ensuite dirigé lui aussi l'un des syndicats de camionneurs du New Jersey. Ouvrier, par la force des choses, comme mon propre père s'est retrouvé à travailler aux Halles. Et puis il est mort trop tôt, comme papa, et la mère de Tony a assisté seule à l'éclosion de leurs trois garçons, à leur étonnante réussite pour des petits-fils d'exilés sans le sou. Oui, comme ma mère a assisté seule à la réussite de ses enfants. Ces deux femmes ont décidément beaucoup de choses en commun, à commencer par la droiture, la rigueur.

Dans les deux familles, on a le sens de la morale et on est fidèle à ses engagements. Autant dire que le divorce n'y est pas très bien considéré… J'imagine également que Mme Scotti aurait partagé l'affliction de maman en me voyant pour la première fois sur la scène de l'Olympia. Chanteuse, ça ne les épate pas du tout, nos mamans, et puis c'est synonyme, dans leur esprit, de légèreté, et ça, vraiment, ça ne passe pas.

Je prends donc l'initiative de lui écrire. Je lui explique que je comprends l'affolement que peut susciter mon irruption soudaine dans sa famille, mais que je suis sincère. Que j'aime son fils, infiniment, et que je n'ai pas pour dessein de démolir sa vie, mais d'en construire une autre, différente sans doute, mais que je veux forte, belle, généreuse. Et puis je prends le temps de lui raconter qui je suis, d'où je viens.

Elle ne me répondra pas immédiatement, mais, quand bien plus tard arrivera l'anniversaire de Tony, j'aurai enfin le plaisir de lui ouvrir ma porte…

Tony : « Ma mère aimait beaucoup ma première femme. Elle trouvait que c'était quelqu'un de merveilleux — belle, intelligente, sensible. J'étais de son avis. Si je m'étais plaint d'être malheureux, elle aurait admis que je puisse envisager de la quitter. Mais je n'avais rien à lui reprocher, notre mariage me rendait parfaitement heureux jusqu'à ce que je te rencontre, de sorte que ma mère pensait au fond que tu m'avais kidnappé, que je m'étais fait piéger. Elle m'en voulait beaucoup et ne voulait plus me parler. Dans une famille très unie comme la nôtre, c'était un drame. »

Durant ces mois de doute et de réflexion chez Tony, si angoissants pour moi qui suis certaine de mes sentiments, je prépare le Palais des Sports. C'est en même temps une chance, car le travail me distrait, et un sujet d'inquiétude supplémentaire : pour la première fois,

Tony va me voir sur scène ! Est-ce qu'il ne sera pas effrayé par mon « personnage » ? Est-ce que je serai à la hauteur de ce qu'il imagine ?

J'ai découvert le Palais des Sports en allant y écouter Johnny, en 1971, et la salle m'a conquise. Pour moi, c'est la meilleure de Paris, je la trouve électrique et en même temps chaleureuse. Et je signe les yeux fermés pour six semaines de représentations de la fin novembre 1981 au nouvel an 1982, sans avoir aucun idée de ce que sera mon spectacle.

Aujourd'hui, je sais que s'il a été l'un des plus réussis, l'un des plus flamboyants, et s'il demeure l'un de mes préférés, c'est parce que tout au long de son élaboration je n'ai pas cessé un instant de penser à Tony. Il était là, dans mon cœur, et sa présence illuminait tout ce qui me traversait. J'étais subjuguée. Et dire que quelques mois plus tôt je m'apprêtais à vieillir célibataire en compagnie de mon amie Michèle ! Mon Dieu, comme j'étais triste et résignée... L'arrivée de Tony a balayé tout ça. D'abord, il n'est plus question de vieillir — quelle idée à trente-sept ans ! —, mais surtout cet amour m'a réconciliée avec la vie, avec la folie. Je n'ai plus seulement envie d'atteindre à la perfection, j'ai envie d'entraîner le monde dans le tourbillon qui me brûle intérieurement, d'exploser nos codes, nos frontières, d'atteindre à cet état de grâce, ou d'ivresse, qui pour quelques heures vous fait croire que vous volez dans une immortalité féerique.

C'est à peu près cela que j'essaie d'expliquer à Claude Thompson, mon chorégraphe, durant cet été 81 à Los Angeles où nous travaillons comme des damnés. Et je vois bien qu'il comprend, qu'il adhère, tout en se demandant sans doute quelle mouche m'a piquée. Puisque c'est ça, Claude se sent aussi pousser des ailes, et nous voilà partis dans une débauche d'idées, dans une fièvre invraisemblable ! Il n'a peur de rien, et moi non plus. Parfois seulement un épouvantable vertige me saisit au ventre : « Non, c'est trop ! Que va penser Tony ? »

Je suis sans cesse prisonnière de ce dilemme et, comme si je voulais en augmenter les risques, je lui demande de ne pas assister aux répétitions.

Il y aura quinze minutes inspirées des années 60, et des extravagances, des moments insensés. Pour l'occasion, et le temps de deux ou trois chansons, je repasserai la petite robe bleue à volants de mes débuts à l'Olympia...

À Hélène de Turckheim, du *Figaro*, qui vient assister aux ultimes répétitions, à Paris cette fois, dans la salle vide du Palais des Sports, je fais cette étrange confidence en forme d'aveu : « Être son maître, être seule, c'est dur. J'ai tellement envie de me trouver entre les mains de quelqu'un que j'admirerais, que je respecterais, qui me modulerait[1]... »

Ce quelqu'un est entré dans ma vie, mais au fond je n'arrive toujours pas à le croire et, superstitieuse, comme d'habitude, je préfère encore me figurer que je suis seule.

La première fait un triomphe et dépasse mes espérances.

« Jeudi soir, écrit *France-Soir*, le rêve est devenu réalité des deux côtés de la rampe. [...] Elle nous a subjugués en araignée transparente mangeuse d'hommes, en rocker-garçon, en danseuse de tango, en Sylvie des années 60, en sirène rose descendant du ciel cheveux épars[2]... »

1. *Le Figaro*, 25 novembre 1981.
2. *France-Soir*, 28 novembre 1981.

C'est dans ce spectacle que je chante pour la première fois *Aimer*, cet hymne à l'amour écrit par Jean-Loup Dabadie et mis en musique par mon frère Eddie. Avant lui, aucun compositeur n'avait réussi la prouesse artistique d'habiller d'une mélodie ce poème uniquement fait de verbes.

Aimer
Et s'offrir
Et s'ouvrir
Embrasser et crier
Et oser caresser
Délirer, dériver
Aimer…

Tony n'est ni complaisant ni flatteur. Qu'a-t-il pensé du spectacle ?

Tony : « Il faut que je te raconte une histoire : au milieu des années 60, bien avant mon mariage, j'ai vécu avec une fille ravissante, à Las Vegas. Elle venait de passer deux années à Paris et elle avait rapporté de là-bas des tas de disques qu'elle nous passait sans arrêt. Eh bien, quand je t'ai vue sur scène, dans ta petite robe bleue, je me suis dit : "Oh, mon Dieu, mais c'est incroyable ce que Sylvie ressemble à cette fille ! Incroyable ! J'ai conservé des photos d'elle, il faudra absolument que je les lui montre." Tu portais la même robe, et tu étais exactement coiffée comme elle. Il m'a fallu un moment pour comprendre que c'était le contraire, naturellement : j'avais vécu avec l'imitation et je venais de découvrir l'original ! Seize ans plus tard ! C'était l'époque où tu étais un modèle pour les petites Françaises. Maintenant, je suis sûr qu'une bonne partie des disques que nous écoutions étaient les tiens. Si seulement j'avais pris la peine de regarder les pochettes… »

Bon, mais au-delà de sa découverte, Tony pense sans doute beaucoup de bien de mon spectacle, puisque quelques mois plus tard il s'engage avec toute sa force à mes côtés pour le lancer à Las Vegas, justement.

Des producteurs américains se trouvaient dans la salle lors de la première, et la proposition d'aller là-bas m'est parvenue presque aussitôt. Las Vegas, c'est une porte qui s'ouvre sur les États-Unis, ce pays que les artistes européens ont tant de mal à conquérir…

Tony est enthousiaste, et je découvre alors ce que c'est que d'être épaulée par un homme de sa force. Il a pris sa décision — oui, certainement l'une des plus difficiles de son existence : il va divorcer, et nous allons reconstruire notre vie ensemble.

Tony : « J'allais rompre avec quelqu'un que je respectais infiniment pour refaire ma vie avec toi, que je sentais semblable à moi. On avait le même genre de famille, les mêmes valeurs, on avait reçu la même éducation. Tu avais vécu comme moi des moments difficiles, et je crois qu'au-delà du coup de foudre, de l'attirance, nous nous sommes reconnus. C'est cela qui m'a fait basculer.

« Un soir, je t'ai annoncé que j'allais divorcer. La nuit précédente, j'avais dormi chez ma mère, dans son petit appartement, sur le canapé clic-clac. Je m'étais réveillé en nage au milieu de la nuit en me disant : "Mais qu'est-ce qui m'arrive ? J'avais une maison, une société qui marchait bien, de l'argent, des amis. Je viens de tout perdre pour une jolie Française. Et je ne sais même pas parler français…" Alors je t'ai prévenue : "Tu sais, Sylvie, après mon divorce, je n'aurai plus rien. Je vais être ruiné." Et toi, tu m'as répondu très sérieusement : "Pas de problème, ne t'en fais pas, je vais travailler et je gagnerai suffisamment d'argent pour nous deux !" Jamais personne ne m'avait dit une chose pareille. C'était fantastique ! J'ai éclaté de rire et tout est rentré dans l'ordre. »

L'homme que je trouve désormais à mes côtés s'est fait tout seul, et il va continuer, relancer en quelques mois ses affaires sans avoir, bien évidemment, besoin de mon soutien. Avant d'être producteur, Tony est passé par tous les métiers du spectacle. À quinze ans, il se destine à celui d'avocat. Mais, pour financer ses études, il lui faut une bourse, qu'il obtiendra grâce à ses talents d'athlète. Les trois frères Scotti sont en effet de grands sportifs. Ils ont gagné toutes les médailles dans les championnats du New Jersey en lutte gréco-romaine, et dans leur équipe respective de football. Tony envisage de devenir footballeur professionnel, comme son frère aîné Ben, et c'est par ce biais qu'il peut entrer à l'université du Maryland. Mais une blessure à l'épaule ruine sa carrière et remet tous ses projets en cause. Alors il se souvient qu'il sait jouer de l'accordéon…

Tony : « Petit, mon père m'emmenait avec lui et me faisait jouer à toutes les fêtes, devant les gars du syndicat. Ou il nous emmenait, Ben et moi, dans un piano-bar, il virait le groupe qui était sur scène et il nous installait à sa place. Ben se mettait au piano, moi à l'accordéon, et mon père nous faisait jouer des airs italiens. Alors tout le monde se mettait à chanter en italien. Quand on me demandait si j'étais d'une famille de musiciens, je répondais : "Oui, maman chante, mes frères Ben et Fred jouent du piano, moi je joue de l'accordéon et papa joue aux courses." Parfois, il rentrait à deux heures du matin, avec tout un groupe d'ouvriers du syndicat. Ils avaient faim. Ma mère préparait à manger pour tout le monde, et Ben et moi on se relevait aussi pour la musique. Ils se mettaient tous à chanter et à boire. C'était magnifique. »

Musicien, donc, puisqu'il ne peut plus être question de devenir avocat. Il passe une audition pour jouer dans une comédie musicale, on lui laisse entendre qu'il pourrait être pris, mais c'est un autre qui est choisi. Ce sont les années 60, son père démissionne du syndicat pour protester contre des malversations, et la famille n'a plus un sou. Tony part vivre chez sa grand-mère, à Newark.

Tony : « Tous les jours, j'allais à New York passer des auditions, chercher du travail. Ma grand-mère me donnait un dollar pour la journée. Le ticket de bus aller et retour coûtait soixante-dix cents, il m'en restait trente pour déjeuner. Un sandwich à l'œuf et un verre d'eau. Ça a duré un an. Ensuite, Ben est devenu footballeur professionnel et il a pu m'envoyer un peu d'argent. J'ai commencé à chanter dans les boîtes de nuit. Et puis j'ai tenté d'écrire des chansons. C'était les débuts du rock'n'roll à New York. Je n'ai pas fait de grands succès comme auteur, mais ça m'a permis de rencontrer beaucoup de gens, qui sont devenus célèbres par la suite. Enfin j'ai été choisi pour chanter dans une troupe qui partait pour Las Vegas monter un spectacle, "*Hello America*". »

Las Vegas, où il rencontre ma réplique. Puis, après deux années, il poursuit sa route vers l'ouest et gagne Los Angeles, Hollywood, où Ben le retrouve.

Tony : « S'il y a bien une chose que j'ai retenue de mon éducation en Amérique, c'est que tout est possible si on le veut vraiment. Quand je suis arrivé à Hollywood, Ben jouait au football dans l'équipe de San Francisco, l'une des plus prestigieuses. C'était sa dernière année, il était fatigué. À la fin de la saison, il m'a rejoint, et nous avons pris un appartement ensemble. Le lendemain de son arrivée, il s'est mis à appeler les maisons de disques pour m'obtenir des auditions. Il avait déjà beaucoup de bagou, et ça a marché. Liberty Records m'a pris sous contrat et j'ai enregistré quelques disques. Ensuite, la 20th Century Fox m'a proposé un contrat de sept ans, et on m'a donné le rôle principal dans *La Vallée des poupées*.

« Mais là, j'ai compris que ça ne m'intéressait pas d'être acteur. Être à la disposition des autres, toujours attendre... Non, moi j'avais besoin de décider. J'ai donc rompu mon contrat avec la Fox et je me suis retrouvé au chômage. Alors j'ai commencé à produire d'autres artistes pour ma maison de disques. Ben avait été si efficace avec moi qu'ils l'ont embauché à la promotion.

« Au début des années 70, nous avons quitté Liberty pour rejoindre MGM Records, Ben toujours à la promotion, moi comme producteur, puis comme vice-président. À ce moment-là, nous avons convaincu Fred, notre plus jeune frère, de venir travailler avec nous. C'est l'époque où j'ai rencontré ma première femme. Puis, en 1973, MGM Records a été vendu à Polygram et nous sommes partis pour créer notre première société, la Scotti-Brothers Entertainment. Si nous avions été contraints de vivre tous les trois dans une seule pièce, nous aurions pu, nous l'avions déjà fait enfants ! C'est l'histoire de tous les immigrants qui débarquent aux États-Unis et qui réussissent dans les affaires. Ils débutent tous dans une pièce minuscule et ils terminent dans un château. »

En 1986, après être reparti à zéro au lendemain de son

divorce, Tony sera consacré Homme de l'année par la ville de Hollywood. Et dix ans plus tard, en 1996, *Fortune Magazine* classera sa compagnie, All American, en tête de celles qui ont eu la meilleure croissance.

Mais nous ne sommes qu'au début de l'année 82, et je prépare donc mon spectacle de Las Vegas avec à mes côtés Tony, pour la première fois. Nous établissons ensemble le fil conducteur. Lui sait mieux que moi ce qu'attend le public américain, il sait aussi comment l'étonner, le surprendre, et il retaille intelligemment mon show du Palais des Sports. Il est bienveillant, réfléchi, solide, sans complaisance, et je me sens enfin entre les mains de quelqu'un que j'admire, que je respecte, en qui j'ai une immense confiance.

Lui aussi a confiance en moi, et je fais une autre découverte en travaillant avec lui : je ne veux pas le décevoir. C'est amusant, parce que c'est une chose qui ne m'avait jamais effleurée au temps de ma vie commune avec Johnny où nous étions comme deux enfants. Tony ne désire que ma réussite, il n'éprouve aucune espèce de jalousie à mon égard et, du coup, son jugement sur moi m'importe énormément. Je veux être à la hauteur de l'idée qu'il se fait de moi et, si possible, l'impressionner.

L'idée qu'il se fait de moi ? Elle va bien au-delà de la jeune femme blonde aux yeux malheureusement noisette que je croise chaque matin dans ma salle de bains. Elle va bien au-delà de la petite personne entêtée et timide avec laquelle je fais plus ou moins bon ménage depuis un certain 15 août 1944. L'idée qu'il se fait de moi doit être énorme, et il m'en donne la mesure le jour où il m'écrit tranquillement, comme ça, sur un coin de table, le slogan de l'affiche qui annonce mon passage à

Las Vegas : « Sylvie Vartan, le plus beau cadeau de la France depuis la statue de la Liberté ! »

J'éclate de rire.

— Tony, tu ne vas pas oser mettre ça !

Si, il ose. L'affiche est ahurissante. Elle fait bien quinze mètres de long sur cinq de haut, et j'y figure lascivement couchée sur le flanc, et complètement nue, si on n'y regarde pas de trop près. En réalité, je porte un body couleur chair, garni de strass, qui cache l'essentiel pour mieux mettre en valeur tout le reste.

Cette affiche ! Maman en reste sans voix durant d'interminables secondes. Et puis non ! Non ! Elle veut bien à l'extrême rigueur que je sois « le plus beau cadeau de la France », mais sa petite fille quasiment nue sur les murs de Los Angeles, c'est un peu le cauchemar de mon premier Olympia qui recommence, multiplié par dix et tiré en quadrichromie. Pauvre maman ! Elle finira par en rire, mais après avoir encore une fois regretté que je ne sois pas entrée dans un de ces métiers tellement moins tape-à-l'œil de la diplomatie...

Maman n'est pas la seule à en avoir le souffle coupé. Plusieurs automobilistes en oublieront de s'arrêter au feu rouge sur Sunset Boulevard où je barre l'horizon de ma nudité. Il y aura quelques accrochages dont la presse locale se fera l'écho.

Pendant ce temps-là, je répète. Et pour la première fois de ma carrière déjà longue, je répète sous l'œil d'un intime. Or, j'ai déjà dit combien la scène est pour moi une façon de me transcender, de me déshabiller, de laisser surgir cette autre que je cache dans la vie de tous les jours sous un rigorisme sans faille. Et la métamorphose ne peut s'accomplir que sous le regard d'étrangers, ou du moins dans l'illusion que seuls des étrangers me regardent. Aux premières, par exemple, alors que je sais que toute ma famille est là, assise dans la salle, j'attrape le regard de quelqu'un que je ne connais pas, et eux que j'aime tant, je les oublie, je les chasse résolument de mon esprit. Sinon je ne pourrais pas. Sinon mon impudeur me glacerait le sang. Je n'ai jamais pu répéter devant maman, ou devant mon fils.

Mais, cette fois-ci, Tony est là. Et sa présence me plonge dans un tiraillement curieux : son jugement m'est infiniment précieux, et en même temps je ne peux pas faire devant lui ce que je ferai sur scène. Je n'y parviens pas et, comme je ne trouve pas les mots pour le lui expliquer, je découvre qu'il a un sacré caractère.

C'est qu'il se voit déjà parmi les spectateurs de Las Vegas, le cœur à trois cents à l'heure parce qu'il veut que je réussisse, qu'il ne supportera pas que je sois médiocre, que quelqu'un me critique.

Comment lui faire comprendre que je peux répéter inlassablement un pas de danse, mais que je ne peux pas répéter l'émotion ? L'émotion ne s'apprend pas, elle jaillit sur scène, parce que le public est là. Et cependant, je suis tellement heureuse de sentir Tony si impliqué...

Son angoisse, je la ressens. Je sais ce que c'est d'être le spectateur impuissant d'une représentation dont on connaît tous les risques, tous les écueils. C'est d'une autre nature que l'angoisse de la scène, mais c'est également une tension insupportable, à hurler. Il m'est arrivé de la vivre quand Johnny était sur scène. Un jour, il a attaqué *Que je t'aime* — ça devait être dans les débuts de cette chanson —, et je me rends compte qu'il intervertit les couplets. Mon cœur s'est arrêté, j'ai vu une lueur d'affolement traverser son regard. Dans ces instants, on voudrait bondir au secours de l'autre et notre incapacité à l'aider nous anéantit véritablement. Et puis Johnny s'est rattrapé, bien sûr, et je crois qu'à part lui et moi personne n'a eu le vertige.

Las Vegas n'en demeure pas moins le premier spectacle que nous préparons ensemble, Tony et moi, et c'est un peu comme un voyage de noces : même en plein travail, nous flottons sur un petit nuage de félicité.

Je dois donner six spectacles en trois jours, du 9 au 11 décembre 1982, sur la scène mythique de MGM où se sont produites les plus grandes stars de Hollywood, comme Gene Kelly, qui a d'ailleurs accepté de me parrainer. Mais en dépit de la tension, tout nous amuse. Et, en particulier, la villa insensée que MGM met traditionnellement à la disposition de ses vedettes. Tout y est d'un goût atroce, à commencer par le lit en forme de cœur, mais cette extravagance est tellement à l'image de cette ville en carton-pâte, peuplée de Martiens hallucinés, que c'est un spectacle en soi. Nous débarquons dans ce palais du kitsch avec David et maman, qui chacun à sa façon partagent notre excitation. À seize ans, David découvre Vegas, le Disneyland du joueur américain, lieu de légende pour milliardaires en goguette, ou en perdition. Maman sourit, en se demandant sans doute jusqu'où la conduira sa fille… Eddie est là aussi, et Charley Marouani, et toute ma troupe menée par Claude Thompson.

Maman fête ses soixante-huit ans le soir de la première ! Je vais lui dédier *La Maritza*, devant un public américain sidéré. « Cette mélodie, dirai-je alors, lui rappelle ses années de jeunesse, et la Bulgarie qu'elle a quittée pour un pays de liberté : la France. Et ce soir, elle se retrouve avec moi sur une autre terre de liberté : l'Amérique ! » Toute la salle l'applaudira…

Mais je raconte la fin avant le début.

Le début, c'est un trac à mourir à l'instant où, juchée sur un trapèze, encore dans les cintres, j'entends la voix de Gene Kelly annoncer : « *Over the years, MGM has been proud of our lustrions list of stars, and to-night we are about to welcome a new member to family, her name : Sylvie Vartan.* » (« Durant toutes ces année, MGM a été fière de notre liste impressionnante de stars, et ce soir nous nous apprêtons à accueillir un nouveau membre de la famille, Sylvie Vartan. »)

À ce moment, je mesure exactement le défi que je dois relever : convaincre les huit cents spectateurs américains que mon prestigieux parrain ne ment pas. Or, à part une quinzaine de mes fans qui ont fait le déplacement depuis Paris, je jurerais qu'aucun ici ne serait capable de citer le titre d'une seule de mes chansons. En d'autres termes, tout est à recommencer, je suis revenue à la case départ, comme la première fois que je suis apparue sur la scène de l'Olympia, vingt ans plus tôt. Aucun applaudissement à espérer à la première note de *Merveilleusement désenchantée*, aucun de ces clins d'œil complices que le public m'adresse généralement tout au long d'un concert, et qui me portent littéralement.

Oui, je mesure exactement le défi, et l'espace d'un centième de seconde mes mains tremblent et le trapèze oscille dangereusement. Puis je me lance…

Le premier retour me vient de Tony, dont je guette instinctivement les réactions : un pouce discrètement dressé à la façon des pilotes au décollage, et un imperceptible sourire. Quelques minutes plus tard, des applaudissements encore un peu empruntés saluent la fin de l'ouverture, mais les visages, me semble-t-il, ont déjà changé d'expression. Pour moi, cela vaut tous les encouragements. À ce moment, je sais que c'est gagné.

« Une fois sur scène, racontera l'envoyé spécial du *Journal du Dimanche*, Sylvie s'est déchaînée. Agressive, allant au-devant du public comme jamais, dialoguant avec lui dans une langue qu'elle pratique à merveille, elle a fait éclater les bravos avec son pot-pourri américain [1]. »

C'était une suggestion de Tony, ce *medley*.

Et c'est encore Tony qui a pensé à faire venir de France l'un des chefs les plus prestigieux, Roger Vergé, pour nous servir après le spectacle un dîner somptueux. Nous sommes plus d'une centaine à fêter le succès de cette première qui s'est achevée par un tonnerre d'applaudissements, la salle debout — des critiques et des journalistes américains, des journalistes français également et, bien sûr, ma famille. Au moment où je sors de scène, épuisée et heureuse, Roger Vergé me tend un verre de sarran nature :

— Tiens, je suis sûr que tu meurs de soif !

Je n'oublierai jamais le goût de ce vin, frais, lumineux. Il vient clore l'une des plus belles années de ma vie. Tous ceux que j'aime sont autour de moi, Tony a su nous réconcilier avec le bonheur.

Tony dont le nom apparaît pour la première fois dans les journaux français à côté du mien, près de deux ans après notre rencontre à Tokyo.

1. *Le Journal du Dimanche*, 12 décembre 1982.

Chapitre 16

Tony a su dès les premiers jours qu'en liant sa vie à la mienne, c'est toute ma tribu qu'il allait épouser — lui qui n'avait pas d'enfant et vivait assez tranquillement. Je débarque avec ma mère, sa sœur cadette, ma tante Lilli qui a pu enfin quitter la Bulgarie après des décennies de malheur, mon fils, mes deux chiens, mon chat, mes valises, mes chansons. Mais ça ne fait pas peur à Tony, non. Lui a sa mère et ses deux frères, qu'il a associés à ses affaires. La famille, c'est également sa culture.

Nous cherchons une maison qui puisse nous contenir tous, et qui nous ressemble un peu aussi. Nous aimons, lui et moi, vivre à Los Angeles, bien que Los Angeles soit une ville de passage. Ici les gens ne cherchent pas habituellement à prendre racine, ils viennent un temps réussir une affaire avant de disparaître. Quand nous roulons sur les larges avenues de Beverly Hills plantées de palmiers, cela saute aux yeux. La plupart des maisons n'ont pas d'âme. Ce sont des résidences parfois clinquantes, d'un luxe tapageur, mais on voit bien que la vie, la beauté de la vie, avec ses joies et ses drames, n'y a pas laissé d'empreintes. Ce ne sont que des façades qui témoignent d'une certaine forme de réussite, certes, mais ne disent rien de la réussite qui nous préoccupe, Tony et moi : celle d'une famille, avec des enfants qui rient, des grands-mères qui tricotent en les surveillant d'un œil, et des chiens qui paressent à l'ombre.

Et un jour, la voilà notre maison ! Je la reconnais. Elle a l'air un peu fatigué d'avoir pas mal vécu, un toit généreux comme en Europe, une façade « à la française », comme on dit ici, et, derrière, un grand jardin dont on devine les arbres. Elle vient d'être vendue, mais elle va de nouveau l'être, c'est certain, il suffit de rester vigilant. Parfois, les gens ne s'installent pas pour plus de trois mois.

Je la couve des yeux, je passe régulièrement prendre de ses nouvelles. Elle va nous revenir, j'en ai l'intuition, et quand j'apprends qu'elle a appartenu à Rosalind Russell, comédienne, artiste de music-hall qui a eu son heure de gloire aux États-Unis, je n'ai plus aucun doute : le destin veille.

Elle nous revient, en effet, non sans mal, et alors petit à petit se construit le puzzle familial que nous avions imaginé.

Pour David, c'est un choc. Je l'avais pourtant préparé à l'avance, et lui avais longuement parlé de Tony en lui expliquant combien son arrivée allait bouleverser nos vies. Mais il est alors en pleine adolescence et habitué depuis des années à me voir seule. Il a grandi loin de son père, dans un monde de femmes. Tony vient d'un seul coup prendre le rôle de l'homme et, même si je n'ai jamais laissé David entrer dans ma sphère intime, il ressent sûrement cette arrivée comme une menace pour lui-même, pour la place qu'il occupe auprès de moi. En même temps, il sait que si Tony est là, c'est qu'il est le compagnon de ma vie — je n'ai jamais introduit aucun homme à la maison depuis ma séparation avec Johnny, c'est dire implicitement l'importance que j'accorde à celui-ci.

Au début, David le regarde avec inquiétude et méfiance. D'autant plus que Tony est grand, assez imposant. Puis, très vite, il se passe ce que j'espérais secrètement : David approche Tony sous tel ou tel prétexte, ils se mettent à bavarder, et Tony a toujours au bout des lèvres cette attention, cette bienveillance, que j'apprécie tellement chez lui. Je crois que, progressivement, David découvre combien il peut être réconfortant lorsqu'on est un garçon de quinze, seize ans, de parler avec un homme qui a la maturité d'un père. Et Tony, de son côté, découvre l'émotion d'entourer mon fils, de l'écouter, de l'épauler bientôt. Je vois leurs rapports se détendre et s'instaurer entre eux une relation pleine de confiance.

La générosité de Tony, sa droiture, son intelligence feront le reste au fil des mois, puis des années. David comprend qu'il peut lui demander conseil, qu'il peut compter sur lui — Tony n'a aucune démagogie, il dit les choses comme elles sont. Et moi, je regarde mon fils mettre insensiblement ses pas dans ceux de cet homme que j'aime plus que tout, en qui j'ai une infinie confiance, et je sens qu'on me soulage d'un grand poids. Il était temps pour David que Tony entre dans notre cercle, et je sais qu'inconsciemment c'est aussi à mon fils que j'ai pensé ce jour où je l'ai rencontré à Tokyo et où je me suis dit : « C'est lui, et personne d'autre. »

Mais, encore une fois, la vie va de l'avant, et, pendant que nous nous construisons à Los Angeles, je me lance dans la préparation d'un nouveau spectacle. Ce sera le Palais des Congrès pour onze semaines.

C'est en même temps comme autrefois, et complètement différent : le pari est là, monumental — plus de deux cent cinquante mille personnes m'attendent au tournant —, mais je ne suis plus seule, la présence de Tony me réconforte tout en relativisant l'enjeu.

À Richard Cannavo, du *Matin de Paris*, qui vient assister aux répétitions et qui me demande si l'idée d'un échec me serait insupportable, je fais cette réponse : « Le seul échec qui pourrait réellement me perturber serait un événement grave survenant dans ma vie privée. Pas dans ma vie professionnelle : là, aucun échec ne peut m'ébranler, je m'en fiche, ça n'est pas fondamental dans la vie. Il y a des choses beaucoup plus importantes qu'un métier[1]... »

Tony me réconforte, oui, il a compris que j'avais besoin d'être seule, coupée de mes proches, pour incarner la Sylvie impudique et publique dont je croise les affiches sur les murs de Paris en ce début d'automne 1983, mais de mon côté j'ai appris à faire quelques concessions pour lui. Si je répète seule, j'ai maintenant assez de force en moi-même, ou de culot, pour lui demander de venir quand la séquence me paraît au point. Alors son avis m'est précieux.

Claude Thompson est de nouveau derrière cette formidable « machinerie ». Seule véritable innovation de ce Palais des Congrès : tandis que la première partie est, en effet, un show ébouriffant, la seconde est un récital classique où je crée pour la première fois sur scène des chansons telles que *Encore* et *Le Dimanche*, écrites par Jean-Loup Dabadie et mises en musique par Eddie.

La presse nous applaudit, du *Monde* au *Parisien*, en passant par *Libération* qui, pour la première fois, me

1. *Le Matin de Paris*, 12 septembre 1983.

consacre un long article en forme de portrait : « Elle a cette netteté de porcelaine de l'inétreignable héroïne des *Contes* d'Hoffmann [1]. » *Le Figaro*, lui, me voit plutôt en Scarlett O'Hara. Quant au *Monde*, il écrit : « Savoureuse dans une séquence rock, style gomina, elle pétille de vivacité et de grâce dans des chansons-jeux, elle a le sourire amusé quand elle ressuscite un instant son premier style, à l'époque des copains et des yéyés [2]. »

Et cependant, c'est durant ce Palais des Congrès si joyeux, si bien accueilli, que deux événements de ma vie privée me font chanceler.

Tante Lilli meurt d'un cancer. Elle vivait avec nous depuis trois ans. Elle avait été arrêtée et internée dans un camp en Bulgarie. Puis, libérée, elle avait vécu pauvrement auprès de sa mère, ma grand-mère maternelle, jusqu'à la mort de celle-ci. Alors elle était repartie pour la Hongrie, son pays d'origine, et c'est de là que nous avions pu la faire venir en France. Tante Lilli incarnait toutes les souffrances, toutes les blessures auxquelles nous avions échappé grâce à mes parents. Sa vie n'avait été qu'un long calvaire, elle n'avait jamais pu se marier, elle n'avait connu sur terre que la peur, la haine et la misère. Les premiers temps, à Paris, elle se retournait sans cesse de crainte d'être suivie. Nous avions tous beaucoup fait pour adoucir ses dernières années, tenter de la réconcilier avec le bonheur, mais elle était irrémédiablement marquée par ce qu'elle avait traversé, et la maladie nous avait tenus en échec.

Sa mort et le chagrin de maman m'atteignent profon-

1. *Libération*, 10 septembre 1983.
2. *Le Monde*, 14 septembre 1983.

dément. Comment ne rien laisser transparaître sur scène ? J'y parviens, mais au détour d'un mot, d'une note, je cesse de me défendre et je chante en pensant à elle. Interprétant *Lucie*, notamment, une chanson qui aurait pu être écrite pour elle, je dis « Lilli »... Moments volés au public, témoin d'une émotion soudaine dont il ne devine pas combien elle vient d'ailleurs, de si loin.

Un autre soir, je suis dans ma loge, très en avance comme d'habitude parce que, au fond, il n'y a que là que je me sente à peu près sereine quand je dois chanter. Je viens de traverser le bois de Boulogne, seule au volant de ma voiture, le cœur plein d'une nouvelle tombée à l'instant où je quittais ma maison : Eddie vient d'avoir un second fils, un petit Nicolas. Je le rappelle de ma loge et, aussitôt, je devine à sa voix que quelque chose ne va pas. Il n'a pas le timbre ému et heureux d'un père qui sort d'une salle d'accouchement. Quoi ? Que s'est-il passé ? Eddie sait que deux heures plus tard je serai en scène et il voudrait éviter de m'annoncer là, tout de suite, que son enfant leur cause de graves inquiétudes. Et naturellement je comprends, et c'est comme si la foudre me tombait sur la tête. Comment chanter, ensuite, avec la détresse d'Eddie dans l'oreille... Parfois, je ne sais pas où l'on trouve la force de faire comme si.

Tony attend les derniers applaudissements et l'extinction des six lettres géantes accrochées au fronton du Palais des Congrès — « SYLVIE » — pour m'offrir le cadeau qu'il garde dans sa poche depuis le soir de la première : une bague de fiançailles.

Nous avons décidé de nous marier au printemps suivant. Pour lui, comme pour moi, c'est une façon de se réinscrire dans la tradition familiale. Ses parents et les miens n'ont pas connu le divorce, ils se sont aimés jusqu'à ce que la mort les sépare. Divorcer n'a été facile ni pour Tony ni pour moi, et je crois que nous partageons une certaine culpabilité d'avoir dû en prendre l'initiative. L'idée de nous engager pour le restant de notre vie est comme une rédemption : ce nouveau mariage n'effacera pas l'échec du précédent, mais il nous permettra de réaffirmer notre foi en un amour solide et durable. Et puis nous songeons à avoir très vite un enfant...

Ce mariage, j'aimerais en contrôler d'avance tous les instants, je le veux romantique, familial, inoubliable. Je n'ai jamais pu effacer de ma mémoire ce que la foule avait fait de mon union avec Johnny — ce cirque, cette folie, qui m'avait fait craindre que ma grand-mère paternelle ne soit piétinée. Ça ne recommencera pas cette fois-ci, et le meilleur moyen de l'éviter est de nous marier dans cette capitale de l'anonymat qu'est Los Angeles, dans la maison que nous venons d'acheter à Beverly Hills.

Le 2 juin 1984, seuls nos deux familles et quelques amis intimes assistent à la cérémonie. La bénédiction elle-même nous est donnée par un prêtre proche de la famille de Tony. Pour l'occasion, nous sommes tous réunis dans le jardin sous une tonnelle couverte de fleurs blanches.

— Je compte sur toi pour ne pas pleurer, m'a dit maman. Je vais te surveiller.

— Pas une goutte, je te le promets !

Mais l'émotion me rattrape à l'instant où nous échangeons nos anneaux et, comme de juste, je fonds en larmes. Mon amie Michèle, qui a fait dix mille kilomètres pour assister à la rupture de notre pacte — vieillir ensemble, et célibataires —, me murmure des mots d'encouragement tout en me glissant des kleenex. Pour comble d'ironie, elle a bien voulu être mon témoin (aux États-Unis, un seul suffit) et, très vite, elle aussi va trahir notre pacte en épousant mon ami de vingt ans, le docteur Belaiche, que je lui ai présenté incidemment...

Outre Michèle, maman et David, il n'y a pas foule de mon côté. Eddie n'est pas là, lui aussi se remarie le même jour en France avec Florence, la maman de Nicolas, après avoir divorcé de Doris. Quelques fidèles, comme Patricia Coquatrix et Charley Marouani, Dominique Segall et Andréa Bureau, ont fait le voyage. Des amis de Los Angeles sont également là, Virginie et Gérard Ferry, les patrons du restaurant L'Orangerie, qui ont magnifiquement décoré ma maison pour l'événement, ou encore José Eber, qui m'a coiffée. Mais beaucoup d'autres qui me sont chers, tels Carlos, Chantal Goya et Jean-Jacques Debout, n'ont pas pu venir.

Du côté de Tony, il y a sa famille, bien sûr. Sa mère, Ann Scotti. Son frère aîné, Ben, et sa merveilleuse épouse, Carole, qui va devenir ma seule véritable amie américaine et qui m'accompagnera en tournée en France dix ans plus tard. Son frère cadet, Fred, qui épousera bientôt en secondes noces... Simone Brink, mon amie d'enfance ! La vie, décidément, fait parfois très bien les choses.

Nous sommes infiniment plus nombreux l'après-midi pour fêter l'événement sur le gazon du jardin. Tony me présente ses amis, et je passe mon temps à dire bonjour sans avoir vraiment le loisir de faire connaissance, ce qui est assez frustrant, et me donnera l'envie de faire une seconde fête. J'ai tout de même le temps d'observer maman et la mère de Tony, si complices désormais. Elles se sont installées à l'ombre pour bavarder, et je souris intérieurement en me remémorant leur violence, à l'une comme à l'autre, quand elles ont eu vent de notre histoire. Ann, farouchement opposée au « coup de folie » de son fils, et maman, pour qui il n'était pas question de rencontrer la famille de cet homme marié, pas question de le rencontrer, lui, pas question d'apprendre l'anglais... Maman, pour qui il n'était question de rien du tout, et qui converse à présent tranquillement avec ma belle-mère... en anglais ! Sa vie d'exilée permanente l'aura contrainte, elle qui est née hongroise, à apprendre le bulgare à sept ans, le français à trente-huit et l'anglais à près de soixante-dix.

Sur les dizaines de photos que j'ai conservées de ce beau jour, maman est resplendissante, et comme apaisée. Elle avait voulu croire à mon mariage avec Johnny, tout en souffrant du chaos dans lequel nous vivions et faisions vivre David. Maintenant, elle est enfin rassurée sur notre avenir, et j'aime cette photo qui la montre caressant la joue de Tony. Elle a compris qui il était, elle n'a plus peur pour nous. D'ailleurs, sur un autre cliché, Tony enlace David par les épaules et ils éclatent de rire. Celle qui me touche aussi est la photo « officielle » : le marié et la mariée chastement enlacés sur un fond d'arbustes en fleur. Tony et moi sommes graves, un peu figés dans nos habits de cérémonie, et cependant notre posture me rappelle cette photo de papa et maman que j'aime tant où ils posent en maillot de bain sur un fond de cascade. C'était en 1943 à Lakatnik, quarante ans avant.

Je me marie le 2 juin et, le 28 du même mois, j'occupe pour une semaine la scène du Sands, à Atlantic City, le Las Vegas de la côte est. À nouveau mon affiche barre un des plus grands boulevards de New York. J'ai signé le contrat au lendemain de mon passage au MGM de Las Vegas, un an et demi plus tôt, mais entre-temps la vie s'est accélérée. David a grandi, vite, trop vite. Cet été 1984, il va, coup sur coup, fêter ses dix-huit ans et entrer en terminale.

Lorsque, au début de juillet, aussitôt après Atlantic City, nous nous envolons avec Tony pour un voyage de noces dans les Caraïbes, ces dix-huit ans me pèsent étrangement sur le cœur. Il me semble que je ne les ai pas vus venir. De l'enfance et de l'adolescence de mon fils, j'ai conservé des îlots de bonheur ; pourtant, mis bout à bout, ces îlots ne font pas un continent. Nous avons été trop souvent séparés, à Paris, puis à Los Angeles, pendant que, par la force des choses, je courais le monde, et cette évidence me plonge soudain dans un véritable désespoir.

Pour ne rien arranger, l'hôtel où nous atterrissons à la Barbade est sordide, la plage décevante et les gens à peine aimables. Sur ce, nous refaisons nos valises et partons pour Saint-Martin, dans les Petites Antilles. Là, c'est beaucoup mieux, mais la tristesse ne me lâche pas pour autant. Je me répète intérieurement cette petite phrase assassine : « Tout un chapitre de sa vie est terminé, et toi, tu n'en as pas assez profité. »

Tony ne peut rien contre ce sentiment, et le fol été qui s'annonce ne fait qu'aggraver mon accablement. Un mois de tournée en France, en août, puis le Brésil, puis l'Allemagne. Ou l'inverse. Et, pendant ce temps-là, David va continuer de grandir...

Je contemple ma vie pleine de défis relevés, de paris gagnés, jusqu'à ce prix spécial que m'a remis le président de RCA, Bob Summer, pour célébrer mes vingt millions de disques vendus à travers la planète — vingt millions ! — et je m'en fiche. Que vaut tout cela au regard des plus belles années de David qui sont passées trop vite ?

Là, Tony me fait justement remarquer qu'il n'a *que*

dix-huit ans, et qu'à cet âge on n'est pas encore un homme. Il n'en dit pas plus, mais c'est comme une étincelle. David est simplement au seuil de ces années charnières durant lesquelles il va entrer dans l'âge adulte. Quelques années peut-être. Ensuite, il sera trop tard, je ne pourrai plus grand-chose pour lui.

À quel moment toutes ces réflexions qui me traversent s'ordonnent-elles de telle façon que la décision à prendre m'apparaît évidente ? Mais brusquement, c'est fait, et ça ne mérite plus aucune discussion : je vais m'arrêter, défaire une bonne fois pour toutes mes valises, et me consacrer aux miens : mon fils, mon mari, ma mère.

Je vais m'ar-rê-ter !

C'est étonnant comme le seul fait de formuler cette décision me libère instantanément du tourbillon. Soudain, il ne me semble plus incongru de rester dans la cuisine à bavarder après le thé du matin, d'aller faire moi-même le marché et de flâner entre les étals, de me dire : « Tiens, je vais me garer là et prendre un cappuccino », et de le boire vraiment, et de m'amuser toute seule à observer les gens qui courent. Un vrai bonheur !

Tony accueille ma résolution avec sa bienveillance habituelle, et c'est un soulagement de le sentir à mes côtés, prêt à vivre avec moi la révolution qui s'annonce. À ce moment-là, il a la double casquette de producteur de cinéma et de président de sa maison de disques.

Les mois qui viennent sont d'une importance capitale pour David. Il tente de se concentrer pour décrocher son bac (qu'il aura, contre toute attente !), car sa vocation est ailleurs : il veut devenir musicien, et moi j'ai beau lui consacrer tout mon temps, toute mon attention, cela me renvoie à mes pires angoisses. Je suis inquiète à l'idée qu'il ait à connaître ce que j'ai connu. Aura-t-il la force de supporter cette pression ? D'affronter les critiques et de relativiser les éloges ? En même temps, bien sûr, je suis heureuse et fière qu'il aime ce que j'aime, qu'il veuille partager mon univers.

Cependant, contrairement aux apparences, je pense que sa situation le handicape, qu'il n'est pas facile de conquérir sa place au soleil lorsqu'on est l'enfant d'un couple connu. Comment être à la hauteur, comment se forger son propre nom lorsqu'on s'appelle Hallyday ? Je souffre par avance des sarcasmes des uns, des perfidies des autres, et il me paraît plus facile, comme nous l'avons fait, Johnny et moi, de démarrer dans l'anonymat. Enfin, pour ne rien arranger, David est le contraire d'un prétentieux, il est réservé, extrêmement émotif, à fleur de peau. Sa passion pour la musique est intériorisée, comme elle l'était chez mon père, et je ne le vois pas courant les maisons de disques et les plateaux de télévision pour se « vendre », ce mot affreux.

Tony a senti tout cela sans qu'il soit besoin de le lui expliquer. Il a compris que je suis la dernière personne à pouvoir juger objectivement des qualités musicales de mon fils, pour toutes les raisons que je viens de dire. Et, insensiblement, il m'a déchargée de cette responsabilité considérable.

Tony : « Un soir, je suis allé trouvé David et nous avons parlé tranquillement de son avenir. Il m'a confié qu'il voulait être musicien dans un groupe, jouer de la batterie, ou du piano. Je lui ai dit : "Il ne faut pas faire ça, David, toi tu dois être sur le devant de la scène, tu dois chanter !" Il était surpris, il ne me croyait pas. "Écoute, ai-je ajouté, demain tu vas venir au studio et on va t'enregistrer pour voir si tu peux chanter."

«Je crois qu'il ne voulait pas chanter, parce qu'il ne voulait pas être en compétition avec son père ou avec toi. Il avait peur de ça. Alors je lui ai expliqué qu'il ne devait pas raisonner de cette façon : "Tu es aussi américain, maintenant, et en Amérique c'est une tradition pour les enfants de parents célèbres de reprendre le flambeau familial." Je l'ai emmené au studio, et il a chanté. C'était parfait. "Tu peux donc devenir chanteur si tu veux, lui ai-je affirmé. Tu as tous les talents, tu peux faire ce que tu veux dans ce métier !" Après ça, je lui ai fait enregistrer son premier disque, un 45 tours, et j'ai décidé de le lancer sur scène au Japon. Je voulais qu'il ait un peu d'expérience avant d'arriver en France. »

Tony est convaincu, et sa confiance balaie mes réticences. Sa confiance, surtout, conforte David dans sa vocation, ce que je n'aurais jamais pu faire, prise dans mes contradictions personnelles. Grâce à Tony, David se met à croire en ses propres talents. Et alors, tout va très vite en effet.

Le succès de son premier disque, sous le label Scotti-Brothers, est immédiat. Le 3 avril 1985, à deux mois du baccalauréat, David fait donc ses débuts sur scène... au Japon !

À dix-huit ans, il se lance au Sunnakano Plaza de Tokyo, une salle de trois mille places. L'homme qui veille à tout sur la scène est son oncle, mon frère Eddie, qui était déjà à mes côtés lors de ma première apparition sur une scène. C'était à l'Olympia, en décembre 1961...

Quant à moi, je me suis cachée au fond de la salle, entre Tony et maman. David apparaît, pantalon de cuir noir, chemise de satin bleu, chevelure blonde, et l'émotion me submerge. C'est comme si tout recommençait, mais différemment : David a en lui une part de cet ange qu'est Johnny, une part de cette émotivité qui est en moi, et de cela il fait un artiste différent de nous, animé d'une grâce dont il ne semble pas être conscient. Comme il était inconscient, petit, dans son baby-relax, de ses talents de batteur.

Après la deuxième chanson, des centaines de petites voix hurlent déjà son nom. Ils brandissent tous ces minuscules cartons pailletés d'or pour recueillir sa signature. Et je sais qu'à la fin ils vont envahir la scène... Mon Dieu ! Est-ce que c'était écrit depuis le premier jour ? Oui, quand j'y songe, David n'a fait que suivre la petite étoile qu'il m'a paru entrevoir par instants au-dessus de sa tête.

Près de vingt ans plus tard, je retrouve l'entretien qu'il donne à *Paris-Match* à son retour :

— Sylvie vous avait-elle donné des conseils avant le concert ?

— Je pensais qu'elle allait m'en donner, mais elle m'a dit très peu de choses. C'est Tony qui m'a énormément parlé. Et puis d'avoir vu toute ma vie mon père et ma mère sur scène m'a aidé.

— Vous souvenez-vous de la première fois que vous avez vu Sylvie et Johnny en concert ?

— Ma mère, c'était à l'Olympia, en matinée. Je devais avoir six ans. J'étais très fier, mais la voir sur scène me paraissait naturel. Elle n'était pas différente de ce que je voyais d'elle tous les jours. Mon père, je l'ai vu pour la première fois au Palais des Sports. Je devais avoir sept ou huit ans. J'ai un souvenir très précis de lui. Il était au milieu des lasers et, pour moi, c'était quelqu'un d'un autre monde...

— Quand vous étiez enfant, vous rendiez-vous compte que vos parents étaient des idoles ?

— J'ai constaté à cinq ou six ans que les gens les poursuivaient pour leur demander des autographes et que leurs fans m'appelaient par mon prénom sans me connaître.

— S'appeler Hallyday, est-ce un avantage ?

— C'est à la fois bien et difficile. Je dois sans cesse me méfier des fausses amitiés, des gens intéressés par mon nom. Heureusement, Tony me protège et me sécurise. Il connaît le showbiz, ce qui est évidemment mieux que d'avoir un beau-père notaire à Poitiers[1] !

Tony : « Quand je suis allé en France, j'ai présenté le disque de David à différentes maisons. Personne n'en a voulu, alors que ça marchait déjà bien au Japon. Je n'ai pas insisté, ça commençait tout juste, je ne voulais pas trop pousser. Au retour, j'ai proposé à David de jouer dans un film. Il avait eu son bac, il était plus libre. On a tourné une comédie, *He's my girl*, et, en plus de jouer, David chantait la chanson du film. J'ai lancé le film et le disque de la chanson en même temps. Et je suis reparti pour la France. Deux, trois maisons de disques, personne n'était intéressé, je ne pouvais pas le croire. On me répondait : "Tu sais, le fils de Johnny Hallyday... ici c'est pas la tradition que le fils suive le père." Le nom ne leur plaisait pas. Alors j'ai dit : "Que voulez-vous qu'il prenne ? S'il choisit Vartan, on va penser qu'il n'aime pas son père... Et d'un autre côté, pourquoi prendre Smet, puisque son père n'en a pas voulu ... Moi, je crois qu'il mérite d'avoir le même nom que son père." Encore une fois, tout le monde l'a refusé.

« Pour moi, ça n'était pas un problème, je pouvais le

1. *Paris-Match*, 26 avril 1985.

sortir, mais je ne voulais pas que David soit commercialisé en France sous le label de son beau-père. Je voulais que les maisons de disques françaises le sortent comme un artiste français. Alors, j'ai revu Alain Levy, le patron de Polygram, et je lui ai expliqué : “S'il ne sort pas en France, ce n'est pas grave, je le sors en Amérique et j'envoie tous les disques ici. — Ok, a-t-il répondu, on le sort en France !” Et à partir de là, le projet l'a beaucoup excité. Le disque a fait un succès en France, et le film, je l'ai vendu dans le monde entier sauf en France, où je m'attendais à ce qu'on me l'achète tout de suite. »

Tony, encore : « Le soir où on a dîné avec Johnny, souviens-toi, après on l'a raccompagné chez lui en voiture. J'avais sur moi une cassette de démonstration que j'ai mise dans l'appareil. “Tiens, écoute ça…”, je lui ai dit. Il a écouté. “Mais qui est-ce ? — David, ton fils !” Et là, tu te rappelles, il a crié : “Non ! Ça, c'est impossible, je ne l'ai jamais entendu chanter… ”»

Pendant que David fait ses premiers pas d'artiste sous la houlette de Tony, je découvre le plaisir de goûter au rythme lent des jours.

J'ai dépassé la quarantaine et, cependant, jamais je ne me suis éloignée de ma mère. Sans avoir besoin d'y réfléchir, comme si c'était absolument naturel, je l'ai étroitement associée à mon existence. Pendant mes innombrables voyages, c'est elle qui a veillé sur David, maintenu le lien entre lui et moi, entretenu sa relation avec Johnny. Maman a construit David comme elle m'a construite, en lui transmettant sa loyauté, sa droiture, sa tolérance aussi — elle avait rêvé David en architecte, comme elle m'avait rêvée en secrétaire d'ambassade, et quand elle a vu que le destin, décidément, se moquait gentiment d'elle, elle a pris le parti d'en rire.

Et soudain, elle se retrouve un peu désœuvrée, comme moi, et pour la première fois nous avons tout le temps de nous regarder au fond des yeux.

Pour la première fois, miraculeusement arrêtée au bord de la route, je peux me retourner et contempler le chemin parcouru. Tenter surtout de comprendre qui je suis, d'où je viens, et comment les choses se sont enchaînées depuis notre arrivée en France, ce pluvieux mais si lumineux 24 décembre 1952. Or, maman est ma mémoire, elle détient les clés de tous ces mystères.

Je crois que nos conversations ont commencé innocemment un matin, dans la cuisine où nous prenions le thé. Maman m'a raconté mon père, comment elle l'avait rencontré, la pâtisserie viennoise, la gaieté de Sofia avant la guerre, avant les communistes.

Maman parle, elle se souvient de tout, et petit à petit je mesure le cadeau incroyable qu'elle est en train de me faire. Alors, lentement je me lève, je murmure : « Continue, maman, ne t'interromps pas surtout… », et je reviens avec ma petite caméra que je pose en travers du grille-pain, mais ça n'a pas d'importance si les images ne sont pas droites. Ça n'a aucune d'importance.

Combien de jours, de mois, avons-nous parlé ? Toutes ces pages de notre vie qu'elle m'écrit, passant insensiblement du français au bulgare, ajoutant ici ou là quelques mots incompréhensibles de hongrois, me donnent alors le sentiment presque physique de grandir, de pousser, de m'allonger, comme un arbre en pot qui, après avoir été trimbalé aux quatre coins du monde, découvrirait enfin la volupté de prendre racine en pleine terre.

Et ça se passe dans notre maison de Los Angeles ! Celle sur laquelle de bons esprits veillent, je le sais depuis le premier jour. Entre ces murs, maman me permet de raccommoder les accrocs de la vie, de relier Budapest à Sofia, Sofia à Paris, Paris à Los Angeles, et subitement tout cela prend un sens. Maintenant, les fêlures ne sont plus des crevasses sur lesquelles je m'écorche, les cicatrices sont refermées, je peux les suivre du doigt et remonter jusqu'à l'origine de chacune. Je sais qui nous a blessés et à quel moment de notre longue vie cela est survenu. Je suis comme un vase ancien dont on aurait enfin recollé tous les morceaux.

Et moi qui regarde David aller et venir, commencer à courir comme j'ai moi-même commencé à courir après mon premier disque, je peux imaginer ce qu'a ressenti maman à l'époque : un silencieux effroi, sachant combien les hommes peuvent être cruels. C'est à mon tour à présent de trembler, et jamais je ne me suis sentie si proche d'elle. Maman qui n'a jamais cessé de veiller sur son monde, de tenter de restaurer les liens abîmés par la vie, ou tranchés par la mort.

Un matin, elle descend de sa chambre avec ce qu'elle a de plus précieux sur terre : les cahiers de musique de papa dans lesquels il a écrit de sa main, au crayon, tout ce qu'il a composé. Et, sans cérémonie, elle les tend à David :

— Tiens, mon chéri, dit-elle, ton grand-père aurait aimé que ça soit toi qui les aies.

Pendant ces quelques années d'éclipse, je fais tout de même trois disques que j'enregistre dans les studios de

Tony. C'est très confortable. Je répète seule dans notre jardin quand il n'y a personne, je fais plusieurs prises sur des cassettes que je me passe en voiture en allant au marché. J'aime bien m'écouter en roulant, il me semble que je repère plus facilement ce qui ne va pas, ce qu'il faut reprendre.

Trois disques, mais plus du tout de scène.

J'accompagne Tony dans ses voyages, et je découvre le plaisir d'être « la femme de M. Scotti », une blonde anonyme à qui l'on sourit distraitement (pour peu que personne dans l'assemblée ne me reconnaisse).

Un jour, je décroche le téléphone. C'est *Télé 7 jours*, à Paris.

— Bonjour, madame, nous souhaiterions réaliser une interview de M. Tony Scotti, car la télévision française va diffuser prochainement un film dont il est la vedette, *La Vallée des poupées* de Mark Robson.

— Ne quittez pas, je vais voir s'il peut vous prendre...

— Juste une chose, pour une fois nous aimerions avoir M. Scotti seul, sans Sylvie Vartan.

La voix ne m'a pas demandé de me présenter et j'étouffe un fou rire. Je ne peux tout de même pas rétorquer : « Vous avez bien raison, oubliez-la un peu ! », mais en mon for intérieur c'est ce que je pense.

Tony refusera l'entretien, *Télé 7 jours* s'en sortira en publiant une interview ancienne[1]. Et, en fait de m'oublier, c'est une photo de moi qui ouvrira l'article, carrément titré : « Le mari de Sylvie Vartan jouait les chanteurs dans *La Vallée des poupées* »...

À la fin de l'été 86, je découvre en feuilletant la presse française que je suis enceinte. « Je suis ravie car je n'étais

1. *Télé 7 jours*, 5 juillet 1986.

pas au courant », dis-je à Dany Jucaud, de *Paris-Match*, que je connais bien et qui vient aux nouvelles.

Qu'ajouter d'autre ? Que nous espérons cet enfant, oui, et que nous nous efforçons de ne pas faire de cette attente une question douloureuse ?

Chapitre 17

À l'origine de mon retour en Bulgarie, en octobre 1990, il y a ma rencontre avec Fanny.

Je fais sa connaissance en Italie, tout à fait par hasard. Nous sommes dans mes années d'éclipse, vers 1986-1987, et j'accompagne Tony au marché du film de Milan.

Tiens, la Bulgarie a ouvert un stand !

— Va donc leur demander s'ils n'auraient pas ton film, *Sous le joug*, me souffle Tony.

Je m'approche et, l'air aussi détaché que possible, je m'enquiers de la chose, en anglais naturellement puisque c'est la langue d'usage dans ce genre d'endroit.

Alors la femme à qui je viens de m'adresser se retourne vers sa collègue et lui dit en bulgare :

— Elle voudrait *Sous le joug*, c'est un vieux film répertorié à la Cinémathèque. Je me demande bien pourquoi elle le demande, celle-là ?

Celle-là ! Elle ne se doute pas, évidemment, que je comprends le bulgare.

La collègue me fixe un instant, et puis elle vient vers moi.

— Vous ne seriez pas Sylvie Vartan ?

J'ai les cheveux tirés, je porte un chapeau, et je suis cachée derrière mes habituelles lunettes noires.

— Si. Vous êtes très physionomiste, lui dis-je sans sourire.

— Venez, venez.

Assez curieusement, elle m'entraîne loin de sa collègue et commence à me raconter qu'elle est une amie des Brink, qu'elle a beaucoup d'affection pour eux, etc.

À ce moment-là, la Bulgarie vit encore sous la dictature de Todor Jivkov, notre Ceauçescu local, et je suis extrêmement dubitative. Qui est cette femme ? Que cherche-t-elle ? Elle doit être une proche du régime pour être autorisée à voyager à l'étranger. Peut-être une personne des services spéciaux, de la police... Je sens mon cœur se glacer et c'est moi qui mets un terme à la conversation.

— Bien, je dois vous laisser maintenant.

— Si vous voyez les Brink, transmettez-leur mon affection. Fanny...

— Fanny. Très bien, je n'y manquerai pas.

Aussitôt dehors, j'appelle oncle André et tante Mia.

Fanny ? Mais bien sûr, c'est plus qu'une amie, c'est une cousine, elle connaît toute la famille, elle est adorable, je n'ai aucun souci à me faire...

Voilà comment démarre mon amitié avec Fanny, qui va désormais tenir une grande place dans ma vie, puisque, après m'avoir convaincue de revenir à Sofia, elle jouera un rôle essentiel dans l'adoption de Darina, notre petite fille, en 1997.

Quelque temps après cette rencontre en Italie, je vois Fanny au festival de Cannes. Le dégel a commencé à l'Est, l'autorité du parti communiste est de plus en plus ouvertement contestée, les gens redressent l'échine, trouvent la force et le courage de parler.

— Vous ne viendriez pas chanter à Sofia ? Les Bulgares vous suivent depuis des années, vous savez. Ils seraient tellement heureux...

Fanny a touché juste. Chanter pour ce peuple que j'aime, celui de mon père, celui dont je suis issue, oui, je veux bien, mais comment éviter de cautionner du même coup le régime qui le tient emprisonné depuis quarante-cinq ans ?

Des ministres français m'ont déjà proposé de les accompagner à Sofia lors de voyages officiels, et j'ai toujours refusé pour cette raison-là. Je ne veux pas donner l'occasion à ceux qui ont tué les miens, plongé tous les nôtres dans le désespoir, de se féliciter de ma présence, comme si tout cela n'était plus qu'anecdotes. Sabler le champagne avec nos bourreaux, non, merci.

Mais l'effondrement se précipite. Le mur de Berlin tombe au fil de ces journées irréelles et magnifiques de novembre et décembre 1989, entraînant dans sa chute Todor Jivkov, que Moscou avait mis en place en 1971 et qui s'apprêtait donc à célébrer fastueusement ses vingt ans de règne à la tête d'un pays ruiné et cadenassé.

Alors la suggestion de Fanny fait son chemin...

Revenir à Sofia pour chanter !

L'idée me bouleverse, et je tourne d'abord autour secrètement, silencieusement, sans oser la formuler à voix haute. Puis j'en parle à Tony et à Eddie, et eux estiment que je dois le faire si je m'en sens la force.

Petit à petit, les choses se mettent en place. J'imagine un concert unique, dont la recette serait reversée à une œuvre caritative. Mais qui le produirait, ce concert ? Les Carpentier, bien sûr, dont j'apprécie depuis toujours les qualités d'écoute, la sensibilité. Marie-France Brière, qui est une amie et dirige alors les spectacles sur France 2, adhère immédiatement au projet et m'encourage à partir.

Pour la première fois depuis trente-huit ans, moi qui ai passé mon temps à m'éloigner — à fuir ? — toujours plus à l'ouest, je vais donc refaire le chemin dans l'autre sens et voler vers l'est.

Aux premiers jours d'octobre, je m'embarque à la tête d'une armada de quatre-vingts personnes, musiciens et techniciens confondus, dans un avion spécialement affrété par France 2. Tony, Eddie et David m'accompagnent, ainsi qu'Estelle qui vient d'entrer dans la famille.

Mais maman n'est pas là. Eddie, qui m'a précédée à Sofia avec Marie-France Brière pour repérer les lieux, en est revenu très secoué. Nous avons évoqué ensemble la perspective de ce pèlerinage pour maman, et l'un comme l'autre nous en avons rejeté l'idée. Sofia, c'était son enfance, son amour pour papa, un bonheur infini, tellement d'espérance, et brusquement la nuit, comme un voile funèbre jeté sur tout ce qu'elle avait chéri et chérissait encore. Or maman n'a plus personne pour se souvenir avec elle, pour pleurer avec elle, à part tante Mia et oncle André qui ne veulent plus retourner dans ce pays hanté par les deuils et le malheur. Eddie et moi, c'est différent, nous sommes plus jeunes et nous ne sommes pas seuls.

« Prépare-toi à un choc, m'a prévenue Eddie, c'est très dur, bien plus dur que ce que j'imaginais ! »

Le premier choc, je le reçois dans l'avion, quand nous pénétrons dans le ciel bulgare. Ce que j'aperçois par le hublot ressemble à un paysage de guerre — des champs gris, comme si tout avait été brûlé, bombardé, rien de commun avec le patchwork coloré que nous renvoient les terres de France. Et déjà, j'en perds le souffle.

Des centaines de personnes nous attendent à l'aéroport avec des petits bouquets de fleurs rouges, et le ministre de la Culture pour le protocole. Par chance, il fait étonnamment beau, le ciel est avec nous, et j'essaie de contrôler les bouffées d'angoisse, ou de chagrin, qui me serrent le cœur.

Dans la voiture qui traverse les faubourgs pour nous conduire à l'hôtel, je baisse la vitre, je tâche de me remémorer ce que me dit cette lumière d'octobre, à peine teintée de jaune.

— Djidjika ! Mais où étais-tu passée ? Reste donc dehors, l'air te fait du bien...

Djidjika ! Il n'y avait que lui pour m'appeler comme ça.

— Regarde, sur le trottoir !

La voix de Tony, soudain.

Quoi, sur le trottoir ?

— Oh !

Une foule colorée nous attend devant l'hôtel Vitosha. Sourire, ne pas pleurer, ne pas me laisser submerger par l'émotion. Eux sourient, les femmes portent des fleurs. Ils font un tableau coloré et joyeux. Mon Dieu ! Comment peuvent-ils après toutes ces années ?... Oui, les remercier, leur dire combien je suis touchée par leur accueil, embrasser les petites filles que l'on me tend comme des bouquets. Mais en moi-même je pense : « Heureusement que nous avons mis le concert demain soir, avant d'aller revoir la maison de mon grand-père et tout le reste, sinon jamais je n'aurais pu chanter... »

Nous sommes à l'hôtel depuis un moment, moi tâchant de me remettre de mes premiers pas à Sofia, quand on frappe à la porte : Maria ! Maria est la fille de la sœur aînée de maman, ma grande cousine à la robe à pois rouges et blancs que je n'avais pas revue depuis un après-midi de l'été 50 dans le jardin de mon grand-père. J'avais six ans, et elle peut-être onze ou douze, mais elle m'avait paru alors incarner l'élégance et la beauté. Maria, avec laquelle j'avais correspondu durant ces quarante années, et qui maintenant me regardait comme je la regardais, derrière un voile de larmes, la gorge nouée, incapable de sortir un mot. Douce, merveilleuse Maria !

Nous dînons ensemble, ce premier soir. Je suis heureuse de cette parenthèse avant la journée du lendemain, qui promet d'être très éprouvante, entre les répétitions et le concert, le soir même. De Maria, je n'ai su que ce que la censure a bien voulu laisser filtrer. Je découvre qu'elle voulait faire médecine, mais que, le régime ayant besoin de vétérinaires, on l'a contrainte à soigner les vaches plutôt que les hommes. Elle me parle de ses enfants déjà grands dont je vais enfin faire la connaissance, des difficultés de la vie, du manque de tout, et j'ai le sentiment de replonger dans ces années terribles de l'après-guerre comme si rien n'avait changé, comme si près d'un demi-siècle ne s'était pas écoulé.

De retour à l'hôtel, je ne peux pas trouver le sommeil, je passe une nuit blanche. Le trac s'ajoute au choc du retour : comment vais-je réussir à chanter dans l'état où je suis, sans cesse au bord des larmes ? Tony est là, heureusement, et sa confiance en moi, sa sérénité me permettent de traverser ces heures de vertige. Mais au matin, entre l'avion de la veille, le manque de sommeil et l'angoisse qui ne me lâche plus, je n'ai plus de voix…

Dans l'immense salle vide du Palais des Congrès, que je découvre, nous attendent Maritie et Gilbert Carpentier.

Toute l'armada de France 2 est également là, sur le pied de guerre. Ils vont filmer le spectacle et, comme il n'y en aura qu'un, je n'ai pas droit à l'erreur. J'ai beau le savoir, ma peur n'en est pas moins décuplée à l'instant où je foule pour la première fois la scène.

La fièvre autour de moi grimpe à une allure folle. On attend quatre mille personnes dans quelques heures, les journalistes sont déjà dans les coulisses, des dizaines de techniciens s'affairent, et la réussite de tout cela repose sur mes épaules. Malgré mes trente années de métier, j'ai la sensation de n'avoir jamais éprouvé une telle pression. Je me repasse mon spectacle en boucle, et chaque séquence me paraît être maintenant complètement au-dessus de mes forces. Je veux commencer par *Ya kajimi oblatche le bialo,* une vieille chanson bulgare. Elle raconte l'histoire d'un prisonnier, au temps de l'occupation turque, qui demande à un petit nuage d'aller au-dessus de sa ferme prévenir sa mère qu'il sera bientôt libéré. Je revois papa avec son accordéon et oncle André en train de la chanter, le soir, et déjà les larmes me viennent. Ensuite *Mon père,* puis *La Maritza* et là, c'est vraiment impossible, avant les premières notes les sanglots vont m'étouffer.

Je ne peux pas, je suis anéantie, aphone, malade, et pendant ce temps-là, lancé comme un paquebot aveugle, le Palais des Congrès vibre de toute son énorme machinerie. Tony voit cela, ma détresse, mon angoisse, le drame qui se dessine, et il m'entraîne dehors.

— Viens, tu vas respirer tranquillement, te décontracter, et ça va revenir petit à petit.

Tony, Eddie, David, Maritie et Gilbert, Fanny aussi, ils sont tous si tendres, si pleins d'attentions, que je reprends confiance et qu'en effet ma voix me revient lentement.

Quand le rideau s'ouvre, je vois tous ces gens, comme tétanisés par la même émotion, et je le jure : jamais je n'avais ressenti, comme ce soir-là, l'intensité des regards.

Cette chanson, *Ya kajimi oblatche le bialo*, je la chante sans le secours d'un orchestre pour dissimuler mon émotion, il n'y a que Micha et son accordéon pour m'accompagner. Et ma voix tremble dès les premières mesures — je commence à pleurer... Pourtant je vais au bout, et à la dernière note les gens se lèvent, et dans le grondement des applaudissements je me rends compte qu'eux aussi pleurent.

J'avais pensé à mettre du mascara waterproof pour ne pas avoir trop l'air d'un clown triste à la télévision. Je n'avais pas prévu que, lorsqu'on pleure beaucoup, le nez coule aussi. Alors, pour *Mon père*, c'est une catastrophe... Eddie m'avait caché des kleenex près du piano, je crois qu'on m'aperçoit dans ce coin-là me mouchant et séchant mes larmes pendant les bravos.

Mais, par bonheur, je chante également *Le soleil a rendez-vous avec la lune*, *Quand tu es là*, *Aimer*, ou encore *Imagine*, la superbe chanson de John Lennon, ce qui me permet de ne pas me noyer complètement.

Le concert s'achève avec *Mila Rodino* (*Chère patrie*), l'ancien hymne national interdit par le régime communiste, que toute la salle reprend debout, et en sanglots, comme moi.

Voilà, c'est fini, je suis hébétée, épuisée, vidée comme une poupée de chiffon, je les laisse chanter, et c'est alors qu'ils commencent à descendre vers la scène, à se presser à mes pieds pour m'offrir des fleurs, m'embrasser, me toucher, me donner des cadeaux, me raconter qu'ils ont connu mon père, ma mère, tel ou tel de mes parents, et moi, bientôt à genoux, je ne trouve plus les mots pour leur dire combien je suis touchée…

Ce concert ! Je relis à l'instant le récit qu'en fit Henry-Jean Servat, qui me suivait, dans les colonnes de *Libération*, et je me demande encore comment j'ai tenu.

« Les quatre mille spectateurs du Palais national de la Culture, écrit-il, n'avaient encore jamais vu chez Sylvie tant d'émotion et de douleur. Vibrante de larmes qu'elle ne pouvait ni ne voulait contenir, pantelante de tristesse, éperdue de vertige, l'ex-gamine en robe de piqué blanc avec nœuds de tissu dans ses cheveux frisés a donné le plus beau spectacle de sa carrière.

« Mêlant à ses succès des chansons bulgares, parlant dans les projecteurs et racontant sa vie comme jamais elle ne l'avait encore fait, Sylvie s'est montrée constamment déchirante. La jolie poupée blonde, qui, jusqu'alors, virevoltait en des robes semblant déchirées par des pattes d'ours, a perdu la froideur glacée qui la nimbait pour se parer d'une chaleur passionnée. En ce pèlerinage aux sources, Sylvie n'a sûrement pas retrouvé le temps perdu, mais assurément gagné une qualité d'âme.

« Rejointe entre chaque chanson par une multitude de gosses lui apportant des bouquets, embrassée par une lointaine cousine ou un proche voisin lui déballant carrément sur les planches des photos de son grand-père, ou lui racontant des souvenirs de papa Vartan, Sylvie craqua et craqua encore.

« Sous l'œil de son mari, de son fils, de sa belle-fille, et surtout de son frère qui, plus âgé qu'elle, avait laissé là des souvenirs plus vivaces, elle a pleuré comme une Madeleine. Évoquant père et grand-père (en interprétant Trenet), entonnant des hymnes subversifs comme

Moya Goro, et surtout *Mila Rodino* que le régime avait interdit, elle a expliqué à quatre mille personnes debout, et pleurant elles aussi, qu'il fallait croire aux lendemains qui chantent, refuser l'oppression et cultiver la liberté. De mémoire de Bulgares, comme de fans de Vartan, on n'avait encore jamais vu ça : Sylvie en madone révolutionnaire et Madelon libertaire, déchirant sa gangue amidonnée et craquelant son vernis nacré. Révélant enfin ce qui, depuis si longtemps, fait pleurer cette blonde[1]. »

Mon véritable pèlerinage aux sources commence le lendemain. Ce jour où nous partons en famille revoir la maison de mon grand-père. Tout me paraît irréel, jusqu'à ces six mots : « Revoir la maison de mon grand-père ». Je ne pensais pas qu'un jour j'aurais à formuler une chose à ce point vertigineuse.

Cette maison, je l'avais à jamais rangée au firmament de mon âme, dans ce ciel enfantin que chaque être conserve comme un trésor et qu'il revisite inlassablement, secrètement, jusqu'à son dernier souffle. Elle était figée pour l'éternité dans cette lumière dorée des après-midi d'automne, derrière ses persiennes à demi closes. Moi, je somnole dans le transat, près du sapin d'Eddie, à côté de mon grand-père qui lit le journal, mais je peux me figurer chaque pièce baignée de pénombre. Les rais de lumière jouent sur le carrelage, le parfum des confitures se mêle plus ou moins à celui de l'encaustique — j'entends très vaguement maman et ma grand-mère qui s'agitent à l'autre bout, dans la cuisine. Tout à l'heure, je goûterai, sous le regard infiniment bien-

1. *Libération*, 24 décembre 1990.

veillant de tous ces adultes, et je ressentirai cette illusion des enfants trop aimés qu'il ne peut rien m'arriver de méchant dans un monde si étroitement tenu.

Oui, elle était à jamais figée dans ma mémoire, cette maison, et quand mon esprit m'y ramenait, j'y puisais cette paix et cette confiance en la vie que j'y avais trouvées petite. Est-ce que je ne vais pas détruire ce souvenir si précieux en y retournant ? J'en ai peur, mais à ce moment-là j'ai peur de tout ce qui m'attend, et puis il est trop tard pour renoncer.

Plus on se rapproche, plus mon cœur cogne. Je me cale un peu plus entre Eddie et David sur la banquette arrière, au point de ne plus vouloir descendre. Tony est devant, assis à côté du chauffeur. Je les sens tous les trois aussi tendus que moi, aussi angoissés, ce sont des moments presque insoutenables.

Voilà, je reconnais les rues voisines, puis la rue Totleben, la nôtre, et là-bas sur le trottoir, devant le numéro 51, un petit attroupement — ce sont sûrement les personnes qui habitent notre maison. Nous descendons de voiture et, à l'instant où je la vois, c'est exactement comme si on me frappait au cœur. Je chancelle, le souffle me manque, il me traverse l'esprit que je vais m'évanouir, et Eddie me soutient.

Les gens de la maison nous entourent, nous sourient, j'observe cela dans un brouillard de larmes. Ils se font certainement une fête de ma venue, et moi je suis comme un chiffon, incrédule, hébétée, incapable même de leur tendre la main. Ils me prient d'entrer, une dame très âgée au dos cassé s'empare gentiment de mon poignet, alors Tony me pousse comme une invalide, et nous voilà au seuil du petit escalier de pierre. Nous franchissons la véranda, nous entrons dans le vestibule… je reconnais la grande pièce, l'escalier qui mène à l'étage, et j'ai la sensation physique de perdre le souffle : nos meubles sont là, disposés presque comme autrefois, mais tout est décrépit, misérable, en ruine.

On me prie d'avancer, on m'ouvre les autres portes, je caresse le papier peint que je reconnais si bien, le coin d'un meuble, la rampe usée et terne de l'escalier, et c'est comme si je traversais un cauchemar. Oui, je crois qu'inconsciemment je me débats. Quelqu'un va venir à mon secours, quelqu'un va me réveiller, et les choses retrouveront leur lustre d'autrefois. Cette lumière de cendre et de mort sur mes plus beaux souvenirs, c'est impossible, n'est-ce pas ? J'entends que quatre familles habitent ici désormais, mais c'est aussi irréel que tout le reste.

Puis on m'entraîne vers l'étage, et la vieille dame me parle en chemin. Elle se rappelle des choses précises concernant mes grands-parents et ses évocations me ramènent à la réalité. Non, je ne rêve pas. D'ailleurs, les dessins à l'encre de Chine de mon grand-oncle sont toujours suspendus au même endroit. Et le fauteuil de mon grand-père ! Il est là, il n'a pas bougé. Je caresse le velours usé à l'endroit de la tête.

— J'aimerais tellement l'avoir, dis-je à Tony.

Alors il se tourne vers la dame âgée et propose de le lui racheter.

— Oh ! ça serait avec plaisir, mais je suis trop vieille, je ne peux pas m'en passer. Qu'est-ce que je ferais de votre argent ? Ici, en Bulgarie, il n'y a pas de fauteuils à vendre…

Ensuite, nous visitons le jardin, ce qu'il subsiste du jardin, et, comme je pleure encore sur ce désastre, tout le monde est désemparé autour de moi. Je crois que c'est mon sapin qui est mort, il ne reste plus que celui d'Eddie. Eddie qui me surveille, et qui secrètement partage mon désarroi.

J'ai revu récemment les images de ces moments, on y lit l'émotion des familles, si heureuses au début de me recevoir, et je m'en veux de n'avoir pas su dépasser ma souffrance. À la fin, on me voit sangloter dans les bras de Tony, et eux tous, qui n'y sont pour rien, se tiennent en retrait.

Heureusement, il y a Lakatnik pour m'apaiser. La prairie, notre maison accrochée sur la pente et, sur l'autre versant, la maison des nains, sous un soleil resplendissant ce jour-là. Je ne peux m'empêcher de sourire en la retrouvant. Ici, la vie a l'éternité devant elle, rien n'a vraiment changé, ou si peu. Les villageois ont organisé pour nous un petit bal campagnard, et je reconnais au premier regard l'homme qui m'invite à danser. Il était le propriétaire du hameau, et quand il montait jusque chez nous, il me prenait dans ses bras, déjà, et me faisait tourner comme il le fait là, mais avec moins de retenue, et maman riait. Je pense à elle, et j'essaie de rire.

Ce voyage marque la fin de ma retraite. Dix années ont passé depuis ma rencontre avec Tony, David est maintenant marié, il n'a plus réellement besoin de moi, et Tony me pousse à reprendre la scène qui commence à me manquer.

Je suis attendue au Palais des Sports dès le 22 janvier de l'année 1991, pour trois semaines de concerts. Mais ce retour-là non plus ne s'annonce pas facile…

Je rêve depuis longtemps de travailler avec le metteur en scène Alfredo Arias, dont j'aime l'imagination débordante, le talent, la folie, et j'en parle à Dominique Besnehard, mon agent et ami, qui me le fait rencontrer.

Notre première discussion m'enthousiasme. Elle se passe chez lui, à Paris, dans une maison extraordinairement théâtrale, traversée de gens extravagants qui semblent sortir d'un film de Visconti. Arias me paraît fourmiller d'idées pour la chorégraphie, les costumes, les décors... Travailler avec moi l'inspire, me laisse-t-il entendre, et à la fin, en me raccompagnant, il me lance : « Ne t'inquiète pas, je m'occupe de tout ! »

L'été 90 arrive et je m'étonne de n'avoir toujours aucun scénario, même pas une première trame.

— J'aimerais que tu me montres ce que tu as en tête, lui dis-je, et je dois aussi te donner les textes des chansons que je compte interpréter.

— Oui, oui, mais rien ne presse, tu sais.

— Tout de même, si ! On est en juillet, il ne nous reste plus que six mois.

Nouvelle discussion. Arias est volubile ; pourtant, quand j'essaie de comprendre où il veut en venir, tout m'échappe. Je ne vois que du vide.

Cependant, rendez-vous est pris chez Jean-Claude Vannier, un arrangeur très talentueux, musicien brillant, avec qui j'ai déjà travaillé — et je reprends espoir. À tort. Ce rendez-vous me plonge dans un véritable effroi. Pour la première fois de ma carrière, j'entends quelqu'un dicter à un autre ce que je dois faire sur scène. Alfredo Arias, avec sa verve habituelle, explique à Vannier qu'il faut m'écrire des chansons dans le style rive gauche, et faire ci et ça, mais le tout sans se soucier un instant de ce que je pense. J'en suis tellement sidérée que je mets un certain temps avant de l'interrompre.

— Ça n'est pas du tout mon style, lui fais-je remarquer, et je ne me reconnais pas dans ce que tu décris de moi.

Assez curieusement, cela ne le trouble pas outre mesure, et nous nous séparons dans une certaine confusion.

L'été passe, et je reçois enfin un script de mon spectacle, avec des choses hallucinantes telles qu'entrer en scène à cheval sur fond de piscine hollywoodienne, chanter *Aimer* devant des drapeaux tricolores en m'interdisant de regarder le public, ou encore terminer mon concert dans une espèce d'église, baroque et rose, devant une effigie de Marlène Dietrich et derrière un téléphone en guise de micro…

Cette fois, il est établi qu'Arias et moi ne pouvons pas travailler ensemble sur ce projet, et je romps. En catastrophe, car nous sommes déjà en novembre. Il me reste à peine deux mois pour me retourner…

De Paris, j'appelle Tony à Los Angeles.

— Ou j'annule, et je vais avoir une presse épouvantable, on va prétendre que j'ai eu peur d'un échec, ou je bricole quelque chose dans la précipitation, et là je risque vraiment de me casser la figure…

— Tu y vas, je vais te trouver un chorégraphe dans les vingt-quatre heures.

J'avais bien pensé à Walter Painter, l'« inventeur » de mon premier Palais des Congrès en 1975, rapide, inflexible et inventif, à mes yeux le seul capable de monter un spectacle en un temps record. Mais Painter n'est pas libre. Alors Tony me découvre le talentueux Jerry Evans, qui veut bien relever le défi.

Il débarque à Paris, et du jour au lendemain nous nous retrouvons pris dans un invraisemblable cyclone. Tout est à imaginer en un temps record : la chorégraphie, les costumes, les décors, mon répertoire… Et les tuiles s'accumulent, comme de bien entendu dans ce genre de situation. Après une semaine de répétitions, à raison de treize heures par jour, mon premier danseur craque et repart pour les États-Unis. Tout est à reprendre. D'autres s'engagent et ne viennent pas. Mais Jerry Evans ne craque pas, lui ! Quand il ne dirige pas les répétitions, il dessine les décors, travaille avec les couturiers, discute avec les éclairagistes… J'imagine qu'il dort sur place.

Quant à ce que je vais chanter, Étienne Daho m'a convaincue de revisiter mon répertoire.

— Reprends tes vieilles chansons, il y a des années qu'on ne les a pas entendues.

Et c'est vrai qu'à force de chercher toujours la nouveauté j'ai fini par délaisser des classiques tels que *2'35 de bonheur*, *Par amour, par pitié*, ou encore *Comme un garçon*. Étienne, qui est un ami, dont j'apprécie la sensibilité et l'esprit créatif, me propose aussi de nouveaux arrangements.

La première approche, nous serons prêts, nous sommes prêts, et c'est alors qu'éclate… la guerre du Golfe ! Ce soir-là, nous avons dîné avec toute ma troupe dans un restaurant près des Champs-Élysées. Il est onze heures du soir quand je regagne ma voiture. Premier réflexe : écouter les infos. Alors j'entends le président George Bush déclarer au monde que la guerre en Irak a commencé… Je ne fermerai pas l'œil de la nuit, suspendue aux nouvelles que distille CNN en direct. Comment imaginer ma première dans ce contexte catastrophique ?

Les Français n'ont pas le cœur au spectacle pendant que nos soldats se battent au Koweït, et, soir après soir, je chante devant un Palais des Sports à moitié vide.

« Chère Sylvie, m'écrit Frédéric Mitterrand, au début d'une longue lettre pleine d'affection et de nostalgie que publie le journal *Elle*, votre retour au Palais des Sports est bien l'une des seules bonnes nouvelles de cette année qui commence franchement mal. Oh, je sais bien, les gens vont dire que j'exagère, et qu'une chanteuse — si célèbre soit-elle — et le Golfe, cela n'appartient pas au même registre, mais enfin, pour moi, tout me paraît aujourd'hui si glauque que je me raccroche aux rares images de la générosité et du désir de vivre[1]. »

Merci, Frédéric !

À mon retour à Los Angeles, une surprise m'attend. Un cadeau miraculeux : un bas-relief de Jeanne d'Arc sculpté par mon père et dont le profil est celui de maman…

Elle connaissait l'existence de cette œuvre, et j'en avais moi-même un très lointain souvenir : il me semble qu'elle figurait en bonne place dans le hall de l'ambassade de France à Sofia au temps où mon père y travaillait. Qu'était-elle devenue ? À tout hasard, lors d'une visite à l'ambassade au lendemain de mon concert à Sofia, j'en avais parlé à la personne qui m'avait accueillie, l'ambassadeur lui-même étant absent.

— Nous allons faire des recherches, m'avait-elle dit, et je vous tiendrai au courant. Je vous le promets.

Les recherches avaient été menées, et l'ambassadeur m'indiquait qu'après bien des efforts la Jeanne d'Arc avait été exhumée du grenier dans lequel elle reposait sous une épaisse couche de poussière…

En octobre 1990, j'avais renoué les premiers liens avec ce passé enfoui et douloureux, et voilà que ce passé, comme en écho, m'envoyait un signe. Silencieuse durant

1. *Elle*, 4 février 1991.

près de quarante ans, la Bulgarie était en train de reconquérir petit à petit la place considérable qu'elle tenait dans mon cœur au temps de ma petite enfance.

Parmi le public du Palais des Sports, deux hommes m'observaient à travers leurs jumelles. L'un s'appelle Camilio Daccache, il va devenir un ami précieux et un conseiller artistique. Ma mémoire aussi, car il connaît bien mieux ma propre vie que je ne la connais, et enfin mon biographe à travers un beau livre de photos et de documents[1]. L'autre est le cinéaste Jean-Claude Brisseau.

C'est lui qui me contacte quelques semaines après mon spectacle, par l'intermédiaire de Dominique Besnehard, mon cher Dominique qui me rappelle souvent qu'il était à mon premier concert à l'Olympia, alors âgé d'à peine plus de dix ans, c'est dire depuis combien de temps nous nous aimons... Brisseau travaille à un scénario, me dit-il, et pense à moi pour le rôle principal. Je connais et j'aime l'univers de Brisseau, auteur de *Noce blanche*, *De bruit et de fureur*, notamment, univers qui allie violence et poésie. Quant à l'homme, nous nous sommes brièvement croisés trois ans plus tôt, et je découvre qu'il songe depuis à me faire tourner.

« Je ne suis pas le seul à avoir pensé que Sylvie Vartan serait excellente à l'écran, dira-t-il plus tard. Godard voulait l'avoir pour *Pierrot le fou*, Demy pour *Les Parapluies de Cherbourg* et Rappeneau pour *La Vie de château*. Cela ne s'est pas fait, mais, quand je l'ai rencontrée, je me suis

1. Camilio Daccache et Isabelle Salmon, *Sylvie Vartan*, éditions Vade Retro, 1996.

très vite mis en tête qu'on ne se trompait pas en la voyant comédienne, et j'ai écrit un rôle sur mesure[1]. »

De fait, de *Patate* à *Malpertuis*, les réalisateurs ont utilisé mon nom, mais ils ne m'ont jamais confié que des rôles secondaires. Jean-Claude Brisseau est le premier à m'annoncer qu'il construit un film autour de moi.

Oui, c'est un événement dans ma vie. Dans ma vie d'artiste. Si je n'ai plus grand-chose à conquérir dans la chanson et le music-hall, j'ai encore tout à inventer dans le cinéma.

La promesse de ce film illumine les mois qui s'ouvrent. Jean-Claude Brisseau vient à Los Angeles. Je découvre un homme violent et tendre, une espèce d'ogre, en même temps enfantin et coléreux, et notre entente est immédiate. J'aime ses coups de gueule, ses débordements, parce qu'ils cachent trop ostensiblement son incapacité à se satisfaire de la vie. D'ailleurs, il a ce physique des gens qui ne savent jamais où se mettre, trop grand, trop baraqué, trop brutal, trop tout. Et, pour ne rien gâcher, il est drôle...

Nous passons un temps fou à nous apprivoiser autour d'un scénario qu'il retaille sans cesse à mes mesures. Et, entre deux séances de travail, je me moque de lui.

— Dis-moi, Jean-Claude, toi qui as été gauchiste dans tes jeunes années, qu'est-ce que ça te fait de venir à Beverly Hills ? Ça ne te fait pas vomir, tout ce luxe ?

Il n'ose sans doute pas m'avouer qu'au contraire ça lui donne des idées. Qu'il devine, derrière ces façades dorées, les ressorts machiavéliques de drames trop humains. Comme le fil du scénario qu'il me propose. L'histoire de Stéphane Feuvrier (que j'incarne), châte-

1. Entretien avec *Le Figaro Magazine*, 16 novembre 1994.

laine dans le Bordelais, épouse d'un magistrat de la grande bourgeoisie (Michel Piccoli), qui dissimule un passé de prostituée et va bientôt assassiner son amant en mettant en scène un viol…

Tout me plaît dans le tournage, par-dessus tout la complexité diabolique de mon personnage, une femme fatale et machiavélique, tellement différente de celle que je suis. Je peux enfin entrer dans la peau d'une autre et jouer de ce visage que je connais si bien pour en faire le portrait glacé d'une âme sombre et torturée.

« *L'Ange noir* est un film construit sur l'illusion, le masque, la dissimulation et la transgression, dira Jean-Claude Brisseau. Dans ce sens, il rejoint les films noirs des années 30 et 40 destinés à provoquer la fascination [1]. »

Et nous la provoquons, en effet, chez la plupart des critiques. Gérard Lefort, de *Libération*, qui n'a pas la réputation d'être facile, nous fait un accueil dithyrambique :

« Brisseau a simplement extirpé en Sylvie Vartan le trésor qu'il est bien le seul à avoir détecté : l'actrice, tout simplement sensationnelle.

« Et puisque la mariée est si belle, il aurait été malpoli de ne pas la doter d'un rôle magnifique. Du coup Brisseau peut tout lui demander, et Vartan peut tout se permettre. […] On la déniche en garce au passé peu à peu décomposé : petite amie d'un ennemi public numéro un qu'elle vient de flinguer, ancienne pensionnaire d'un clac chic, ex-actrice de porno, homosexuelle, menteuse, voleuse, truqueuse, épouse manipulatrice, maîtresse intéressée, méchante fille et mauvaise mère. Sylvie Vartan se hausse alors au gynécée des sombres

1. *Le Figaro Magazine, op. cit.*

blondes hollywoodiennes qui, de Grace Kelly en Kim Novak, allient physique de glace et tempérament de feu[1]. »

Sombre blonde hollywoodienne ! Maman a dû se douter de la chose en voyant seulement l'affiche et, par bonheur, elle n'a pas demandé à en savoir plus.

1. *Libération*, 16 novembre 1994.

Chapitre 18

Le 15 juin 1993, Johnny fête ses cinquante ans. Il va chanter devant soixante mille personnes au Parc des Princes, et il me propose de l'accompagner pour une ou deux chansons. Qu'il y pense, qu'il fasse ce geste, me touche infiniment, et j'accepte aussitôt. Ça y est, les cicatrices sont donc refermées, les années sombres derrière nous, et nous pouvons désormais envisager de feuilleter ensemble l'album de notre vie.

Nous allons interpréter *Le Feu* en duo, et nous commençons les répétitions, mais j'ai une autre idée en tête : lui faire une véritable surprise, lui offrir une chanson à laquelle il ne s'attend pas. Cela veut dire ne pas pouvoir répéter, et donc me passer de ses musiciens. Eh oui, ce sera *Tes tendres années*, a capella.

Le concert est époustouflant, comme toutes les grand-messes de Johnny. Le temps d'une chanson, David s'est mis à la batterie, avant d'interpréter l'un de ses propres succès, *Mirador*, avec son père — c'est la première fois que Johnny chante une chanson de son fils. Ma venue n'est pas un secret, et je me doute qu'elle est attendue comme un événement par un public qui nous a aimés ensemble et n'a pas cessé depuis d'associer nos deux images. Pour moi, c'est un tour de force émotionnel, et je m'y prépare en coulisses.

Mon arrivée se fait tout au long des derniers couplets de la chanson précédente. La séquence a été répétée à la seconde près. J'apparais sur un praticable, très au-dessus du podium, assise à l'arrière d'une décapotable rouge, une Triumph TR3, voiture mythique des années 60, qui roule à faible allure.

Johnny chante encore quand je m'en extrais pour emprunter un ascenseur transparent qui me descend lentement jusqu'à la scène. À l'instant où les portes s'ouvrent, la foule laisse échapper un rugissement, puis un silence ahurissant tombe sur le stade tandis que la dernière note s'envole dans l'azur parisien. Soixante mille personnes retiennent leur souffle et ce martèlement sourd que je crois entendre est celui de leur cœur qui cogne au même rythme que le mien.

Là-bas, Johnny s'est figé. Jusqu'ici, tout s'est passé comme nous l'avions prévu. Alors j'entonne *Tes tendres années*. Seule. Ma voix seule dans cette arène immense, et je le vois changer de visage. Il a compris, tout le stade a compris, et maintenant c'est à moi de tenir alors qu'une émotion invraisemblable me broie le cœur. Je marche vers lui, et je sais qu'il devine. Ses yeux ! Comme s'ils me disaient : « Ça va aller, Sylvie, tu ne vas pas craquer, tu vas y arriver… »

Je marche, et à la seconde où il m'ouvre les bras, où je touche au but, il entend que ma voix chancelle imperceptiblement… et il sourit. Il me repêche.

C'est un très beau sourire, comme un cadeau en retour, que le film du concert a fixé pour toujours. On voit que je m'y accroche — avant de fondre en larmes…

Deux ans plus tard, la naissance d'Ilona, la première fille de David et d'Estelle, agrandit le cercle de famille. Elle vient au monde le 17 mai 1995, et à l'instant où je pose le regard sur elle, tout est dit : l'amour est là, dans ses yeux, dans les miens, comme si nous nous reconnaissions. Est-ce parce qu'elle porte le prénom de maman ? Est-ce parce qu'elle incarne tout ce que la vie ne m'a pas encore donné, mon rêve enfoui d'un second enfant, d'une petite fille ? Je ne sais pas. Mais elle est là, belle et précieuse comme la vie, et sa présence va profondément bouleverser mon existence.

En février de cette même année 1995, j'ai chanté durant trois semaines au Casino de Paris, et là aussi des émotions secrètes et fortes m'ont rattrapée. Jamais encore je n'avais donné un spectacle dans une salle aussi petite (mille cinq cents personnes, la moitié de l'Olympia), et cela m'a permis de découvrir une chose qui soir après soir m'a touchée au cœur : l'affection du public, la tendresse de toutes ces personnes qui, pour certaines, n'avaient pas raté un rendez-vous depuis mes premiers Olympia, trente ans plus tôt. En me rapprochant d'elles, le Casino de Paris agit comme un révélateur. Il me fait prendre conscience que, derrière les applaudissements, les bravos, les articles de presse, se tiennent des hommes et des femmes avec lesquels des liens solides et précieux se sont tissés au fil des années. Voilà, peut-être faut-il atteindre une certaine maturité pour mesurer à sa juste valeur le poids d'un tel trésor.

Je suis dans l'émotion encore de cette découverte quand Ilona, cet autre trésor, vient au monde. Du jour au lendemain, je reprends mon journal, comme si je voulais suspendre le temps, en retenir chaque instant, moi qui ai vécu jusqu'à présent à l'allure d'un cyclone.

Je retrouve ces pages, écrites à Los Angeles un peu plus d'un an après la naissance d'Ilona, et pour ne rien oublier de ce jour.

« Tu es donc née à Paris le 17 mai 1995, à la clinique de la Muette, à dix-neuf heures vingt-neuf. Néné et moi avions pris nos précautions : nous étions rentrées en France deux semaines à l'avance au cas où tu déciderais de venir plus vite.

« La veille de ta naissance, nous sommes tous chez moi. Ta maman semble fatiguée, et nous t'attendons avec un peu d'anxiété. Elle garde le secret, mais moi je sais depuis le premier jour que tu es une petite fille.

« Ça y est, elle vient de partir pour la clinique, et tout le monde ici est très ému. Tony, arrivé de Los Angeles depuis peu, est fébrile. David rassemble le trousseau dans le joli sac bleu et blanc prévu pour l'occasion, et le voilà parti à son tour.

« L'attente va durer jusqu'au lendemain...

« Tony et moi devions descendre à Cannes pour le dîner d'ouverture du festival, mais le dîner attendra — nous avons mieux à faire.

« Aujourd'hui, 17 mai, nous avons de la chance, car les paparazzis sont occupés à attendre les stars au festival de Cannes, et à guetter Jacques Chirac, le nouveau président de la République, aux portes de l'Élysée.

« Nous, nous attendons Ilona dans la salle de la clinique réservée aux visiteurs.

« L'après-midi avance. Néné arrive, puis Tony que tu appelles aujourd'hui grand-pa et qui, anéanti par le décalage horaire, s'effondre sur le canapé. Ce qui est formidable, c'est qu'il n'y a que nous dans ce sous-sol où ta maman va te mettre au monde.

« À présent, nous sommes près d'elle. Tous réunis

comme à la maison. Malgré le manque de lumière, j'essaie de filmer Néné, Tony, David, Claudie, ta grand-mère maternelle, tous autour de ta maman. Elle est ravissante, fraîche et rose, comme s'il ne se passait rien d'extraordinaire.

« Rambo, le docteur (lequel d'entre nous l'a surnommé Rambo ? je ne sais plus), branche le moniteur et nous fait entendre les battements de ton cœur — 154, 165, 154, 160, 170... Le mien doit presque battre au même rythme !

« Enfin, à dix-neuf heures quinze, on nous demande de quitter la chambre. Il n'y a que ton papa qui soit autorisé à rester. Je peux te dire que je ne l'ai jamais vu aussi ému. Autour de vous trois, tout est prêt : ton petit bracelet avec ton prénom, ta brassière, tes chaussons. La porte en verre dépoli se referme sur vous trois et, le cœur battant, nous attendons.

« Et tout à coup, ton premier cri ! Ce miracle de la vie. Ilona, comment te dire mon émotion ? Nous tombons dans les bras les uns des autres, nous rions, nous pleurons. La porte s'ouvre et la sage-femme confirme : “Tout va bien, c'est une fille, trois kilos deux cent cinquante.” Dix minutes plus tard, tu nous apparais dans les bras de ton père. Tu ressembles à un ange, tellement bien faite, tellement jolie déjà ! Tu as les cheveux un peu roux, des oreilles parfaites, une bouche minuscule et les yeux de ton père.

« Me voilà replongée trente ans en arrière, ce fameux 15 août 1966 où j'ai découvert, émerveillée, David, ton papa.

« Nous allons ouvrir le champagne et boire à ta santé. Néné est sous le choc, elle reste immobile sur sa chaise, secouée par quelques sanglots qui trahissent son émotion.

« Les premiers jours de ta vie, tu les passes à Paris, dans notre maison, entre tes parents, Néné, grand-pa et moi.

« En juin, vous voilà partis pour le Connecticut. Un vol de six heures. Puis ce sera Los Angeles, puis Paris, puis de nouveau Los Angeles. Pendant les douze premiers mois de ta vie, tu auras fait plus de voyages que certaines personnes dans toute leur existence. Enfin, que veux-tu, tu dois être née comme moi sous le signe de la valise... De peur de te voir repartir, j'essaie de garder chaque instant passé près de toi.

« Les jours s'écoulent, ma chérie, et nous avons déjà tant de souvenirs en commun ! Je sais te faire rire, et toi tu fais de moi ce que tu veux. Aujourd'hui, dimanche 25 août (1996), tout le monde est dans le jardin. Grand-pa fume son cigare en lisant le *Los Angeles Times*, et Néné tricote. Elle finit cette petite robe bleu ciel et rose qui t'est destinée et qu'elle a commencée l'année dernière. Là, c'est la dernière ligne droite, et elle est décidée à la terminer au plus vite, car tu grandis, tu grandis si vite ! »

Pour moi aussi, cet été 96, c'est la dernière ligne droite... avant l'Olympia. Mon public m'y attend à partir du 15 octobre, et jamais je n'ai éprouvé un tel déchirement.

Cet Olympia, c'est moi qui l'ai décidé, voulu, de toutes mes forces, quand j'ai appris que la salle allait être détruite pour être reconstruite à l'identique un peu plus loin. Une dernière fois, j'ai eu envie de chanter sur cette scène de légende qui nous a tous connus débutants et où je ne me suis plus produite depuis 1972.

Et cependant, je me sens le cœur affreusement lourd au moment de quitter Los Angeles.

Relire ce que j'écris à ce moment-là dans mon journal me replonge dans le désarroi de cet automne 1996, à l'issue duquel Tony et moi allons prendre la décision d'adopter un enfant.

« 1er septembre 1996. C'est le week-end du Labor Day, tout le monde est donc réuni à la maison : maman, Tony, ses frères, et toi, Ilona... Moi, je dois finir de boucler mes onze valises. La perspective du départ ne m'enchante guère. D'autant plus que je m'en vais pour longtemps. Trois mois, c'est interminable. J'ai tellement de choses à faire. La sortie de mon nouvel album, la promotion, les répétitions, le spectacle, et la tournée d'un mois qui le suit. L'idée de laisser maman m'angoisse, elle est en pleine forme mais elle a quatre-vingts ans, et j'ai toujours un grand chagrin en la quittant.

« Bon, pensons à autre chose. Toi, Ilona, je vais te revoir à Paris, puisque ta maman doit y aller. Ton père, lui, est sur le point de terminer un nouvel album. Il a changé tous les musiciens de son groupe pour n'en garder qu'un. Ses nouvelles chansons sont formidables.

« En attendant, je suis de nouveau sur le vol AF 067, Los Angeles-Paris, pour dix heures. J'arrive donc à cinq heures quarante, heure locale, ce 4 septembre 1996. Didier, mon assistant, vient me réceptionner avec ma tonne de bagages. Sans oublier mon Toupi qui ne me quitte pas d'une patte. J'arrive à la maison, me fais un café comme d'habitude, et commence le fastidieux travail qui consiste à défaire les valises et à ranger les vêtements, plutôt les entasser dans les placards. J'ai emporté beaucoup de photos de toi que je dispose dans chaque pièce. De cette façon, où que j'aille, je te vois. »

« Cela fait presque un mois que je suis à Paris. Les répétitions vont bon train. Le travail s'est nettement accéléré ces derniers jours. Tu me manques énormément. On me donne de tes nouvelles par téléphone. Il paraît que tu as fait beaucoup de progrès. Je brûle d'impatience de te serrer dans mes bras. Je garde toujours dans mon cœur l'empreinte de ton sourire et l'éclat malicieux de tes yeux bridés. Enfin, tu vas arriver...

« Entre deux répétitions, je cours te voir en milieu d'après-midi, après la sieste, pour passer quelques heures avec toi. La nounou a encore changé ; décidément, ta maman n'arrive pas à trouver une fille de confiance. Ça viendra. Tu as une bonne nature, tous ces changements ne te perturbent pas. »

« Ce mardi 15 octobre, je vais donc chanter à l'Olympia, et j'avoue que j'ai un trac fou. Ce matin, au réveil, l'angoisse. Un mélange de nervosité et d'inquiétude. Le remède à tout ça, c'est toi ! Il me faut te voir, te serrer dans mes bras. Entre la répétition générale et la filée, je saute dans la voiture pour venir t'embrasser. Tout doucement, j'ouvre la porte de ta chambre. Tu es déjà réveillée et toute surprise de me voir. Tu m'envoies un grand sourire en fronçant ton nez. Quand je suis près de toi, le temps s'arrête et plus rien n'a d'importance. Plus de trac, plus rien. Je vais t'emmener au parc Monceau pour faire quelques tours de manège. Ensuite, nous partagerons une gaufre au sucre et nous marcherons un peu. C'est l'automne, il y a des feuilles mortes partout. Tu m'en donneras deux, que je garderai précieusement en guise de porte-bonheur. Elles vaudront tous les somptueux bouquets que je recevrai ce soir...

« Le temps passe et l'on doit se quitter. J'ai toujours le cœur gros au moment du départ. Vite, vite, je suis en retard. Tout le monde m'attend. Quelqu'un : “Mais où étais-tu ? On doit finir la balance avec les musiciens…” Et moi : “Secret !” Personne n'a à savoir où j'étais.

« Ce soir, je chanterai pour la première fois *P'tit bateau*, une chanson écrite et composée spécialement pour toi, à ma demande, par Jean-Loup Dabadie et ton oncle Eddie.

P'tit' chos' si belle
P'tit chat qui m'frôle
Qui miaule au coin de mon épaule

P'tit bateau, p'tit bateau va sur l'eau
Pour des jours, des amours et des pluies
C'est la vie qui est la chance
De ta vie, et l'on n'a
Que ce p'tit pas de danse, Ilona…

« Tous ceux que j'aime sont dans la salle ce soir. Ta Néné, qui a fait le voyage de Los Angeles finalement — Ilona de son vrai nom. Ta maman, très jolie comme toujours, habillée de noir. Ton papa, qui lui aussi s'est mis sur son trente et un. Grand-pa, ton oncle Eddie, Claudie…

« J'étais tellement émue en chantant ta chanson, ce *P'tit bateau* qui te ressemble tant, que les larmes ont jailli et que j'ai failli en oublier les paroles.

« À la fin du spectacle, tout le monde m'a complimentée, mais la réaction qui m'a le plus touchée, c'est celle de tes parents. Ils ne connaissaient pas l'existence de cette chanson, c'était une surprise. »

« Je ne sais pas quel jour nous sommes, mais c'est novembre déjà. J'ai une trachéite terrible, elle m'aura tyrannisée quatre semaines. Toi, tu t'en vas avec ta maman. Il fait froid et gris dans mon cœur, car je pars en tournée. Je compte les jours de relâche où je pourrai venir t'embrasser. »

« Lundi 17 novembre. Paris est gris, comme toujours. Le taxi m'attend. J'ai le cœur gros de te quitter, on ne se reverra maintenant qu'à Los Angeles. Ma tournée continue : Toulon, Martigues, Saint-Étienne, Lyon… Et je termine mon périple à Metz. Le samedi 7 décembre, je dois prendre un avion privé dans la nuit pour être à Paris le dimanche matin. Faire mes bagages une fois encore, trier les papiers, fermer la maison, pour partir lundi 9 décembre au matin pour New York, vol Concorde 001. »

« Samedi 7 décembre. Metz. C'est émouvant de chanter pour la dernière fois. Ce gala de clôture, cette longue tournée qui a suivi les trois semaines à l'Olympia. Je suis fatiguée. Cela fait trois mois que je suis en France et je n'ai pas arrêté. La trachéite, attrapée une semaine après mes débuts à Paris, ne m'a pas quittée. C'est une vraie torture de chanter chaque soir pendant deux heures, mais grâce aux conseils avisés du bon docteur Fain, à sa piqûre avant chaque spectacle, aux aérosols et aux pastilles, j'ai tenu le coup. Un miracle de ne pas avoir eu à annuler un gala. Ce soir, donc, à Metz, je chanterai *P'tit bateau* pour la dernière fois en 96.

« Le public est formidable, il ne veut pas me laisser partir. Mais je le dois, l'avion m'attend, on ne peut pas décoller de ce petit aéroport après deux heures du matin.

« Il faut encore courir, voler... Je sors de scène. Ethel, mon habilleuse, jette le peignoir blanc sur mes épaules. Il fait très froid dans ce grand hall. Vite, vite, ma loge... Alors le régisseur : “La météo est très mauvaise, l'avion ne peut pas décoller. Il ne partira que demain matin à dix heures.” OK. Je suis rassurée au fond de moi. Je redoutais ce voyage nocturne à travers un brouillard quasiment certain à cette période, et puis je n'aime guère l'avion. Je déteste voler. Pour ça, avec mon métier, je suis vraiment servie.

« Puisque personne ne part, nous irons tous à la brasserie locale fêter notre dernière. Camilio Daccache et Dominique Besnehard sont venus de Paris pour passer cette dernière soirée avec moi. Je suis heureuse de les retrouver, leur présence amicale et chaleureuse me met du baume au cœur. Il est trois heures du matin quand je rentre dans cette chambre d'hôtel réservée à la va-vite, et je me sens bien seule. Demain, destination Paris. »

« Dimanche 8 décembre. Décollage et atterrissage parfaits. Une voiture m'attend pour me déposer à la maison, là où sont déjà mes onze valises. J'appelle pour prendre de tes nouvelles — tout va bien. C'est dommage que tu ne parles pas encore au téléphone, mais ça viendra. Provisoirement, j'entends ton rire. Ça remplit ma journée.

« Cet après-midi, vers cinq heures, je dois me rendre à l'ambassade de Bulgarie où l'on va me décorer de l'ordre du chevalier de Madara, la plus haute distinction bulgare, l'équivalent de la Légion d'honneur, pour l'action que je mène avec quelques bénévoles en faveur des enfants déshérités, des orphelins et des handicapés. Hélas, il y en a beaucoup. D'ailleurs, il faut que tu saches qu'il y a dans un hôpital de Sofia un *berceau bleu*, c'est-à-dire un berceau équipé pour traiter la jaunisse du nouveau-né, qui porte ton nom, Ilona. Nous avons offert ce berceau parmi d'autres équipements.

« La cérémonie terminée, me voilà de retour à la maison. Il est vingt heures trente et je commence mes valises. Ranger, signer des livres, des photos, préparer les cadeaux aux enfants bulgares, écrire, penser à tout... Quel stress ! Finalement, je me couche à cinq heures du matin et le réveil sonne à sept heures ! Surtout ne pas manquer l'avion. Tony m'attend à New York à huit heures du matin heure locale, car ce lundi 9 se tient au Metropolitan Museum la grande soirée Christian Dior où nous sommes invités. Je serai certainement morte de fatigue. »

« Lundi 9 décembre. Arrivée à Roissy en catastrophe. L'aéroport est plein de policiers, Paris est en alerte après cet attentat dans le RER qui a fait encore des morts et beaucoup de blessés. J'arrive avec Didier, mon secrétaire, au comptoir d'Air France, avec ma montagne de valises, un peu angoissée à l'idée que je ne pourrai pas toutes les enregistrer dans le Concorde. Mais pour finir, tout s'arrange — dans certains cas, on gagne à être connu.

« Ouf ! Enfin installée. Certes, à côté d'une grosse femme qui déborde sur mon siège, mais ça m'est égal. Ni dîner ni rien du tout, je ne veux surtout pas être dérangée. Réveillez-moi à l'arrivée, svp !

« Un énorme bang, suivi d'un tremblement de tout l'avion pas catholique du tout. Nous volons à deux mille kilomètres à l'heure, ça n'est pas très rassurant. Après quelques secondes qui semblent une éternité, le pilote nous fait savoir qu'un réacteur vient de subir un incident mais qu'il n'y a pas lieu de s'inquiéter. Cependant, nous allons désormais voler à la vitesse d'un 747. Flûte ! Encore des problèmes. Mais finalement tout s'arrange et nous repartons à deux mille à l'heure. Mystères de la technique…

« Enfin nous voilà à New York après trois heures et vingt minutes de vol. C'est magique ! Tony m'attend. Je lui tombe dans les bras. Nous ne nous sommes pas vus depuis un mois, c'était bien long. La grande limousine nous emmène au San Regis Hotel. Je commande un petit déjeuner — saumon fumé, muffins, thé, fruits… —, enfin je suis détendue. Tony va retrouver son bureau de New York tandis que je vais sombrer dans un sommeil réparateur.

« Aujourd'hui, c'est l'anniversaire de ta Néné : elle a quatre-vingt-deux ans. C'est terrible comme les années passent. Elle me manque. J'ai téléphoné à Sandy, la secrétaire de Tony à Los Angeles, pour qu'elle lui envoie un joli bouquet, puisque exceptionnellement je ne serai pas auprès d'elle. Je n'aime pas trop ça, mais c'est la vie, n'est-ce pas ?

« La soirée d'anniversaire des cinquante ans de Dior est à dix-neuf heures trente, j'ai deux heures pour me préparer. J'enfile une très belle robe couleur champagne, en soie, la jupe est longue et plissée et la veste brodée. En fait, c'est un deux pièces. La limousine nous attend. Tony est très beau dans son smoking. Quant à moi, la sieste m'a fait le plus grand bien, et je suis plutôt en forme. Dommage qu'il fasse si froid !

« Photos, caméras, pla pla, toujours le même cirque pour rejoindre les salons qui accueillent huit cents personnes triées sur le volet. Tout le gratin new-yorkais et le Tout-Paris de la mode et des arts. Isabelle Adjani dans une robe rouge tomate, Emmanuelle Béart, si jolie, dans une robe mousseline grise un peu triste… Soudain, bousculade : c'est l'arrivée de Lady Di, entourée de Bernard Arnault, propriétaire de Dior, et de sa femme, habillée d'une des plus jolies robes de la maison…

« Je me tiens en retrait et m'amuse à regarder le manège de certains, bien décidés à "prendre le créneau", à figurer sur la photo. Cela m'a toujours étonnée de voir à quel point les gens changent dès qu'ils aperçoivent une caméra se profiler à l'horizon. Certains perdent toute retenue, d'autres feignent la décontraction tout en essayant par tous les moyens de se rapprocher de l'objectif. »

« Mardi 10 décembre. Hello, New York ! La ville est à nous. Cadeaux de Noël pour toute la famille. Pour toi, j'ai trouvé une robe blanche en coton avec un col marin, un pantalon de coton blanc très confortable avec un petit drapeau américain, et un polo rouge à col blanc qui va avec. J'ai hâte de voir comment tout cela te va. Votre retour à Los Angeles est prévu pour le 18 décembre, tout juste une petite semaine avant Noël. L'idée que tu sois là cette année, parmi nous, me rend folle de bonheur. Tu as vingt mois et tu comprends tout. J'ai hâte de voir ta réaction devant le sapin, les boules, les lumières…

« Samedi 14 décembre. New York-Los Angeles. Le voyage me paraît interminable. Je vais enfin revoir ma petite mère, retrouver ma maison, et Toupi, mon bichon maltais. Vite, vite, les bagages, les voitures et tout le reste… Nous voilà sur Beverly Drive et mon cœur cogne.

« La maison est décorée de la cave au grenier ; décidément, maman est un ange ! Du lustre de la salle à manger pendent des étoiles argentées ; partout, sur les buffets et sur les tables, des bougies rouges et vertes. Et le sapin, immense, au milieu du salon, tout scintillant déjà de boules multicolores. Merci maman de t'être donné tout ce mal...

« Mardi 17 décembre. Visite chez David. Il a acheté un magnifique sapin pour qu'Ilona, dès son retour, ait le plaisir de découvrir sa maison baignant dans une atmosphère de fête. Il a fait venir un artiste peintre qui a couvert les murs de Babar, Winnie l'ourson, Tintin et Milou. C'est très réussi ! J'aimerais être une petite souris pour voir ta réaction quand tu découvriras cet univers merveilleux. Aujourd'hui, veille de ton arrivée, j'ai acheté des roses rouges pour souhaiter la bienvenue à ta maman. »

« Mardi 14 janvier 1997. Rien écrit depuis le 17 décembre. Trop occupée. Levée à six heures quarante-cinq mais réveillée depuis quatre heures, attentive à chacune de tes inspirations. »

« Vendredi 17 janvier. Jamais je n'ai ressenti une telle brûlure, si ce n'est avec David. Dans trois jours tu repars, j'ai l'impression de me noyer. Tu laisses un tel vide dans mon cœur, comment faire pour le combler ? Une seule consolation, tu existes. »

Ilona s'en va, après un mois passé auprès de nous, et j'ai le sentiment d'être précipitée dans une tristesse sans nom. Une tristesse qui dépasse de très loin la souffrance passagère que peut éprouver la plus sensible des mamans assistant au départ de son enfant.

Quelque chose ne va pas, j'ai conscience qu'un chagrin

très ancien, très enfoui, resurgit soudainement et me déborde. Tout se passe comme si on m'arrachait mon propre enfant, et j'ai beau me raisonner, me répéter qu'Ilona est la fille de David et d'Estelle, et non la mienne, rien ne peut soulager ma déchirure. Je crois l'entendre respirer la nuit, et aussitôt je cours vers son lit, pour constater qu'il est vide. Je me surprends à lui parler tout bas, à pleurer toute seule. Je n'ose pas m'avouer que sa présence m'est devenue indispensable et, jour après jour, nuit après nuit, je m'enfonce dans une souffrance inconsolable.

Jusqu'à ce matin où je m'entends dire à Tony, comme si les mots surgissaient tout droit du fond de mon âme : « Il me faut un enfant. Je ne me sens pas la force de supporter tout ça, je suis en train de devenir complètement folle. »

Chapitre 19

Le désir d'un second enfant, je l'ai en moi depuis les premières années de David. Et le désir d'adopter une petite fille se confond étroitement avec cette attente. Il surgit dans mon cœur le jour de Noël 1971 et ne va plus cesser de grandir, secrètement, bien à l'abri des regards, et même de mon propre regard.

David a cinq ans cette année-là, et pour célébrer Noël joyeusement, Johnny et moi songeons à faire venir à la maison plusieurs petits orphelins que nous voudrions gâter. J'ai en mémoire les grandes fêtes organisées pour les enfants, à Sofia, et je rêve à mon tour d'émerveiller les moins favorisés puisque, à présent, nous en avons la possibilité.

Cependant, l'image que nous donnons nous dessert, et nos différentes invitations sont toutes refusées par l'administration. Visiblement, les assistantes sociales ne nous font pas confiance. Elles nous imaginent certainement complètement fous l'un et l'autre, beaucoup trop instables pour nous confier une telle responsabilité. Il faudra une intervention de la mairie de notre arrondissement pour débloquer le dossier in extremis.

Enfin ils sont là ! Une quinzaine d'orphelins de l'âge

de David que Carlos accueille déguisé en père Noël. La fête s'engage magnifiquement, le sapin est suffisamment large pour abriter une montagne de cadeaux, et nous avons prévu un joli spectacle après le goûter. Pourquoi, parmi tous ces enfants, mon regard s'accroche-t-il plus particulièrement à celui d'une petite fille ? Elle a cette pâleur des enfants perdus qui n'ont pas d'appétit pour les gâteaux. Des cheveux longs diaphanes, presque cendrés, des cernes sombres sous les yeux, et des joues creuses de petite malade. Les joues, c'est ce qu'il y a de plus charmant chez les enfants, et elle n'en a déjà plus...

Est-ce que je lui prends la main au moment des cadeaux, ou ensuite, pendant le goûter, en constatant qu'elle ne mange rien ? Je ne sais plus. Mais très vite elle est là, près de moi, sa petite main si légère dans la mienne, et nous ne nous quittons plus. Je cours à droite à gauche, je m'agite beaucoup pour les uns et les autres, mais avec elle désormais. Et sans que j'y prenne garde, sans beaucoup de mots, des liens se tissent entre nous. Sa présence minuscule occupe petit à petit une place qui ne demande qu'à être comblée. Comment est-ce possible ? Comment les choses peuvent-elles aller si vite ? Je l'ignore. C'est comme un désir animal, inaccessible à la raison. À la fin de l'après-midi, cette enfant est à moi, je l'aime, je veux la garder.

Je m'en rends compte au vertige qui me saisit à l'instant où l'on sonne pour me l'enlever, en même temps que les quatorze autres. Mais c'est impossible, voyons ! Regardez, nous nous sommes découvertes, nous sommes attachées l'une à l'autre, si vous saviez comme c'est fort déjà... Je le pense en moi-même, mais il me reste assez de raison pour ne rien dire. Merci, mon Dieu ! J'imagine la tête des assistantes sociales, qui me prenaient déjà pour une dingue, si j'avais dit tout haut que je voulais la garder ! J'étais bonne pour l'asile... Mais non, je me tais et, à l'instant où la porte se referme, je m'effondre.

— Johnny, cette petite fille, je veux l'adopter.

Les démarches administratives m'en dissuaderont. Je les entreprends dans les semaines qui suivent cette fête de Noël, portée par le destin de cette enfant dont le visage me hante. Et je finis par abandonner devant l'amoncellement des obstacles...

Qu'est-elle devenue ?

Ce second enfant, je ne vais plus cesser d'y penser, de l'espérer. Et je partagerai cet espoir avec Tony durant les premières années de notre vie commune.

Jusqu'à accepter de renoncer.

Accepte-t-on vraiment ? Non, mais on se résigne. On se persuade que ça n'arrivera plus et on essaie de ne pas se plaindre, d'être fort. On se dit qu'on a déjà une chance immense d'avoir ce qu'on a — un mari aimant, un enfant heureux, une mère encore en pleine santé — et qu'il serait indécent de pleurer sur son sort.

On se dit des tas de choses pour faire bonne figure, mais ça n'efface pas le manque. Il est toujours là, enfoui quelque part, certains jours à fleur de peau. On s'efforce simplement de faire comme si.

L'arrivée d'Ilona dans ma vie ravive tout cet amour que je n'ai pas pu donner, que je me suis résignée à remiser quelque part, dans un grenier secret, entre le cœur et la raison. Et cet amour me submerge. On dirait que le temps n'y change rien. J'ai besoin d'un enfant comme j'en avais besoin vingt ans plus tôt, mon désir est intact.

J'en éprouve la violence ce jour de janvier 1996 où

Ilona nous quitte pour rejoindre ses parents. Son départ, le chagrin immense et complètement disproportionné dans lequel il me plonge me font toucher du doigt une réalité cruelle : jamais Ilona ne remplacera l'enfant que je n'ai pas eu. Jamais.

C'est alors que me revient le souvenir de cette petite fille de Noël que je n'ai pas pu adopter.

Cette fois je réussirai, me dis-je, je le sais. J'ai une telle foi en ma bonne étoile ! Et puis mes amis Valérie-Anne et Bernard Fixot ont ouvert la voie. Ils ont adopté quelques années plus tôt, en Pologne, deux enfants adorables, Guillaume et Iris, dont je suis devenue la marraine. J'ai sans cesse à l'esprit leur exemple et ils seront les premiers à nous soutenir. Voilà, ma décision est prise. Je ramènerai à Los Angeles une petite fille qui sera notre enfant. L'enfant que Tony et moi avons si longtemps espéré. La petite sœur de David qui grandira au côté d'Ilona. Nous n'aurons pas attendu en vain.

À l'instant où je prends cette décision, je sais aussi que cette enfant viendra de Bulgarie. C'est une évidence. Le fruit des liens très forts que j'ai renoués avec mon pays depuis mon retour à Sofia, cinq ans plus tôt.

J'ai essayé de raconter mon émotion pendant ce voyage, mais je n'ai pas suffisamment dit combien j'avais été bouleversée par la misère que j'avais rencontrée partout, et en particulier dans les hôpitaux et les orphelinats. Bouleversée aussi par le dévouement des médecins et des infirmières, qui manquaient de tout pour soulager leurs patients. Mon amie Fanny, qui est à l'origine de ce retour, m'avait conduite dans des endroits que les autorités auraient sans doute préféré ne pas me montrer…

De retour en France, Eddie et moi décidons de créer, en collaboration avec la Croix-Rouge bulgare, une association d'aide aux enfants et aux personnes les plus défavorisées — « Sylvie Vartan pour la Bulgarie ». Tony est évidemment partie prenante de l'entreprise, ainsi que plusieurs bénévoles. À Sofia, les médecins ont pris le temps de nous expliquer de quels équipements ils manquaient le plus cruellement, nous en avons dressé la liste ensemble, et notre objectif est maintenant de raccourcir cette liste. En tête figurent ces fameux *berceaux bleus* apprêtés pour soigner la jaunisse des nourrissons. L'un d'eux, expédié par nos soins depuis Paris, porte, je l'ai déjà dit, le prénom d'Ilona…

Il nous faut un avocat pour nous représenter à Sofia, ce sera Evgueni, le mari de Fanny. Quant à Fanny, elle s'investit complètement dans l'association, en devient la vice-présidente, la représentante sur le terrain, et il ne se passe plus un mois sans que nous nous parlions au téléphone. Bientôt, Jean-Marc Sagnes nous rejoindra pour prendre les rênes du mouvement en France avec le concours de quelques bénévoles remarquables.

C'est à Fanny que je confie très vite mon désir d'adopter une petite Bulgare, une de ces enfants dont j'ai croisé le regard dans un orphelinat. À elle, je n'ai rien besoin d'expliquer, elle sait tout ce qui me porte à retrouver mes racines — cette enfant sera de mon sang, de ma culture, de mon ciel.

— Je vais t'aider, me dit-elle simplement.

Mais, au départ, c'est en France, mon pays d'adoption, que les choses s'engagent. Tony et moi nous présentons à la DDASS pour remplir notre demande d'agrément, et commence alors la longue procédure que connaissent tous les parents dans notre situation. Enquête de personnalité, enquête sociale, bilan de santé, visites des assistantes sociales à domicile — patiemment, nous franchissons chaque étape. Et un an plus tard, nous obtenons l'agrément.

Alors tout est à recommencer, mais cette fois auprès des autorités bulgares. Fanny et son mari prennent notre dossier en main.

Nouvelles enquêtes, nouvelles visites, nouveaux bilans. C'est étrange comme moi, qui suis plutôt impatiente de nature, je parviens à me contrôler, à tenir. Evgueni, lui aussi, est un prodige de patience, de méthode. Obstacle après obstacle, il nous fait avancer et nous nous réconfortons mutuellement. J'ai une confiance absolue en lui, en Fanny, en ma bonne étoile, en cette petite fille qui nous attend peut-être déjà quelque part...

Je la veux âgée de quelques mois seulement, moins d'un an en tout cas, et cette exigence complique singulièrement notre demande. Sur le plan juridique, je dois être citoyenne bulgare pour réaliser une telle adoption. Concrètement, cela signifie qu'il faut me faire établir... un passeport bulgare ! Je ne reçois pas cette nouvelle sans un pincement au cœur, moi qui ai été sauvée de l'enfer stalinien grâce à un passeport français... Décidément, la quête de cette enfant est en train de me faire parcourir tout le long chemin du retour jusque dans ses étapes les plus troublantes.

Tandis qu'Evgueni se préoccupe de refaire de moi une authentique citoyenne bulgare, Fanny a pour mission, elle, de trouver notre bébé. L'association lui a permis de connaître des médecins et des responsables administratifs dans plusieurs orphelinats et hôpitaux, et nous pensons que cela va lui faciliter la tâche. Au début, ça ne va pas être le cas.

Fanny découvre un premier enfant dans un orphelinat de Sofia et se met d'accord avec la directrice. Tout s'annonce sous les meilleurs auspices, l'enfant n'a que quelques mois, il ne souffre d'aucune maladie et l'administration n'a aucune raison de refuser son adoption.

Émus et excités, Tony et moi organisons notre départ. Mais Fanny nous rappelle : tandis qu'elle prévenait l'orphelinat de notre arrivée imminente, la directrice lui a avoué que l'enfant venait d'être donné à d'autres parents ! Comment est-ce possible ? Comment peut-on, au dernier moment, jouer d'une manière aussi légère avec la destinée d'un enfant et l'engagement d'un couple ? Nous sommes abasourdis, sous le choc. Avec tact et tristesse, Fanny nous explique que les autres parents ont vraisemblablement glissé une enveloppe à quelqu'un...

Quelques semaines plus tard, nouvel espoir, et nouvelle déception. Le même scénario se reproduit. Alors Fanny me laisse entendre qu'elle risque de ne pas y arriver si elle ne dit pas la vérité. Quelle vérité ? Eh bien, que l'enfant est pour moi. Je lui ai demandé de le cacher parce que je ne veux pas que la presse se mêle d'une question aussi intime, aussi privée, mais à ce moment-là je comprends qu'à vouloir rester anonyme je ne vais pas trouver d'enfant dans ce pays si pauvre que même les vies se monnaient. Et j'autorise Fanny à révéler que le bébé sera pour moi.

Libérée du secret, elle met dans la confidence le médecin d'une maternité de Sofia que je connais bien.

— Sylvie cherche à adopter une petite fille, lui dit-elle. Jusqu'ici, nous n'avons eu que des déboires. Pouvez-vous l'aider ?

Et c'est alors que tout se dénoue.

— J'ai deux petites filles à donner en adoption, rétorque-t-il, l'une et l'autre nées il y a cinq semaines...

Cette fois, c'est le branle-bas. Tony et moi séjournons par hasard à Sofia pour l'association. Fanny réussit à m'avertir et, complètement bouleversée, je décide dans la seconde de changer tout mon programme pour filer immédiatement à la maternité. Le problème, c'est que je suis suivie depuis le matin par une équipe de la télévision française, et quelques photographes, qui tous réalisent des reportages sur notre association. Tant pis, me dis-je, je m'en arrangerai, et je leur présente notre visite à la maternité comme une démarche prévue de longue date dans le cadre de nos opérations. Quant à Tony, il est quelque part en ville, et je ne parviens pas à le prévenir, malheureusement.

Le médecin m'accueille avec son bon sourire et cette phrase qu'il me glisse discrètement à l'oreille et qui me met le feu au cœur :

— Venez, j'ai une petite fille pour vous !

Je chancelle. Il le voit sans doute, car il me prend sous le bras et m'entraîne aussitôt à travers un couloir. La caméra nous suit, puis les photographes, sans rien deviner du moment unique que je suis en train de vivre. Enfin le médecin pousse une porte et, imperceptiblement, il me désigne un berceau.

— C'est elle !

Alors je découvre ma Darina... Son visage de porcelaine si délicat. Elle a cinq semaines et elle dort paisiblement dans un berceau immaculé, habillée d'un petit pyjama Mickey. Darina ! « Cadeau de Dieu » en bulgare...

L'autre petite fille dort dans le lit voisin.

— Celle-ci va être également confiée à l'orphelinat, me glisse le médecin, mais elle est moins favorisée, ses deux parents sont drogués. Si je devais vous donner un conseil...

J'ai compris, et cela me plonge dans un grand désarroi. Comment choisir l'une plutôt que l'autre ? Et sur quels critères, mon Dieu ?

Aujourd'hui, je regrette de ne pas les avoir adoptées toutes les deux.

Cependant, comme je reste en arrêt devant le berceau de Darina, le médecin ajoute :

— Prenez-la dans vos bras, si vous voulez.

Et, pour la première fois, je la presse contre moi. Ma Darina, ma fille... Je pars m'isoler dans une chambre voisine, où je peux la contempler, me remplir les yeux de son visage et la serrer très fort dans mes bras. Nous sommes toutes les deux seules pour quelques secondes inoubliables. Puis je fais discrètement signe au photographe Éric Robert, que je connais, de venir nous rejoindre, et je lui souffle :

— S'il te plaît, fais-moi quelques photos...

Il saisit les premières images de notre rencontre, sans se douter du cadeau qu'il nous fait. Sans deviner combien ses photos vont nous être précieuses. Pour Darina, pour Tony, pour David, pour moi.

En sortant de la maternité, j'abandonne journalistes et photographes pour courir à l'hôtel. Tony est là, enfin, et je peux tout lui raconter. Il découvrira notre petite fille le lendemain, discrètement conduit par Evgueni, et sans moi pour ne pas éveiller les soupçons. Je n'oublierai jamais son regard, au retour — l'émotion le disputait au plaisir, à l'excitation. Pour la première fois, il allait être père.

Darina est née le 8 octobre 1997 à Sofia, nous l'avons vue pour la première fois le 27 novembre, mais elle ne nous a été donnée que six mois plus tard, le 21 mai 1998, jour de l'Ascension.

Durant ces cent quatre-vingts jours interminables, notre relation s'est construite dans l'attente et l'impatience. Le téléphone n'a plus cessé de sonner entre nos maisons de Paris ou Los Angeles et la maison de Fanny qui veillait sur elle à Sofia, pendant qu'Evgueni tâchait de résoudre les ultimes difficultés administratives.

Après deux mois à la maternité, Darina a été envoyée à l'orphelinat de Burgas, sur la mer Noire, et les choses se sont un peu compliquées pour Fanny. Evgueni, par bonheur, connaissait la directrice de Burgas, il a pu la rencontrer et la mettre dans la confidence.

Je sais que chaque jour, chaque mois qui passe compte dans la vie de ma petite fille, et nous sommes à des milliers de kilomètres l'une de l'autre… Pour tromper l'attente, nous envoyons des vêtements, des médicaments, des jouets, et, de leur côté, Fanny et Evgueni ne nous laissent pas un jour sans nouvelles. Ils font plusieurs voyages à Burgas. Nous recevons des photos de Darina, nous suivons régulièrement ses progrès, ses premiers sourires, ses premiers mots. Ils nous écrivent que c'est une enfant joyeuse, très joueuse, d'un caractère facile, et de ces quelques détails nous tirons des films fantastiques et merveilleux que nous nous repassons inlassablement.

Mais mon Dieu, la prendre dans mes bras, l'écouter respirer la nuit, attendre son réveil…

Combien de temps encore est-ce que tout cela va durer ?

Qu'imagine-t-elle, seule dans son petit lit, parmi les trois cents orphelins qu'héberge le centre de Burgas ?

Quand je n'en peux plus, j'appelle Valérie-Anne et Bernard, et ils me remontent le moral.

Sa chambre l'attend. C'est celle qu'occupait David au temps du collège. Je l'ai fait retapisser en rose, elle est le reflet de celle dont je rêvais, petite — apaisante, douce et joyeuse. Et comme il n'y a vraiment plus rien à faire, je cours encore et encore les boutiques de vêtements, je me réconforte en lui constituant une garde-robe de princesse.

Une autre petite princesse est venue au monde presque au même moment : Emma, la seconde fille de David et d'Estelle, née le 13 septembre 1997, trois semaines avant Darina.

Emma voit le jour à la clinique du Belvédère, là où j'ai moi-même accouché de David. De nouveau, toute la famille est là, et de nouveau l'attente est longue jusqu'à ce qu'on nous autorise à admirer ce petit ange endormi dans les bras de sa maman. Il faudra patienter jusqu'à la première tétée pour découvrir les yeux d'Emma : deux petits lacs d'un bleu profond où l'on devine de l'appétit pour la vie et une étonnante sérénité. Aussitôt après la tétée, quand David la prendra dans ses bras pour la rendormir, je ferai du père et de sa seconde fille l'une des plus belles photos de mon album.

Bien des années plus tard, m'entendant parler du regard d'Emma, si touchant, Didier Barbelivien m'écrira une chanson magnifique, *Les Yeux d'Emma* :

Un mélange de rire et de peine
Qui remonte à l'histoire ancienne

Où la Seine et la Maritza
Se seraient jetées au delta
Tout est écrit dans son regard
Les retrouvailles, les quais de gare
Les larmes nouées dans son mouchoir
Comme dans l'œil de la caméra
Tout se lit dans les yeux d'Emma...

Emma a déjà six mois quand Tony décide de nous emmener tous en vacances sur une île des Caraïbes. Tous, c'est-à-dire nos deux familles réunies. C'est un événement, car nous ne sommes pas souvent partis ensemble, et Tony prend sans doute cette initiative pour tromper l'attente de Darina qui devient trop douloureuse.

Ce voyage nous repose, et c'est merveilleux de passer de longs moments avec Ilona, d'avoir tout le loisir d'embrasser Emma, de bavarder avec David, mais comment oublier que, pendant ce temps, Darina est seule à l'orphelinat ? Chaque fois que l'on trempe les pieds d'Emma dans la mer, chaque fois que je l'entends rire, babiller, je ne peux m'empêcher de penser à elle à qui personne ne tend les bras.

Et je reprends mon journal, comme si cela m'aidait à abattre les obstacles qui se dressent encore entre elle et nous.

« 26 février 1998. Je viens d'appeler Mme B., l'ambassadrice de Bulgarie à Washington, pour lui demander de bien vouloir signer les papiers demandés par Evgueni. J'ai acheté la poussette hier après-midi, ainsi que le berceau transportable et les draps. Je m'impatiente. »

« 20 avril 1998. Appelé le docteur à Burgas. Darina a deux dents. Elle mesure soixante-sept centimètres et pèse six kilos huit cents. »

« Mai 1998. Tony et moi sommes à Washington pour un dîner de charité en l'honneur de Ronald Reagan. Mais la raison principale de ce déplacement, pour moi, est un déjeuner avec l'ambassadrice de Bulgarie, Mme B., une femme très chaleureuse qui nous aide à établir tous les documents que me réclame Evgueni. Je suis tellement impatiente ! J'ai tout préparé. Arrangé le berceau. Acheté une table à langer avec un très joli revêtement à carreaux roses et blancs. La valise est pleine de pyjamas adorables, de robes de toutes sortes, de chaussures, de chaussettes, de chapeaux et de jouets.

« Je n'en peux plus d'attendre. Toujours de nouvelles complications, cela semble interminable. On nous réclame maintenant un certificat de mariage traduit et certifié par le gouvernement américain. L'information est arrivée par fax à Los Angeles. C'est Néné qui m'en a parlé, quand je l'ai appelée. Je suis affolée à l'idée que cela va encore retarder l'adoption d'une trentaine de jours. Vite, vite, appeler Evgueni à Sofia ! Il est introuvable. J'essaie Nicolas, son fils. Par bonheur, il est à la maison. Apparemment, ils sont en train de résoudre le problème : Evgueni aurait obtenu les documents directement de l'ambassade américaine à Sofia.

« Le jugement d'adoption doit être rendu le 8 mai. »

« 6 mai. Aujourd'hui, Ilona et Emma nous rejoignent au Four Seasons Hotel à Washington. Nous dînons, puis filons à l'aéroport prendre l'avion qui nous emmène vers Paris.

« Ce mois de mai promet d'être riche en événements et émotions. Je ne peux plus attendre, je suis sans arrêt sur les nerfs. »

« 7 mai. Paris est gris. Mon cœur se déchire à l'idée de me séparer déjà de mes deux trésors.

« Chaque jour, je me sens obligée de faire quelque chose pour Darina : acheter une bouteille de lait, un jouet, un habit…

« J'arrange sa chambre à Paris. Darina dormira dans le berceau de David remis à neuf.

« Tout est prêt, draps et petites serviettes brodés à son nom, etc. Jamais enfant n'aura été aussi espéré. »

« 8 mai. Je guette avec impatience des nouvelles de Sofia. Toute la journée, je travaille avec mon producteur, Philippe Delettrez. Il fait extrêmement chaud à Paris.

« Philippe et sa femme, Aline, partent demain pour Sofia chercher leur fils. Je suis tellement fière d'avoir pu les aider à adopter cet enfant qui est du même orphelinat que Darina ! Je serai la marraine de ce petit Sammy. »

« 10 mai. C'est dimanche. Je travaille avec Fanny pour l'association. Nous avons de bons résultats : trois enfants vont pouvoir recevoir une greffe de moelle osseuse. Par ailleurs, Tony et moi avons remis au professeur Bobev, du service d'oncologie, les fonds dont il a besoin.

« Après cette réunion, j'appelle Sofia. Je tombe sur Nicolas, qui me dit que tout s'est bien passé. Le jugement aurait été rendu. Quel soulagement ! Tony est heureux, confiant. Je ferme les yeux et je pense à Darina, toute seule à Burgas. Je ne peux pas attendre plus longtemps, c'est au-dessus de mes forces… »

« Jeudi 14 mai. Plus qu'une semaine et nous aurons Darina ! Le jour de l'Ascension. Peut-être est-ce un présage. Je continue à acheter tout ce que je peux pour elle. Sa valise est prête, pleine à craquer.

« Il y a encore beaucoup de complications avec les documents d'immigration. Je n'en dors plus.

« Le jugement d'adoption a été rendu, maintenant il faut attendre qu'il soit publié. Sept jours… Puis il faudra établir un passeport bulgare pour Darina et courir à l'ambassade de France demander un visa. Parallèlement, il faut une tonne de papiers pour lui établir aussi un passeport américain.

« Une chose est certaine, ma Darina : tu seras dans l'avion du retour vers Los Angeles avec tes parents !

« Je suis allée voir mes bouts de chou à Louveciennes. Emma rampait sur une couverture, dans le jardin, et Ilona m'a sauté au cou. Estelle travaille à Paris, David à Los Angeles. Il doit rentrer le 16 pour l'anniversaire d'Ilona. »

« Vendredi 15 mai. Je n'arrive pas à trouver le sommeil. Il est quatre heures trente du matin. Tony aussi est réveillé, il regarde CNN. Aujourd'hui, Philippe et Aline rentrent de Sofia avec leur bébé. J'ai prévu des jouets pour Sammy. »

« Dimanche 17 mai. Anniversaire d'Ilona. J'ai hâte de partir pour Louveciennes. Où sont les cadeaux ? Ce sera une gourmette pour mon Ilona et des jouets pour mon Emma.

« Ilona est tout excitée, la maison est décorée de ballons. Estelle a fait un beau travail.

« D pour Darina, E pour Emma, I pour Ilona, ça fait Dei, comme Dieu, c'est un bon présage.

« Dans trois jours : Sofia ! »

« Lundi, mardi, mercredi. Plus le jour approche, moins nous dormons. Jeudi, nous voulons parvenir à Sofia vers quatorze heures, heure locale, pour pouvoir préparer la chambre, le lit, et tout ce que nous avons apporté pour notre bébé. »

« Jeudi 21 mai. Nous prenons Fanny au passage, à Nice. Arrivée à Sofia à quatorze heures trente-cinq. Evgueni nous attend pour le débarquement : lit, matelas, chauffe-biberons, maxi-cosy, tout est là. Les Bulgares ouvrent de grands yeux devant ce déballage. Direction le Sheraton.

« J'ai à peine le temps de déplier le lit que la sonnerie du téléphone nous annonce la venue de la doctoresse, Mme C. Elle est en bas avec Darina !

« Trois petits coups à la porte : elles sont là ! Oh, mon Dieu ! Petit amour… Elle a déjà tellement grandi et elle est toujours jolie comme un cœur. Un regard gris-bleu si délicat, si touchant, deux dents minuscules, et toujours ce teint fragile de porcelaine. Mais elle gazouille, pas du tout effrayée. Ça y est, elle est dans nos bras, l'attente est finie, elle n'est plus qu'une longue épreuve dont on se souviendra et qu'on lui racontera un jour.

« Tony filme nos premiers moments. Pour nous, pour elle plus tard. »

« Vendredi 22 mai. Tony et moi n'avons pas fermé l'œil de la nuit. Nous sommes restés éveillés devant ton petit lit blanc à te regarder dormir, attentifs à chacun de tes mouvements, devant toi, mon amour, qui partage désormais notre vie.

« À six heures trente, tu as ouvert les yeux, un peu étonnée de ne rien reconnaître. Et puis tu as souri.

« Premier bain. Tu adores l'eau.

« Premier biberon. Le lait dont tu as l'habitude est plus sucré et tu grimaces adorablement.

« J'ai hâte de te mettre toutes les belles affaires que je choisis pour toi depuis des mois.

« Première sortie à Sofia. Il fait frais — alors chapeau et manteau. Pour ta première promenade nous allons… à l'ambassade de France ! Je pense à ton grand-père, quarante-cinq ans plus tôt. Décidément, nos destins passent immanquablement par cette ambassade. Ensuite, visite chez le médecin pour ton certificat médical. »

Mon journal s'interrompt provisoirement ici. Nous passons une semaine en Bulgarie dans l'attente des visas. Les premiers jours, nous promenons Darina dans le jardin du roi Boris où maman nous emmenait, Eddie et moi, quand nous étions petits. Puis, comme Darina est très pâle, nous partons tous en famille pour Varna lui faire respirer l'air de la mer. Ma cousine adorée Maria et sa petite-fille Denitza sont du voyage, ainsi que Fanny et Evgueni. Et voilà, Darina, qui est restée seule sept mois durant, est désormais entourée de toute une tribu.

Varna ! Nous sommes fous de bonheur en marchant avec notre petite fille sur la jetée et nous ne pouvons détacher nos yeux de son visage adorable. Varna, où je m'étais perdue, petite… Quelle émotion, tant d'années après, de revenir sur ces lieux avec notre enfant ! Nous la bourrons de jus de fruits et de lait, je lui pince les joues pour lui colorer les pommettes, comme me le faisait maman, et nous fondons d'extase en la voyant doucement s'éveiller au bonheur.

Enfin, c'est le départ pour la France, première étape sur le chemin du retour. À Paris, Darina découvre David, Ilona, Emma, et son oncle Eddie, venus nous attendre à l'aéroport.

Après quelques jours, nous nous envolons tous pour Los Angeles. Darina, Emma, Ilona, David, Estelle, Tony et moi. Il manque Eddie, dont la vie est ancrée à Paris. L'avion se transforme rapidement en roulotte et, charmés par le babillage d'Emma et de Darina, que l'on prendrait presque pour des jumelles, nous ne dormons pas beaucoup.

Nous avions fait imprimer un carton pour annoncer à tous la naissance de Darina et son entrée dans la famille. Eh bien, toute sa famille américaine est là, à la guetter sur le tarmac… Ses deux grands-mères, Ann et maman. Ses oncles et tantes, Ben et Carole, Fred et Simone, sans compter la ribambelle des cousins. Ann et maman pleurent en embrassant pour la première fois leur petite-fille.

Le 5 juillet 1998, comme pour marquer qu'une nouvelle vie commençait, Darina et Emma ont reçu ensemble le baptême. Ce fut l'occasion de la première grande réunion familiale en leur honneur. L'occasion aussi pour Nicole Sonneville, une vieille amie, d'étrenner son nouveau titre de marraine. Quatorze ans après notre mariage, nous nous sommes tous retrouvés sous la même tonnelle décorée de fleurs blanches, mais, cette fois, pour fêter une petite fille si longtemps attendue.

Chapitre 20

Je retrouve ces quelques lignes, sur la première page d'un carnet dont toutes les autres sont restées vierges :

« Mai 2000. Notre Darina a deux ans et demi. Elle illumine notre vie. Elle est intelligente, joyeuse, très vive. Elle comprend le français et l'anglais, et babille dans les deux langues avec facilité. Elle aime les livres et les histoires, les dessins animés, Dumbo, Mowgli, Cendrillon. Elle adore mettre ses jolies "yobes". Elle aime les tomates, le pain et le fromage. Elle n'aime ni les mangues ni les cerises. Elle dit "bogolan" pour toboggan. Quand elle entend un hélicoptère, elle dit que c'est David, son "fouère".

« 6 juin 2000. David et Estelle vont divorcer. Je pense beaucoup à Emma et Ilona, cela me brise le cœur. Mais, au fond de moi, j'ai confiance, je sais que David saura reconstruire une famille autour d'un nouvel amour. Un jour, une fois les blessures cicatrisées... »

Ce divorce vient assombrir, comme un orage, nos premières années avec Darina. Années de bonheur intense, vécues cependant dans les caisses et les valises, comme si, chez nous, l'enracinement dans la vie passait obligatoirement par des voyages à n'en plus finir. Entre l'été 1998 et l'été 2002, Darina aura déménagé sept fois ! Et traversé une catastrophe qui faillit tous nous anéantir. Le destin voulut-il ainsi en faire la digne petite-fille de Néné ? C'est ce que je crois en réalité, et lorsque je les vois aujourd'hui se comprendre si bien, il me semble que c'est assez réussi.

L'été 1998, donc, aussitôt après ce baptême si joyeux, nous décidons d'entreprendre de gros travaux dans notre maison de Los Angeles. Elle est désormais beaucoup trop petite pour nous héberger tous, car la tribu s'est considérablement élargie. Il y a notre Darina, bien sûr, mais il y a aussi Emma qui porte à quatre la famille de David (il n'est pas encore question de divorce), et il y a ma cousine Maria qui vient de nous rejoindre après avoir perdu son mari en Bulgarie. Maria est désormais pour moi bien plus qu'une cousine germaine, elle est une sœur avec laquelle je me sens très profondément en harmonie. Nous voulons aussi pouvoir accueillir d'autres membres de la famille, ainsi que nos amis. Enfin, je rêve d'une grande cuisine où l'on puisse prendre nos petits déjeuners tous ensemble.

L'ampleur du chantier nécessite que nous vidions complètement la maison pendant la durée des travaux pour nous installer ailleurs, en l'occurrence dans une villa que veut bien nous louer Jackie Collins.

Plus de quinze années de vie, de souvenirs accumulés changent ainsi d'adresse pour s'empiler tant bien que mal sous un toit provisoire. L'architecte nous fait miroiter que cela ne prendra pas plus d'une année, ce qui déjà nous paraît être un siècle. Je dis tout de suite que les travaux vont durer près de quatre ans…

C'est dans cette première maison de location que nous allons frôler le drame, un soir de janvier 1999.

J'ai passé l'après-midi à écrire des cartes de vœux, l'écoute-bébé sur mon bureau pour suivre chaque respiration de Darina.

Le soir, Tony doit sortir dîner avec son frère, mais il a la migraine et reste finalement avec nous. Nous prenons un potage léger et, comme maman, Maria et moi décidons ensuite de jouer aux cartes, Tony nous abandonne.

— Je monte lire dans la chambre, nous dit-il.

— Alors, prends l'écoute-bébé, s'il te plaît, je l'ai laissé dans mon bureau, je serai plus tranquille.

Nous jouons depuis une heure peut-être, quand nous entendons des pas précipités à l'étage. Mais une telle cavalcade, soudain, qu'il me vient à l'esprit que Tony se fait agresser par quelqu'un qui a pu entrer par le toit.

J'ai déjà quitté la table pour courir au premier quand nous l'entendons hurler :

— *Fire ! Fire !*

Et, presque aussitôt, il surgit dans la cuisine, Darina dans ses bras, et nous précipite tous dans la rue, maman, Maria, la fille de Maria, moi, les chiens…

À peine dehors, nous voyons les premières flammes traverser la toiture et s'élever dans la nuit. Tony a prévenu les pompiers dans sa course, et ils sont là dans les deux minutes. À Los Angeles, les maisons sont en bois du fait des menaces sismiques, et un quart d'heure suffit à les réduire en cendres.

Tony était au lit quand il a entendu, à travers l'écoute-bébé qu'il avait posé sur sa table de nuit, un petit bip bip qu'il n'a pas identifié immédiatement. Avant de se rappeler brusquement qu'il avait lui-même fait installer des alarmes incendie dans toutes les chambres.

« Seigneur ! J'ai bondi dans le couloir, devait-il me raconter plus tard. Le mur de ton bureau était incandescent et comme boursouflé. C'est l'alarme de cette pièce que m'avait retransmise l'écoute-bébé de Darina qui dormait dans la chambre à côté. Elle n'avait conscience de rien. Je l'ai arrachée à son berceau et j'ai hurlé au feu ! au feu ! C'était déjà presque irrespirable. »

Après cela, on ne peut pas se défendre d'imaginer le drame. Que serait-il arrivé si Tony était allé, comme prévu, dîner chez son frère ? Que serait-il arrivé si le feu s'était déclaré la veille, alors que Tony et moi dînions dehors et que Maria et maman étaient seules avec Darina ? À onze heures du soir, devant la maison en flammes, nous nous retrouvons dans la rue.

Nous avons fini la nuit chez Fred, le frère cadet de Tony, et le lendemain nous sommes revenus constater le désastre. Une grande partie de l'étage avait été détruite, et en particulier la chambre de maman qui recelait tous ses souvenirs, tous les trésors de papa qu'elle avait pu sauver. J'avais enfilé des gants de caoutchouc, car tout était calciné et trempé, et j'errais dans cette chambre dévastée sans pouvoir retenir mes larmes, quand je tombe sur une boîte qui avait tant bien que mal résisté aux flammes. Je l'ouvre, et je découvre dedans la seule note de couleur de ce décor morbide : l'image d'un ange qui tient sous la protection de ses ailes immaculées deux enfants qui franchissent un pont.

— Regarde, maman, je n'ai retrouvé qu'une chose intacte dans ta chambre, c'est cette image.

— Oh, mon Dieu ! Elle était au-dessus de ton lit quand tu étais petite…

Comment ne pas y voir un signe ?

Elle est désormais suspendue au-dessus du lit de Darina.

Maman a encaissé cette nouvelle épreuve sans une plainte et, plus tard, nous sommes même parvenus à en rire en nous remémorant son cri du cœur à l'instant où Tony avait hurlé au feu : « Mon passeport ! »

Pauvre maman, dont le salut sur terre se résumera toujours à l'obtention d'un passeport.

Nous devions rester une nuit ou deux chez Fred, nous y passons sept mois. Tony a été très secoué par le feu, par le sauvetage de Darina in extremis, il ne veut plus louer une maison dont il ne soit pas sûr de la cave au grenier.

Finalement, au début de l'été 99, nous emménageons dans la maison de Ben, son autre frère. Il vient d'en acheter une plus loin et nous laisse celle-ci pour quelques mois qui vont se transformer… en quelques années !

Nouveaux déballages, nouveaux rangements, avec en prime des traitements à n'en plus finir pour débarrasser nos vêtements d'une odeur entêtante de feu de cheminée qui ne nous rappelle pas vraiment de bons souvenirs. Robes, costumes, manteaux commencent un ballet incessant vers les pressings spécialisés de Los Angeles, tandis qu'enjambant les caisses je songe avec un affolement croissant à mon prochain Olympia — mon quinzième ! — prévu à l'automne 1999 pour clore le siècle en beauté.

Je n'ai sûrement pas assez dit combien je ne supportais pas de travailler dans le fouillis. Un tiroir de commode qui bâille, et c'est tout mon spectacle qui me paraît brusquement voué au chaos ! Le désordre me tue, il me brouille les idées, me fait voir tout en noir. Si le diable existe, je pense qu'il s'appelle « désordre ». Il est le seul adversaire contre lequel j'éprouve un sentiment d'impuissance.

Qu'on veuille bien imaginer alors l'angoisse que représente pour moi la préparation de cet Olympia dans une maison où toutes les pièces sont encombrées de valises, où remettre la main sur un livre, un disque, une partition, nécessiterait logiquement le concours d'un chien d'avalanche...

Par bonheur, il en faut plus pour impressionner Walter Painter, mon chorégraphe, et l'équipe qui me suit depuis des années, Philippe Delettrez à la direction musicale, Jacques Rouveyrolis, véritable magicien de la lumière, mon agent, Charley Marouani, Dominique Segall, mon attaché de presse, ou encore Didier Terron, mon assistant.

Les choses s'organisent presque malgré moi, malgré mon désarroi, et bientôt le concept même du spectacle m'électrise. Il s'appellera « Tour de siècle » et, dans la première partie, j'interpréterai toutes ces chansons qui racontent mieux la France que les meilleurs livres d'histoire. J'ai toujours aimé chanter et faire miennes les chansons des autres, pour peu qu'elles trouvent un écho dans mon cœur. De l'inoubliable *Que reste-t-il de nos amours*, de Trenet, que me chantait mon grand-père, à *La Vie en rose*, de Piaf, en passant bien sûr par *Les Amoureux des bancs publics*, de Brassens, *Paris canaille*, de Ferré, *Vesoul*, de Brel, et beaucoup d'autres — *Madelon, Fleur de Paris, La Seine, Prosper, Tel qu'il est...*

Dans la seconde partie, je dirai ma propre nostalgie, avec *La Maritza, Les Robes, Souvenirs souvenirs*, et puis aussi je créerai pour la première fois sur scène *Darina*, que Didier Barbelivien, décidément très talentueux, m'a offert, et que j'ai un mal fou à chanter sans être rattrapée par l'émotion.

Il m'a fallu t'attendre, il a fallu longtemps
De l'instant le plus tendre au plus fort des tourments
Je vais compter les jours, les mois et le moment
Où tu diras bonjour, où tu diras maman

Darina, je sais comment dire je t'aime
Mais jamais je ne l'ai dit autant
Darina, tout ce qui à toi m'enchaîne
Est tellement différent maintenant…

Ma Darina qui me suit dans ma énième traversée de l'Atlantique, Los Angeles-Paris, toujours flanquée de mes douze valises. Nous nous installons pour l'hiver en France car, après l'Olympia, du 26 octobre au 14 novembre, je suis attendue sur TF1 au mois de mars 2000 pour une soirée spéciale. Or ces grands shows, que regardent généralement six à sept millions de personnes, nécessitent presque autant de préparation qu'un Olympia.

Je chante à guichets fermés. « Comme une mouette qui annoncerait l'hiver, écrit *Paris-Match,* elle arrive presque chaque année de Los Angeles pour faire *son* Olympia. C'est comme un rituel qui rappelle que le temps passe, mais que Sylvie reste la même [1]. » Voilà, les critiques ne m'attendent plus au tournant, alors, pour la première fois, ils se demandent ce qui peut bien me pousser à continuer de chanter. Comme si je n'avais arpenté toutes ces scènes, depuis quarante ans, qu'avec l'unique ambition d'être reconnue, consacrée.

1. *Paris-Match,* 4 novembre 1999.

Paris-Match, encore : « Vous avez une vie très heureuse, une magnifique famille, un homme qui vous aime, une petite fille sublime. Pourquoi prenez-vous encore le risque de vous exposer ? »

Oui, pourquoi ? Alors je peux expliquer ce que j'essayais maladroitement de dire au début de ma « carrière » et que personne n'entendait : je ne chante pas pour être aimée, applaudie, je chante pour ne pas mourir de chagrin, ou de bonheur, je chante pour exprimer les émotions qui me traversent et qui, petit à petit, m'auraient consumée, je le sais, si je n'avais pas trouvé la scène pour les crier, les murmurer, ou les pleurer. J'aimais le théâtre, et je l'aime encore, je crois qu'il me serait allé comme un gant pour exprimer toutes ces choses trop fortes, et la folie en prime, mais le destin a voulu que je sois chanteuse, je ne le regrette pas, et ce que j'ai sur le cœur je le mets dans mes chansons.

« Je ne suis pas triste à cause des gens qui ne m'aiment pas, confiais-je en 1964 à Jean-Loup Dabadie. Je suis triste parce que c'est dans ma tête. Parce que je ne suis pas foutue d'être gaie. Sur mes photos, je suis triste. Au cinéma, il y a des mots que je ne sais pas dire. Ce matin, sur le tournage de *Patate,* Robert Thomas voulait que je crie : "Youpee !" Pas possible. Peux pas crier "youpee". »

« Je n'ai jamais vu quelqu'un qui ait à la fois tant de chance et tant de tristesse », écrira ce jour-là Jean-Loup Dabadie dans *Candide*[1].

Soir après soir, depuis, ma tristesse s'est envolée dans mes chansons. Maman n'aurait pas dû pleurer le soir de ma première à l'Olympia : je venais de découvrir

1. *Candide,* 27 mai 1964.

comment dépasser mes émotions. C'était un miracle, un don du ciel ! Est-ce que le public l'a compris ? Certainement. Ses applaudissements, en tout cas, m'ont donné la place d'exister, la place de construire au fil des années le drôle d'oiseau que je suis devenue. Oiseau migrateur plutôt que mouette.

Bon, tout cela pour dire que, si je reviens me poser à l'Olympia en cette fin de siècle, ce n'est pas pour y cueillir un supplément de gloire, c'est tout simplement que la scène me manque, en dépit de tous les bonheurs que m'offre la vie.

Cependant, le destin continue de nous trimbaler, comme s'il voulait initier Darina à la dure condition d'exilée. Car voilà que la tempête de décembre 1999 s'acharne sur la seule maison qui soit à peu près rangée et habitable parmi toutes celles que nous fréquentons ces derniers temps. Au matin, quand le vent faiblit, elle n'a plus de toit…

Nouveau déménagement. Nouvelles armoires à vider en catastrophe. Nous nous réfugions chez mon amie Michèle.

Aujourd'hui, tout cela est derrière nous. David vient de trouver en Alexandra Pastor la compagne de sa vie, une jeune femme adorable, sensible et intelligente. Nous nous réjouissons tous à la perspective de ce nouveau départ. Le 8 octobre 2003, nous avons fêté les six ans de Darina à Los Angeles, dans une maison refaite à neuf et suffisamment grande pour héberger tous les Scotti et les Vartan que les revirements de l'Histoire pourraient un jour jeter sur les routes. Et nos amis de passage, bien entendu.

Mais, entre-temps, la mort imprévisible d'Eddie, survenue le 19 juin 2001, nous a encore rapprochés, maman, Tony, Darina, David, Ilona, Emma et moi…

Eddie est entré à l'hôpital après une chute violente, et son état s'est très rapidement aggravé. Quand nous apprendrons son accident, nous nous précipiterons à son chevet. Arrivée de Los Angeles le 9 juin, maman ne le reverra plus conscient. Elle veillera son fils durant dix jours, écrasée par le chagrin.

Nous pleurons ensemble, mais voir la douleur de maman, constater mon impuissance à la réconforter si peu que ce soit, accroît beaucoup ma propre détresse. Après tout ce qu'elle a vécu, comment pourrait-elle accepter, supporter, cet ultime malheur ? Oncle André et tante Mia, ses derniers amis encore de ce monde, n'hésitent pas à faire un long voyage pour venir à son secours. Et maman reprend un peu de force et de courage entre eux deux. Merveilleux Brink, qui décidément auront été à nos côtés dans toutes les épreuves…

Des obsèques d'Eddie, dans la petite église de Loconville, je conserve le souvenir d'une foule en larmes, et de ma propre hébétude. J'avais prévu de lire les deux dernières pages de son livre qui évoquent, de façon à peine romancée, notre départ de Sofia où était resté, écrit-il, parlant d'un garçon qui lui ressemble à s'y méprendre, « un gros morceau de son cœur ». Je dus y renoncer, et David, également bouleversé, n'y réussit pas mieux. C'est finalement Bernard Fixot, son éditeur et son ami, qui lut ce texte, la voix altérée par l'émotion. Tous ceux qu'il avait aimés se tenaient là, serrés dans cette chapelle trop étroite, et parmi eux Johnny, alors il me traversa soudain l'esprit qu'au fond c'étaient à peu près les mêmes qui, trente-cinq ans plus tôt, s'étaient rassemblés ici pour notre mariage. Si j'avais voulu exprimer combien nos deux vies avaient été entremêlées, je n'aurais pas pu trouver meilleure image.

Des quatre inséparables que nous étions en 1952, lorsque nous débarquions à la gare de Lyon, il ne reste plus que maman et moi. Eddie a rejoint papa dans le petit cimetière de Loconville, et aujourd'hui je devine que maman, dans le secret de son âme, les imagine bavardant gravement comme autrefois. Peut-être se console-t-elle en songeant que deux là-haut, et deux ici, c'est plus équitable, elle qui croit si fort en la justice du ciel.

Quant à moi, je ne m'habitue pas à l'absence d'Eddie et je me surprends encore à espérer ses conseils, à le chercher des yeux en entrant en studio. Est-ce parce que maman ne m'avait autorisée à chanter qu'à la condition qu'il soit toujours là pour me protéger ? De fait, Eddie n'a jamais cessé de veiller sur moi, avec ou sans sa trompette, en coulisses ou derrière les vitres épaisses des studios d'enregistrement. Je mettais mes pas dans les siens, que ce soit dans la découverte de la musique qui lui coulait dans le sang, ou dans celle du monde.

Je le revois, en Argentine, contemplant un public essentiellement masculin et déjà chauffé à blanc : « Fais attention, Sylvie, ces types sont déjà complètement éméchés, ils sont bien capables de monter sur scène en plein concert... » Et moi, ravie de l'affoler un peu plus : « S'ils veulent grimper sur scène, c'est pas toi qui les en empêcheras ! » Non, mais je savais que, quoi qu'il arrive, il serait là.

Eddie ! Nous aurons parcouru plusieurs fois la planète

ensemble sans jamais prendre le temps de nous dire ces deux ou trois choses qui nous liaient à la vie à la mort. Il était pudique, et moi toujours pressée. Aujourd'hui, je me réconforte en songeant qu'il savait combien je l'aimais.

Voilà, ce livre est fini et, ce soir, retranchée pour la dernière fois dans mon bureau, je regarde le ciel s'embraser au-dessus des plages de Santa Monica. C'est aussi l'hiver à Los Angeles, dans une petite heure il fera nuit, et Darina traversera ma pièce comme une étoile filante pour s'étonner, de sa petite voix haut perchée, que je ne sois toujours pas descendue vérifier ses leçons et participer aux habituelles conversations d'avant dîner entre sa grand-mère et Tony, ponctuées des aboiements stridents d'Elvis et de Toupi...

Il m'aura fallu près d'une année pour rassembler tous ces souvenirs, exhumer ces carnets dont j'avais oublié l'existence pour la plupart, rêver sur ces quelques photos jaunies qui, mieux que les mots peut-être, racontent ce que fut notre enfance — celle d'Eddie et la mienne — dans cette Europe déchirée de l'après-guerre.

Ce livre, j'ai longtemps repoussé le moment de m'y mettre, parce que j'allais devoir m'arrêter et, pour la première fois de ma vie, regarder très loin en arrière. Aussi loin que je le pourrais. Allais-je avoir la force de ressusciter tant d'émotions, moi qui ai toujours trouvé mon salut dans le mouvement, dans la course en avant? Et puis à quoi bon revisiter le passé quand il reste tant de choses à entreprendre, tant de scènes à parcourir dans la lumière, la folie, la chaleur et le plaisir partagé ?

Oui, et cependant je l'ai fait, parce qu'il m'est apparu petit à petit que mes chansons, mes spectacles ne diraient jamais qu'une partie de ce qui me fait battre le cœur. Il m'a semblé que le moment était arrivé d'explorer cette autre partie de moi plus enfouie, plus secrète. D'abord pour transmettre à Darina et David, à Emma et Ilona, l'histoire des leurs. Moi qui conserve comme autant de trésors chaque confidence de ma mère, moi qui regrette tellement que mon père n'ait pas écrit, j'étais enfin mûre pour essayer de tout dire. Mais je voulais aussi partager ces « Mémoires » avec tous ceux qui m'accompagnent depuis plus de quarante ans. Ces femmes et ces hommes dont les fleurs et les applaudissements, les sourires et les baisers, m'ont portée de mon premier Olympia aux scènes de Tokyo, de Las Vegas, de Sofia et d'ailleurs.

Longtemps je me suis demandé pourquoi je m'étais accrochée avec une telle énergie à ce désir, surgi si tôt dans l'enfance, de devenir artiste. C'est en observant Darina et ses petites amies jouer à se déguiser lors d'un récent goûter d'anniversaire que j'ai enfin trouvé la réponse. Nous n'existions plus autour d'elles, elles riaient et flottaient dans un monde féerique où la vie n'a pas de bornes, où le soleil ne se couche jamais. Eh bien, pour moi, être artiste, c'est exactement ça, me suis-je dit, c'est vouloir prolonger, sa vie durant, cet état de merveilleuse irréalité.

C'était donc cela mon dessein, devenu destin au fil des années : me déguiser et jouer. Oui, toute ma vie. Me déguiser et jouer. Échapper ainsi à une réalité dont la cruauté, la froideur m'avaient sans doute glacé le sang à l'âge où l'on découvre le monde.

L'affection et la fidélité que le public m'a témoignées m'ont permis de m'épanouir dans les limbes de ce rêve. Mais qu'il s'évanouisse, que je me réveille, et je ressens aussitôt les premières morsures d'une tristesse que je connais bien pour l'avoir tant de fois croisée dans les yeux d'Eddie. Oui, je pense que la chanson m'a sauvée d'une lucidité que je partageais avec lui, et qui a fini par l'emporter.

Tout au long de l'écriture de ce livre, comme tout au long de ma vie, je n'ai cessé de marcher au bord du gouffre, balançant entre rire et vertige, entre ombre et lumière. Ce soir, j'ai de nouveau besoin de lumière, de folie, de rêve, après ces trop longs mois de méditation.

Oui, ce soir, je crois qu'il est temps de retourner chanter.

Je voudrais remercier tous les gens que j'aime et qui m'aiment,
tous ceux qui m'ont aidée toutes ces années
et dont le nom ne figure pas forcément dans ce récit…

Et remercier aussi Lionel Duroy, qui m'a accompagnée tout au long de l'écriture de ce livre…

Chansons citées

Tous mes copains
Paroles de Jean-Jacques Debout,
musique de Jean-Jacques Debout et R. Le Sénéchal

La plus belle pour aller danser
Paroles de Charles Aznavour,
musique de Georges Garvarentz.

Il y a deux filles en moi
Paroles de Roger Dumas,
musique de Jean-Jacques Debout.

Par amour, par pitié
Paroles de Gilles Thibaut,
musique de Jean Renard.

Deux enfants
Paroles de M. Fontenay,
musique de G. Hugé et A. Legrand.

La Maritza
Paroles de Pierre Delanoë,
musique de Jean Renard.

Comme un garçon
Paroles de Roger Dumas,
musique de Jean-Jacques Debout.

Entre l'ombre et la lumière

Deux mains
Paroles de Gilles Thibaut,
musique de Jean Renard.

C'est fatal
Paroles de Didier Barbelivien,
musique de Michel Cretu.

Parle-moi de ta vie
Paroles de Y. Dessca,
musique de J.-P. Bourtayre.

Mon père
Paroles de Michel Mallory,
musique de Marc Benois.

Seule sur mon île
Paroles et musique de Michel Mallory.

Aimer
Paroles de Jean-Loup Dabadie,
musique d'Eddie Vartan.

P'tit bateau
Paroles de Jean-Loup Dabadie,
musique d'Eddie Vartan.

Les Yeux d'Emma
Paroles et musique de Didier Barbelivien.

Darina
Paroles et musique de Didier Barbelivien.

Crédits photographiques

Crédits photographiques, premier hors-texte

Pages 1, 2, 3, 4, 5, 6, 7, 8, 10, 11, 12 : coll. Sylvie Vartan.
p. 9, en haut, et en bas à droite : coll. Sylvie Vartan ; en bas à gauche : D.R.
p. 13, en haut : Michel Ristroph / Télé 7 Jours ;
en bas : Rancurel photothèque.
p. 14, en haut : Rancurel photothèque.
p. 15, en haut : Bob Lampard / Rancurel photothèque ;
en bas à gauche : Sousse Ohana ;
à droite : G. Deballe / coll. Sylvie Vartan.
p. 16, Daniel Prat / D.R.

Crédits photographiques, second hors-texte

Pages 1, 3, 4, en bas : Jean-Marie Périer.
p. 2, en haut : Jean-Pierre Leloir / Photo12.com ;
au centre, D.R. ; en bas, Wehrle / D.R.
p. 4, en haut : D.R.
p. 5 : D.R., excepté en bas à droite : Gery / Paris-Match.
p. 6, en haut : Fournol / Jours de France / Orop Press ;
au centre : Alain Dejean / Corbis Sygma ; en bas : D.R.
p. 7 : P. Jarnoux / Paris-Match.
p. 8, en haut : Bernard Leloup / Archives Filipacchi ;
au centre, à gauche : Jean-Pierre Leloir / Photo12.com ;
au centre, à droite ; D.R. : en bas : coll. Sylvie Vartan.

p. 9, en haut : coll. Sylvie Vartan ; en bas à gauche : Sygma ;
au centre, à droite : M. Childers / D.R. ; en bas à droite : D.R.
p. 10, en haut à gauche : D.R. ; en haut à droite : John Engstead / D.R. ;
en bas : coll. Sylvie Vartan.
p. 11, en haut et au centre : coll. Sylvie Vartan ; en bas : D.R.
p. 12, Éric Robert / Corbis Sygma, excepté médaillon :
coll. Sylvie Vartan.
p. 13, en haut : Éric Robert ; au centre ; Éric Robert / Corbis Sygma.
p. 14 et 15 : D.R.
p. 16, en haut : D.R. ; en bas : Éric Robert / Corbis Sygma.

Que les propriétaires des photographies n'ayant pu être identifiés sachent que leurs droits sont garantis, et veuillent bien prendre contact avec notre maison d'édition

Impression réalisée sur CAMERON par

BUSSIÈRE CAMEDAN IMPRIMERIES

GROUPE CPI

à Saint-Amand-Montrond (Cher)
en avril 2004

Mise en pages : Bussière

Édition exclusivement réservée
aux adhérents du Club
Le Grand Livre du Mois
15, rue des Sablons
75116 Paris
réalisée avec l'autorisation des éditions XO

N° d'impression : 042083/1.
Dépôt légal : mars 2004.

Imprimé en France